21 世纪高等学校旅游管理专业本科教材



# 森林旅游学（第二版）

# FOREST TOURISM

吴章文　吴楚材　文首文　编著

责任编辑：张芸艳
责任印制：冯冬青
封面设计：何　杰

图书在版编目（CIP）数据

森林旅游学/吴章文，吴楚材，文首文编著．—2版．—北京：中国旅游出版社，2017.3（2020.8重印）

ISBN 978-7-5032-5789-6

Ⅰ.①森…　Ⅱ.①吴…②吴…③文…　Ⅲ.①森林旅游-教材　Ⅳ.①F590.75

中国版本图书馆CIP数据核字（2017）第046194号

书　　名：森林旅游学（第二版）

作　　者：吴章文　吴楚材　文首文　编著
出版发行：中国旅游出版社
（北京静安东里6号　邮编：100028）
http://www.cttp.net.cn　E-mail:cttp@mct.gov.cn
营销中心电话：010-57377108，010-57377109
读者服务部电话：010-57377151
排　　版：北京天韵科技有限公司
经　　销：全国各地新华书店
印　　刷：河北省三河市灵山芝兰印刷有限公司
版　　次：2017年3月第2版　2020年8月第3次印刷
开　　本：787毫米×1092毫米　1/16
印　　张：17.5
字　　数：326千
定　　价：36.80元
I S B N　978-7-5032-5789-6

# 再版说明

《森林旅游学》第一版出版后，深受广大读者的欢迎和喜爱，部分读者也对《森林旅游学》的内容、编排等方面提出了诸多宝贵的意见，对此我们表示诚挚的谢意。

为了让读者在对森林旅游有一个全面认知的基础上，更好地感受森林旅游的无穷魅力，本书作者结合广大读者的宝贵意见以及当前森林旅游发展的现状及新趋势，在第一版的基础上对书中的部分数据以及案例等进行了更新。

本书作者水平有限，在修订过程中难免有纰漏，敬请广大读者批评指正！

作　者

2017 年 2 月

# 前　言

森林以其优美的景观、优越的环境、丰富的生物多样性及其独特的康体保健功能吸引着众多旅游者。森林旅游受到世界各国政府的高度重视，美国是森林旅游起步较早的国家，20世纪50年代末，森林旅游在美国就已经有了相当规模。1992年，美国参加森林旅游的人次已达20多亿，是美国人口的8倍，美国家庭收入的1/8用于森林旅游，每年森林旅游的总花费约为3000亿美元。德国20世纪60年代开始建立森林医院。1973年日本旅游业大规模兴起，每年约有8亿人次开展森林旅游活动。我国自1982年建立张家界国家森林公园以来，森林旅游经过多年的发展，已成为一项新兴产业，是生态旅游的龙头，是未来林业产业中的最大产业。

本教材是在作者多年从事森林旅游研究，执教《森林旅游学》15年，积累了丰富的理论与实践知识的基础上编著而成的。第一章导论讲述森林、森林旅游、森林旅游区的相关概念，介绍国内外森林旅游的发展历程；第二章讲述森林活动的地域和类型；第三章讲述森林旅游者的定义、分类方法、统计口径、流向、消费构成、消费支出的计算方法；第四章讲述森林资源和森林旅游资源的概念、森林景观旅游资源的分类、调查与评价；第五章讲述森林环境旅游资源的类别、特点及其保健功能的开发利用；第六章、第七章讲述森林旅游业、森林旅游市场的开发；第八章讲述旅游活动对森林旅游资源的影响、森林旅游资源保护的重要性、紧迫性和保护措施；第九章讲述森林旅游规划的定义、分类、编制原则、编制内容；第十章讲述森林旅游区的现代经营管理、森林旅游区解说系统管理；第十一章讲述森林旅游效益评价的理论和主要方法；第十二章讲述森林旅游的安全预防及野外生存自救；第十三章讲述森林旅游区环境大气质量、空气中微生物含量、空气负离子浓度、植物精气、地表水环境、环境放射性水平、声环境、森林小气候等森林环境旅游资源的监测与观测方法。书中主要章节附有实践案例，是一本理论与实践紧密结合，理论传授与技能训练紧密结合，前瞻性、科学性与实用性很强的21世纪新型教材。

受作者视野和水平所限，教材中错漏难免，敬请指正。

2008年4月

于长沙

# 目　录

# 第一章

# 导　论

森林旅游是生态旅游的主要组成部分，是社会文明进步的表现，是不可阻挡的趋势。著名旅游学专家、美国联邦政府旅游顾问、夏威夷大学旅游学院院长朱卓任教授指出："行将在全世界普及的四种新兴旅游活动形式中，生态旅游居首位，其次是文化旅游、参与旅游和休养旅游。"近年来的实践表明，森林旅游已成为我国林业发展的重要支柱，成为当今世界旅游的热点。

## 第一节　森林及其相关概念

森林旅游学是一门研究如何认识森林的旅游功能、如何开发森林的旅游功能以及如何保护森林旅游资源的应用科学，因此这本《森林旅游学》从林学的基本定义入手，开展相关讨论与研究。

### 一、与森林旅游相关的林学概念

#### （一）森林

森林是森林旅游学中的一个重要概念，也是开展森林旅游活动的基础资源。沈国舫认为，森林是以乔木树种为主的具有一定面积和密度的木本植物群落，受环境的制约，又影响（改造）环境，形成独特的（有区别的）生态系统整体①。森林必须以乔木为主，这可以看作是人们的习惯标准，不应是严格的本质的因素，因为不少灌木树种在不同地区条件下可以生长得比某些乔木树种还高。人们习惯上理解为，乔木组成森林，而灌木往往构不成森林。实际这里要看它们对环境的影响程度。如果面积小、林木数量少，群落产生不了对环境的明显

① 沈国舫．林学概论［M］．北京：中国林业出版社，1989．

影响，也是不能称为森林的。同时，一定密度和一定面积同样重要。一般认为，面积再大的果园也不能称为森林，其原因是稀疏的树木不能形成群体环境，不能明显地影响周围地区。但密度的更重要的意义在于形成森林内部的结构和塑造林木的良好作用。此外，幼苗或幼树影响环境能力很弱，只有郁闭成林，对环境的作用才明显。郁闭成林后，森林更加稳定，生物量逐渐增加，食物链（网）更加完整，生态系统的功能加强，形成有区别的、有独特特征的森林生态系统。国家林业局编写的《中国林业工作手册》则对森林的各项指标做了具体规定：土地面积大于等于0.0667$hm^2$（1亩），郁闭度大于等于0.2，就地生长高度达到2m以上（含2m）的以树木为主体的生物群落，包括天然与人工幼林、符合这一标准的竹林以及特别规定的灌木林，行数在2行以上（含2行）且行距小于等于4m或冠幅投影宽度在10m以上的林带才能称为森林。

### （二）环境

森林所生存地点（包括林木地上和地下两部分）周围空间的一切因素，就是森林的环境。对林木来说，它们彼此之间也互为环境。环境影响着森林，反过来森林也影响着环境的变化。环境中的每个因素称为环境因子。环境因子中对森林（或植物）有作用的，称为生态因子，这些因子综合在一起构成森林的生态环境（或简称生境），林学上称为立地条件或立地。自然界没有孤立存在的生态因子或者单一因子的生态环境，光、热、水、气、矿质营养总是共同存在、相互影响，起着综合性的生态作用。自然界也没有不变的生态因子或静止的生态空间，因子间的相互配合，产生了千差万别的生态环境。生态因子有如下类别：气候因子，又可分为光、温度、湿度、空气、雷电等；土壤因子，又可分为土壤物理、化学性质，以及土壤微生物等；生物因子，包括动物、植物和微生物因子；地形因子，包括坡向、坡度、海拔高度、地理位置等。森林环境因子既是开展森林旅游活动的必要条件，其本身也是重要的森林旅游资源。

### （三）生态系统与生物多样性

生态系统是指生物群落与其生存环境之间以及生物种群相互之间密切联系、相互作用，通过物质交换、能量转换和信息传递，形成的占据一定空间、具有一定结构、执行一定功能的动态平衡整体。可分为水体生态系统（海洋生态系统——滩涂、浅海和深海生态系统，淡水生态系统——流水和静水生态系统）、陆地生态系统（森林、草原、荒漠、高山、冻原等生态系统）。森林生态系统是以林木为主体的生物群落（包括森林中的所有植物成分和动物、微生物等）与其生存的非生物环境（包括气候、土壤、水文等因素）相互作用的综合体，也就是以林木为主体的生态系统。森林生态系统可根据其所处温度带的不同分为热带林、亚热带林、温带林和寒温带林等生态系统。生物多样性是指一定范围内生物的差异、变化和复杂程度，包括遗传多样性、物种多样性、生态系统多样性。森林旅游产业的可持续发展与森林生态系统的稳定性相关，森林生态系统越复杂，抵抗干扰与自我调控能力越强，森林旅游的可持续发展能力就越强。

### （四）林分、林木、树木、乔木、灌木

林分是指内部结构特征（如树种组成、林冠层次、年龄、郁闭度、起源、地位级或地位指数等）基本相同，而与周围森林有明显区别的一片具体森林。林分常作为森林旅游功能分区规划和景观设计的依据。

林木是森林中全部乔木的总称。它是森林的主体，是森林旅游资源的主要组成部分。林木分主林木和次要林木。在森林旅游中，主林木是指森林旅游价值较高的主要树种；次要林木是指森林旅游价值较低的次要树种。林木有时也泛指生长在森林中的乔木。

树木是木本植物的总称，有乔木、灌木和木质藤本之分。树木主要是种子植物，蕨类植物中只有树蕨为树木，我国约有 8000 种树木。

乔木是高 3m 以上、具有明显直立的主干和广阔树冠的木本植物。按其大小又可分为大乔木（高 20m 以上）、中乔木（高 10～20m）、小乔木（高 3～10m）。

灌木是指高 3m 以下、通常丛生无明显主干的木本植物（但有时也有明显主干如麻叶绣球、牡丹）。茎高 0.5m 以下者为小灌木，如胡枝子；茎在草质与木质之间，上部为草质，下部为木质者称半灌木或亚灌木。

### （五）造林、原始林、次生林、天然林、人工林

造林是在林业用地上采用植苗、扦插或播种等方法营造或更新森林的生产活动。种植面积较大，而且以后能形成森林和森林环境的，一般称为造林。面积小，不能形成森林或森林环境的，一般称为植树或栽树，而不称为造林。

原始林又称原生林，指由原生裸地发生的植物群落，经过一系列原生演替阶段而形成的森林。亦即从未进行经营活动或破坏的天然林。原始林通常是顶级群落，是最稳定的森林。

次生林是指植物群落从次生裸地发生，经过一系列次生演替所形成的森林。亦即森林经过采伐或其他自然因素破坏后，自然恢复的森林，因而有时又称天然

次生林。

天然林是指依靠自然能力形成的森林。我国有天然林面积 11576 万 $hm^2$，主要分布在东北、内蒙古和西南等地。

人工林是指用人工种植的方法营造和培育而成的森林。

### （六）森林面积、森林覆盖率、森林蓄积量、活立木蓄积量、林业用地、郁闭度

森林面积是指郁闭度在 0.2 以上的乔木林地面积和竹林面积，国家特别规定的灌木林地面积，农田林网以及村旁、路旁、水旁、宅旁林木的覆盖面积。

森林覆盖率是指一定区域森林面积与土地面积的百分比。森林覆盖率是反映一个国家或地区森林资源丰富程度的重要指标。

森林蓄积量是指森林中所有活立木材积的总和。这是反映森林数量和质量的重要指标。

活立木蓄积量是指包括森林蓄积量、疏林蓄积量、散生木蓄积量、四旁树蓄积量在内的总和。

林业用地也称林地，包括郁闭度在 0.2 以上的乔木林地以及竹林地、灌木林地、疏林地、采伐迹地、火烧迹地、未成林造林地、苗圃地和县级以上人民政府规划的宜林地。

郁闭度是指树冠覆盖面积与林地总面积的比率。

## 二、森林的保健机理

森林的生态保健功能是开展森林旅游活动的一个重要原因。质量低下的城市生活环境越来越引起人们的厌烦和生理不适，加上高效率、快节奏的生活和激烈的竞争，引发了各种“文明病”、“忙人病”和“高楼综合症”等现代疾病。因此具有多种保健功能的森林成为人们保健、游憩、休闲的目的地。

### （一）净化大气

工业生产过程中产生的污染环境的有害气体很多，主要有二氧化硫、氟化氢、氮氧化物、硫化氢、臭氧及汞、铅气体等，其中最大量的是二氧化硫。科学实验证明，在一定浓度范围内，植物对有害气体有一定的吸收和净化作用。例如在污染的情况下的龙柏树叶中含硫量可为正常情况下含硫量的 0.46 倍，水杉为 2.87 倍，夹竹桃为 8.0 倍，臭椿竟达 29.8 倍。如果森林中的阔叶树有 $4T/hm^2$ 的叶量，则每年吸收氟量为 $3\sim20kg/hm^2$。有一定宽度和密度的林带，氟化氢的浓

度可降低48%～70%①，且林带宽度和密度越增加，降低作用越明显。

### （二）吸尘滞埃

大气中的粉尘对人体是非常有害的，可引起各种疾病。森林对粉尘有明显的阻滞、过滤和吸附作用，它不仅是有毒物质的“吸毒器”、“储存库”，而且是环境的“除尘器”。由于树木绿地能降低风速，因而飘尘经过时能被滞留沉降，或被枝叶分泌的油脂和黏性汁液所吸附而起到消尘作用。林木能减少大气颗粒物污染，其截留颗粒物的能力与叶面积成正相关，乔木截留颗粒物的能力大于灌木和草地。针叶树有较大的叶表面积，它的截留能力大于落叶阔叶树。$1hm^2$ 混交林每年大约可去除12t的大气颗粒物，而 $1hm^2$ 纯云杉林去除颗粒物的能力是混交林的2～3倍②。

### （三）杀菌消毒

大气中散布着的各种细菌直接影响着人们的身体健康。绿色植物可以减少空气中的细菌，这是由于绿色植物能分泌出强大的杀菌素所致。据调查，城市街道上空的细菌含量要比绿化地高出几十倍甚至上千倍。以杭州为例，公共场所的空气含菌量为31551个/$m^3$，街道次之为20690个/$m^3$，而公园仅55个/$m^3$。公园空气中的含菌量仅为公共场所空气含菌量的1/600。

### （四）防治噪声

森林对噪声具有吸收和消声作用，可以减弱噪声的强度。这是由于噪声波被树叶向各个方向不规则反射从而使声音减弱，噪声波造成树叶微振也能消耗声音。没有树木的高层建筑的街道上空，其噪声要比种上行道树的街道高5倍以上，40m宽的林带可减弱噪声10～15分贝，而4m宽的绿篱墙也可减小噪声5～7分贝。对北京市现有绿化类型采用现场测量对比方法进行的测试研究表明，不同灌乔树种绿化带相对减噪率达11.6%～21%，个别落叶乔木和灌木为8%～11%；草皮绿地带的相对减噪率为8%～10%③。

---

① 周晓峰，田大伦. 中国森林与生态环境：森林在环境污染防治中的作用［M］. 北京：中国林业出版社，1999.

② Per Bolund, Sven Hunhammar. Ecosystem services in urban area［J］. Ecological Economics, 1999, (29): pp. 293～301.

③ 周晓峰，孙翠玲. 中国森林与生态环境：森林与噪音［M］. 北京：中国林业出版社，1999.

### （五）调节气候

森林通过呼吸蒸腾作用能消耗大量热能，降低其上空的温度。同时森林通过蒸腾作用促进水分的小循环，从而增加降雨量，调节空气湿度。森林由于能够直接调节小气候，从而降低了旅游区运用空调来调节室内温度的电能。据统计，美国有1/6的发电量（大约需排放8千万吨的二氧化碳）用于空调运转，而在40年内由此所产生的“温室效应”又将提高10%空调运转所需发电量。森林通过蒸腾、遮阳蔽阴和防风等作用能够减少降温和取暖需要供能的25%。由此可见，森林对于间接减少二氧化碳的排放，减缓“温室效应”的出现也有不容忽视的作用。据资料表明，$1hm^2$的森林所制造的氧气可供1000人呼吸需要。可以说森林是地球上天然的吸碳制氧工厂，也是地球气候的理想调节器。

### （六）舒缓身心

森林对不同人的视觉、心理感知等都有不同程度的冲击，因此，森林不仅具有保护生态环境、提高生态效益的作用，还具有文化交流、社会整合等功能，满足人们不同层次的心理需求。如通过旅游扩大交际范围满足人们的社会交往上的需求；通过旅游达到被周围人羡慕的目的，满足人们渴望被尊重的需求。

# 第二节　森林旅游的基本内涵

城市曾经是人类文明进步的标志，是政治、经济、文化的中心，同时是现代化、工业化程度的集中表现。但现代城市环境的不断恶化，又促使人类意识到森林才是最佳生存环境，于是逐渐涌向森林，回归自然，开展森林旅游活动。

## 一、森林旅游的概念

目前，关于森林旅游的概念尚无定论。国内外学者从不同的角度给出了各自不同的理解。

马建章认为：狭义的森林旅游是指人们在业余时间，以森林为背景所进行的各种游憩活动，包括野营、野餐、登山、赏雪、观鸟、滑雪、狩猎等；广义的森林旅游是指在森林中进行的各种活动——任何形式的野外游憩，包括在森林区内的乘车、骑马、划船、漫步登山、滑雪、露营、野餐、狩猎、垂钓、漂流、联欢、探险、摄影、观光和科学研究等。

王兴国、王建军认为：森林旅游是在林区内依托森林风景资源发生的以旅游为主要目的的多种形式的野游活动，这种野游无论是直接利用森林还是间接利用森林，都属于生态旅游的范畴。森林旅游是旅游者对优美的森林生态环境的享受，是对孕育人类文明的大自然的回归，更是生活在现代社会中的人们对山林野趣的寻觅。

钟林生、李玉平认为：森林旅游是以良好的森林景观和生态环境为主要旅游资源，利用森林及其环境地的多种功能，开展旅游活动，如观光、度假、避暑、保健疗养、登山、漫步健身、森林浴、露营、烧烤、探奇等。

陈鑫峰认为：森林旅游是人们为了消遣、观光、商务、会议、探亲访友等非就业、非定居等目的，离开常住地去林区旅行和暂时居留而引起的现象和关系的总和。

薛怡珍认为：森林旅游是指人们在休闲状况下，依其自由意识，利用森林环境从事游乐活动，以获得精神上的愉快与满足之行为。

王昭正（中国台湾）认为：森林旅游是利用森林环境从事各种户外游憩活动，其特性强调在“森林环境”及“游憩活动”上。

实际上，森林旅游的定义至少应涵盖两个方面的属性：一是其客体的自然属性，二是其主体的动机属性。因此，我们将森林旅游定义为：以森林生态系统为依托开展的认识森林、享受森林、保护森林的旅游活动。

这个定义指出了森林旅游的三个特性。第一，森林旅游是以森林环境为基础的旅游。森林旅游的对象是原生、和谐、丰富的森林生态系统，离开森林环境，就谈不上森林旅游。第二，森林旅游是一种和谐的体验活动。森林旅游不仅能让森林旅游者在有限的时间里投入更多的精力深入到观光游览或某项主题活动之中，重新接近生命本质和简单的生存方式，同时还能使旅游者产生返璞归真、认识自然、享受自然、回归自然的心理愉悦，给身心带来强烈的精神震撼和深刻的人生感受，让自己的生活、情感、身心全都融入到当地的森林自然环境和民风民俗之中去，从而达到一种人我两忘的境界。第三，森林旅游是一种负责任的旅游。森林旅游同一般旅游形式的本质区别在于旅游资源的可持续利用上。森林旅游利用森林环境开展的各项旅游项目，是在不采伐或少采伐、不破坏森林的前提下发挥森林效益的一种方式，森林旅游提倡使用生态技术开发旅游产品，倡导游客尊重自然、保护自然，尊重当地人、当地文化，其游客管理体系致力于引导全年游客流量趋向均衡，其旅游收入主要用来资助可持续性利用战略和技术的发展，因此森林旅游是一种对环境保护负有责任的旅游方式。

## 二、森林旅游系统

森林旅游包括森林旅游主体、森林旅游客体和森林旅游媒介三大要素。森林旅游的主体是森林旅游者。旅游是人的活动，没有旅游者就没有旅游活动，更谈不上旅游活动成为一种社会活动。森林旅游者是森林旅游活动中最主要的决定因素，也是最活跃的因素，一切森林旅游活动的全部过程都是围绕森林旅游者这一主体而开展的。森林旅游的客体是森林旅游资源。森林旅游资源是森林旅游者赖以进行观光、游览、休闲、度假、娱乐等活动的客观载体。它不因森林旅游主体的存在而存在，也不因森林旅游主体的消失而消失。森林旅游媒介是连接森林旅游客体和森林旅游主体的中介物，即为森林旅游活动提供各种服务、安排，使森林旅游者的旅游愿望得到实现，它由旅行社、旅游交通部门、饭店、商店、政策管理与规范约束机构等组成。三大要素相互制约和依托，构成一个统一的旅游系统。任何一个因素的变化都会影响另外两个因素的变化。

森林旅游的三大要素横跨多个产业领域，如林业、农业、工业、交通、电信、金融、商品流通、物流、教育、建筑和环保等，也涉及社会意识形态、国家与地方社会经济政策等，因此森林旅游系统是一个庞大的系统工程。

当前旅游界对森林旅游系统的研究还处于讨论阶段，没有统一的定论。其实，森林旅游系统的划分，本身也没有统一的约束标准。不同研究方向和研究重点，有不同的划分范围。一般来说，森林旅游系统包括目的地系统、客源市场系统、出行系统和支持系统。

森林旅游目的地系统是指森林旅游区为旅游者提供游览、饮食、住宿、购物、娱乐等一揽子服务的综合体系。它是森林旅游系统中与森林旅游者联系最密切的子系统，需要面对森林旅游资源的开发、建设、管理、保护，森林旅游者在旅游区活动期间的全程服务，森林旅游者在旅游区活动期间的生态教育，以及为不断满足森林旅游者的需求而在旅游项目、旅游服务上的改造、升级、创新的投入等。

客源市场系统是森林旅游系统的核心组成部分，主要包括国内市场和国外市场。客源市场系统需要面对森林旅游需求的预测和分析、森林旅游客源市场的调查、森林旅游市场定位和目标市场选择、森林旅游促销、森林旅游者构成分析、森林旅游者流量和流向分析、森林旅游者花费研究、森林旅游收入预测，以及公关、解说等一系列细致、复杂的问题。

出行系统包括旅游交通、旅行服务、信息服务等内容。它包括了森林旅游者选择目的地、选择出行方式、前往目的地等几个基本因素。比如森林旅游区或者森林旅游中介组织对目的地的宣传；运载旅游者的交通设施及旅途服务；由旅行社提供的旅游咨询、旅游预订、导游服务，由保险公司提供的旅行安全保险服务等。

支持系统是指人类社会为森林旅游发展提供的政策支持与约束，以及为发展森林旅游所必需的金融投资、经济援助、专业人才培训等。这一系统包括政策法规、金融服务、技术开发、土地管理、社会福利、人力资源、理论研究、公众教育等内容。

# 第三节　森林旅游的发展历程

森林以其丰富的自然景观、良好的生态环境、诱人的野趣以及独到的保健功能，吸引着众多的游客。据统计资料显示，目前发达国家以国家森林公园为主体开展的森林旅游最为昌盛。世界旅游组织预测，在 21 世纪，以森林旅游为主要形式的生态旅游将是旅游业中发展速度最快的部分，以每年 30% 的增长率发展，全球旅游人数中将有一半以上的人走进森林。

## 一、国外森林旅游的发展

### （一）美国森林旅游概况

美国是森林旅游起步较早的国家，早在 1872 年就建立了世界上第一个国家森林公园——黄石公园，1881 年建立了国家森林保护区，1890 年建立了巨杉公园，1905 年建立了国家林业署，1916 年建立了国家公园管理局。到 20 世纪 60 年代，森林旅游在美国就已经有了相当的规模，不但联邦和州所有的森林向游人开放，就是私人拥有的商业性林地也有 90% 以上以某种户外娱乐的形式开放。当时大批的美国公民到森林里漫步、烧烤、野营、野餐、登山、骑马等，这些活动影响了森林法的执行，引起了美国政府的关心和重视。1958 年，美国总统艾森豪威尔签署了命令，组成森林游憩评价委员会，对这些情况进行系统的调查。该委员会经过调查，向政府递交的专项报告指出，森林旅游是社会发展的产物，是居民的需要，是不可阻挡的趋势。1960 年，美国国会进行充分辩论后，通过了 86 位议员提议的《森林多功能利用及永续生产条例》。此后，美国林务局把森林游憩、放牧、木材生产、保护集水区、保护野生动物作为森林经营的五大目标，结束了以木材生产为主要目标的林业时代。

美国的森林面积为 2.26 亿 $hm^2$，占其国土面积的 32%，其中 28% 的森林为国有林。美国共有 30 多个联邦机构拥有土地并提供森林旅游活动服务，如农业部、内政部、商业部、国防部等，但96%的土地被农业部林务局、内政部国家公园管理局、内政部土地管理局、内政部渔业和野生生物管理局、陆军工兵部队、田纳西流域管理局六个机构占有。其中农业部林务局的国有林是美国森林旅游活动的最大接纳者，其总面积为1.9亿$hm^2$，有约4000个野营地。在美国的森林旅游中拥有游客最多的三个部门是：林务局，占41%；陆军工兵部队，占20%；国家公园局，占17%。旅游项目主要包括：健身疗养、度假休息、钓鱼、狩猎、露营、野营、野餐、观鸟、观兽、登山、避暑、骑马、滑雪、游泳、漂流、观光、科学考察和研究大自然等。1965年，美国政府批准了《水土保护基金条例》，规定为发展森林游憩提供基金，最初为每年0.6亿美元，1976年以后追加到每年9亿美元，1989年以后为每年60亿美元。1974年，美国国会通过了《资源规划条例》，把自然资源划分为七类，即户外游憩资源、荒野资源、野生动物和渔业资源、放牧资源、木材资源、水土资源和人类和社会发展资源，其中将户外游憩资源排在首位。1985年，美国总统里根下令成立了“户外游憩总统委员会”，直接向国会和总统汇报工作。据统计，美国1990年到国家公园和森林公园旅游的多达11.7亿人次，平均每人一年到森林旅游4.7次左右。早在20世纪80年代，美国人野外游憩消费已高达3000亿美元，也就是说美国人将1/5的收入都花在了野外游憩上。

**（二）英国森林旅游概况**

自1949年英国政府以立法的形式确立国家公园以来，目前在英格兰与威尔士已建有17个国家公园，此外尚有220个郡级公园和264个野外烧烤中心。英国国家公园的土地并非全是国家的土地，有51%是私有土地。为使私有土地所有者不开发其土地，并允许公众能进入开展活动，除了要让土地拥有者了解保护区的重要意义外，还需要使他们能取得一定的利益。公园的日常运作费的75%由国家下拨，其余部分由公园自筹。国家公园是可收门票的，但其收入主要来源为第三产业，如开设旅馆、饭店，出售纪念品，收取停车费等。每个公园均有一个由各方代表组成的管理委员会进行经营管理。自公园开放以来每年约有2000万人次至国家公园来进行各种形式的休闲娱乐。在英国，每一个国家公园内均设有几个环境教育中心，向游客宣传环境教育、展示各类照片与实物。英国最大的野外环境教育机构为FSC（Field Studies Council），该机构在英国所有国家公园内设有环境教育培训基地，配备专门从事环境教育的人员及良好的培训设备，各类人员（主要是中小学生）可以在基地内活动1～7天。活动期间FSC利用当地的资源，自编教材对旅游者进行环境教育，提高公众的环境意识。1993年，英国议会通过了新的《国家公园保护法》，旨在加强对自然景观、生态环境的保护，以适应未来发展的需要。1998 年，英国参加森林旅游的人数已达 3.55 亿人次，而其木材产值还不及其森林旅游门票收入的 1/10。英国的 17 个国家公园每年接待 1 亿人次以上的游客，这些国家公园中观鸟活动就是主要项目之一，如苏格兰的阿伯尼斯森林公园就是一个著名的观鸟活动基地。

### （三）瑞典森林旅游概况

瑞典不仅是先进的工业国，而且是世界闻名的“森林之国”，全国土地面积约 45 万 $km^2$，森林覆盖率高达 60%，共有 20 处国家公园、700 多个森林旅游协会。在瑞典，森林是人们开展自然旅游的重要资源。由于瑞典的雇用法规定工作者每周工作 40 小时，这样每年至少有 5 周假期，所以至少有一半的瑞典居民每两周进行一次森林旅游活动，其主要内容有狩猎、垂钓、漂流、徒步、骑马等。长期以来，一些诸如世界自然基金会、瑞典自然保护协会的组织，积极指导瑞典的人们关注全国和世界性的环境问题并组织他们参加一些森林旅游活动。瑞典政府根据国情，设立三级林业管理机构：一是贯彻实施《森林法》等法律法规，每年利用森林节，向国民特别是中小学生介绍森林资源、生态环境和生物多样性的作用，增强国民的环保意识；二是为全国 35 万个林场主提供咨询服务，发放林业补贴等；三是举办林业教育培训，每年定期对林场主进行业务培训，培训内容为病虫害防治、森林防火等，培训内容每年都根据形势的发展进行调整，但同样的内容一般要重复 5 ~6 次，以便让更多的林场主参加。

### （四）新西兰森林旅游概况

新西兰是位于南太平洋上一个景色如画的岛国，由被库克海峡分隔的北岛、南岛，以及其他众多岛屿组成，以山地、丘陵为主，陆地总面积为 27 万多 $km^2$，将近三分之一的国土是国家公园或者自然保护区，全国共有 13 个国家公园，被誉为世界上最后一处“天堂”。新西兰是世界上开展森林游憩较早的国家之一，从 1919 年第一任林务局长倡导森林游憩至今，已有近 100 年的历史。现在，新西兰有 65% 的森林用于森林游憩活动。它的森林经营也一直遵循美国的多用途管理模式。1983 年，新西兰出版的《林务局的游憩政策》一书，列出的森林游憩的主要目标和内容为：允许公众进入和享受国有森林；为公众提供广泛的游憩机会；提高新西兰公众对新西兰林业和森林的意识和理解；维持和美化森林景观；发展森林游乐区。这些政策也使新西兰的森林游憩稳步健康发展。

### （五）日本森林旅游概况

日本是一个森林资源丰富、生态景观优美的国家。2005 年，日本有森林面积 2408.1 万 $hm^2$，其中人工林面积 1068.2 万 $hm^2$，占森林总面积的 44%。全国森林覆盖率达 64%，森林蓄积量为 34.9 亿 $m^3$。日本的森林所有制有两种形式，即国有林和民有林。国有林归国家所有，由国家直接管理。民有林分为公有林和私有林。公有林主要是归县、市、町、村所有的森林；私有林是包括公司、公团、寺庙、组合所有，个人所有以及多方共有的森林。无论公有林还是私有林，都严格按照国家颁布的法律、法规和政策进行管理。为了发挥森林的多种功能，日本政府制定了限制性采伐措施，加强了对森林游憩林的管理。1957 年，日本制定了《自然公园法》。该法总则的第一条就明确指出自然公园是为了保护自然风景地，充分利用自然风景资源，为国民提供保健、休养及科普教育的优美场所设立的。日本大规模的森林旅游始于 1973 年，当年由林野厅从全国国有林中挑选出特别优美的森林、风景名胜地周边的森林及适于野外游憩和观察的森林，作为游憩林对外开放。截至 2004 年 4 月 1 日，全国已选定游憩林 1254 处，共 40.9 万公顷。目前，日本每年约有 8 亿人次开展森林旅游活动，平均每人每年到森林旅游大约 7 次。

## 二、中国森林旅游的发展

在古代，中国皇室都有利用郊区森林建设避暑行宫的传统，普通百姓也有到森林踏青的习惯，但这都只是森林旅游的雏形，谈不上真正意义上的森林旅游。现代中国的森林旅游起步较晚，发展也比较慢，到 20 世纪 80 年代才受到政府的重视，90 年代才加快发展。但在二十多年时间里，我国森林旅游得到了迅速发展，取得了令人瞩目的成效。到 2007 年底，全国已建立各级森林公园 2151 处，面积 1513.42 万 $hm^2$，其中国家级森林公园总数达 660 处，面积 1124 万 $hm^2$。同时，还建立了数量众多的自然保护小区、狩猎场、野生动物园和湿地公园等，分布在各省、自治区、直辖市，基本形成了国家、省级和市（县）级森林旅游区相结合的全国森林旅游发展框架，成为世界上森林公园数量最多的国家。其中，张家界、青城山、黄龙、泰山、武夷山、庐山 6 处国家森林公园和自然保护区被列为世界遗产，有 26 处自然保护区加入了“国际生物圈保护区网”，30 处被列入“国际重要湿地名录”。

中国森林旅游的发展，概括地讲，主要经历了四个阶段①。

① 李世东，陈鑫峰. 中国森林公园与森林旅游发展轨迹研究［J］. 旅游学刊，2007（5）.

### （一）起步阶段（1982—1990 年）

自 1982 年建立张家界国家森林公园之后，中国又先后建立了浙江天童、千岛湖、陕西楼观台、广东流溪河等国家森林公园。在这一阶段，森林公园建设尚处于摸索时期，影响力较小，人们对森林游憩功能的认识还很欠缺，所以发展速度缓慢，9 年时间里只建立了 16 处国家森林公园，平均每年不到 2 处。这些公园主要以部省联合的方式进行建设，开发力度较大，期间国家投入 2000 余万元，后来这些森林公园大部分都成为著名的旅游目的地。

### （二）急速发展阶段（1991—1993 年）

这是一个特殊的发展时期，原因有四个：其一，1992 年邓小平同志南巡讲话后，国家做出了大力发展第三产业的决定，旅游业的巨大作用被社会认可；其二，随着林业资源危机和经济危机现象的日趋严重，林区长期以来单一木材生产的产业结构亟须调整；其三，经过前一阶段的实践，森林旅游业所产生的效益得到社会各界认同；其四，1992 年原林业部召开了全国森林公园及森林旅游工作会议，要求森林环境优美、生物资源丰富、自然景观和人文景观比较集中的国有林场都应建立森林公园。由此在全国掀起了森林公园建设高潮，短短 3 年内，共批建 218 处国家森林公园，平均每年 70 余处。这种异常的发展速度一方面使森林公园体系在短期内产生了较强的社会影响力，另一方面在相关法规、政策、标准不健全的情况下，导致国家森林公园的资源品位难以得到保证，给后来的行业管理工作带来了较大的困扰。

### （三）平稳发展阶段（1994—2000 年）

经过前 3 年的急速发展，我国国家森林公园的数量增长明显趋缓，这 7 年中批建国家森林公园 110 处，平均每年不到 16 处。但在这个阶段，森林公园的各项行业管理工作得到全面加强，建立了行业管理基本框架。1994 年 1 月，原林业部发布实施了《森林公园管理办法》，湖南、四川、广东、山西、贵州等省也先后制定了森林公园管理条例或办法。同年，原林业部组织成立“中国森林风景资源评价委员会”，规范了国家森林公园的审批程序，加强了审批过程的技术支撑。1996 年，原林业部颁布了《森林公园总体设计规范》（LY/T 5132 - 1995）。1999 年，国家技术监督局颁布了《中国森林公园风景资源质量等级评定》（GB/T 1805 - 1999），森林公园的标准化工作取得了重要进展。在此期间，多所林业院校相继设置了森林旅游专业或开设了森林旅游、森林游憩课程，为中国森林公园建设和森林旅游业的发展培养了一批后备人才。

**（四）快速成长阶段（2001 年至今）**

在 2001—2005 年的 5 年时间里，共批建国家森林公园 283 处，平均每年达到 50 余处。目前，基本形成了中国森林公园体系在新的历史条件下的新理念、新思路。2001 年，国家林业局召开了全国森林公园工作会议，明确了森林公园事业的性质，提出了新时期森林公园发展的新任务、新目标。会议指出，森林公园建设作为一项社会公益事业，是中国生态建设和自然保护事业的重要组成部分，要把森林公园建设成为山川秀美的典型代表，使森林旅游业真正成为中国林业产业中的优势产业和强势产业。

从世界森林公园建设和森林旅游发展进程，到我国森林公园建设和森林旅游事业的发展状况，都显示出森林旅游在现代人的追崇下，已经成为全球经济社会发展的最具活力的朝阳产业。

## 【思考题】

1. 简述森林的保健机理。
2. 简述森林旅游的定义。
3. 简述森林旅游的基本要素。
4. 中国森林旅游的发展经历了哪几个阶段，每个阶段的主要特征是什么？
5. 请比较中美两国森林旅游发展历程的异同。

## 【案例】

### 森林旅游开发莫入误区[①]

随着森林旅游业的蓬勃发展，旅游人数逐年增多，森林生态环境的压力也越来越大，致使有些森林旅游资源受到一定程度的破坏。如何充分利用森林旅游资

① 根据赵虎敏 2002 年 4 月 22 日在《山西日报》上发表的文章整理。

源，促进森林旅游业持续、稳定、健康地发展，需在森林旅游开发中走出五大误区。

一是误以为只要森林旅游资源在本市、县行政区域内，当地就有开发权。根据国际法“国家对天然财富与自然资源的永久主权”原则，天然的森林旅游资源属于国家所有，即所有权属于国家，国家只是通过政府行为将这种所有权委托给了具体的产权单位来行使。如通过发放林权证的形式，将森林资源发放给县、市国营林场或者国营森林经营局、自然保护区等单位。而这些产权单位在行使国家所有权的处分权能时，还要经人民政府国有资产管理局的批准。目前森林旅游资源开发中，一些地方领导误以为森林旅游资源在本市、县行政区域内，当地就有开发权，这是不全面的。当地政府只对所经授权管辖的本市、县的森林旅游资源拥有开发权。

二是误以为自然保护区就应该搞旅游开发。这是由于对自然保护区的性质认识不清所造成的。自然保护区不同于风景名胜区和森林公园。它是以具有代表性的自然生态系统、珍稀濒危野生动物物种和有特殊意义的自然遗迹为保护对象的。自然保护区按规划分为核心区、缓冲区和实验区。只有经自然保护区管理机构批准，按自然保护区规划，才可以在实验区适当开展一些旅游活动。

三是误以为风景名胜区可以取代自然保护区和森林公园。一些地方为开发森林旅游资源，通过各种途径在原来已经建立自然保护区和森林公园的地方，重新申报风景名胜区，欲以此取代自然保护区和森林公园，这是与法律规定相悖的。

四是误以为搞森林旅游开发就要搞“大而全”。大量增加人文景观，破坏了原有的森林生态环境，失去了生态旅游的韵味，有的还带有浓厚的迷信色彩。

五是误以为森林旅游越方便越好。于是就把旅游公路、住宿设施建到了景区的中心地带。山西省历山自然保护区周边几县，为争夺森林旅游资源的开发权，争相在保护区内修筑公路，搞建筑，侵占林地，有几条公路穿越自然保护区林区，直插闻名遐迩的舜王坪亚高山草甸，致使89万平方米的草甸遭到严重破坏，4万多平方米的草甸遭到彻底破坏，植被覆盖率由90%下降到40%，深1.5米、宽2米的冲蚀沟随处可见。据北京林业大学的生态学家考察，即使用50年时间恢复建设，也难达到原来的生态状况。

# 第二章

# 森林旅游活动

森林是地球生物圈中能动性巨大的生态系统。在森林中开展的散步、狩猎、疗养、沐浴、野营、度假、探险、考察、求知、享受、自我陶冶等各种观光、游乐、消遣活动等行为称为森林旅游活动。据调查，现已有30% ~40% 的游客开始舍弃海滨而转向森林。按这个比例，预计到2020年，我国国民到森林里开展旅游活动的人数将达到4亿人次。

## 第一节　森林旅游活动地域

森林旅游活动分布广泛，可以存在于森林公园、自然公园、自然保护区、野营地、风景林场、植物园、野生动物园、苗圃、生态公园内，或历史纪念地以及与森林公园密切联系的市镇文化中心等旅游区域。

### 一、森林公园

森林公园是以森林景观和生态环境为主体，融合自然景观与人文景观，利用森林的多种功能，以开展森林旅游、弘扬生态文化、保护遗产资源为宗旨，为人们提供具有一定规模的游览观光、休闲度假、保健疗养、科学教育、文化娱乐、探险猎奇等的场所。森林公园是以大面积人工林或天然林为主体而建设的公园。我国的森林公园一般有国家、省级、市级之分，我国国民的森林旅游活动大部分是在森林公园内进行的。正如国家林业局的《中国可持续发展林业战略研究》报告指出的："就森林游憩事业而言……从资源性质、发展潜力和建设宗旨来看，森林公园无疑是我国森林游憩业发展最主要的资源市场。"

### 二、国家公园

国家公园，包括岛屿和海洋公园、野生生物保护地等，是大片原始或接近原始的地区，有不同的自然特征或者生态系统。美国公园局1916年在《国家公园目的宣言》中说，要保护风景和自然历史景观以及其内的野生生物，并让它们完好无损，使人们以这种方式获得享受，让后代也能够如愿地享受到它们。在国外，许多国家的森林旅游都在国家公园内开展。我国没有明确的“国家公园”这一称呼，一般指拥有国家森林公园、国家地质公园、重点风景名胜区等称号的一些地域，有的地方往往同时有前面两个或几个称号。

## 三、自然保护区

当前，自然保护区开展森林旅游活动越来越普遍。自然保护区是指对有代表性的生态系统，珍稀濒危野生动植物的天然集中分布区，有特殊意义的自然遗迹等保护对象所在的陆地、陆地水体或者海域，依法划出一定面积以特殊保护和管理的区域。自然保护区可以分为核心区、缓冲区和实验区，一般普通的森林旅游活动只允许在实验区开展。

## 四、区域公园

区域公园，美国称为州立公园，英国称为乡村公园，通常范围相对来说比较小，由区域内的政府或者多方联合管理，而不是由中央政府直接管理。中国很少有直接称为“区域公园”的旅游区，而许多以动植物等为主题的城市公园，如动物园、植物园等，以及一些以服务周边居民为主的社区公园，则与国外的区域公园相似。它们因拥有吸引人的森林景观，并为游客提供了很多游憩设施，具有开展森林旅游的基本条件，也可纳入森林旅游活动的范围。

## 五、历史纪念地

许多历史纪念地由于保护措施得力，而拥有良好的森林环境，常被开发为森林旅游区，以满足人们除了观光游览、历史凭吊等需求外的度假需求。由于一个纪念地若与周围环境隔离开来将失去其重要性，所以一个受到良好保护的纪念地群比单独隔离的纪念地（即使它们很有价值）更具有吸引力，且在产生一个旅游形象时有更大的价值。例如一些主要的考古点（如明十三陵）、革命纪念地（如井冈山、韶山）以及另外一些地区纪念地群（如烈士陵园），它们通常拥有如画的风光和优越的森林环境，可以为游客提供原始环境、地方传统、生活方式、民俗、手工艺等的机会，因此常被认为是森林旅游的好去处。

## 六、遗产型森林旅游区

是指经遗产委员会讨论决定录入《世界遗产名录》的森林旅游区。如我国的泰山风景名胜区、黄山风景名胜区、庐山风景名胜区、峨眉山—乐山大佛、武夷山、武陵源风景名胜区、九寨沟风景名胜区、黄龙风景名胜区等都是典型的遗产型森林旅游区。它们主要有以下突出例证：或构成代表地球演化史中重要阶段的突出例证；或构成代表进行中的重要地质过程、生物演化过程以及人类与自然环境相互关系的突出例证；或具有独特、稀有、绝妙的自然现象、地貌或具有罕见自然美的地带；或是尚存珍稀、濒危动植物种的栖息地等。

## 七、湿地公园

《湿地公约》（第1条第1款）中对湿地的定义为："是指不问其为天然或人工，长久或临时性的沼泽地、湿原、泥炭地或水域地带，带有或静止或流动，或为淡水、半咸水、盐水水体者，包括低潮时不超过6米的水域"，它包括河流和湖泊、沿海潟湖、红树林、泥炭地、珊瑚礁，以及人工湿地，诸如鱼塘、虾塘、农田池塘、灌溉农地、盐池、水库、砂砾矿坑、污水处理场和运河等。湿地公园（Wetland Park）的概念类似于小型保护区，但又不同于自然保护区和一般意义上公园的概念。根据国内外目前湿地保护和管理的趋势，兼有物种及其栖息地保护、生态旅游和生态环境教育功能的湿地景观区域都可以称为"湿地公园"，如浓江—沃里兰河湿地、七星河和挠力河流域湿地、七虎林河和阿布沁河中下游湿地、镜泊湖湿地等，都既是森林旅游区，也是湿地公园。

## 八、郊野公园

郊野公园一般是指位于城市边缘和近郊，以自然生态系统为主体的旅游区域。有的又称为"城市森林公园"，并把它作为森林公园的一种独立类型。目前，郊野公园可以纳入森林旅游活动范畴的几个特征已经基本得到公认：在地理区位上，郊野公园位于城市建成区之外，但基本囿于市区行政地域范围之内；在资源组成上，郊野公园以森林生态系统为基础，以农田、水域等为辅；在产品开发上，郊野公园以提供森林观光、度假、健身、科普等活动为主；在客源构成上，郊野公园以城市居民为最主要的客源市场，以周边地区为辅①。

① 张骁鸣．香港郊野公园的发展与管理［J］．规划师，2004（10）．

此外，我国的苗圃、林场以及私有林地也用来开展森林旅游。许多森林公园就是在原有的苗圃、林场基础上改建而成的。

## 第二节　森林旅游活动类型

不同的森林旅游项目、不同的技术开发能力会产生不同的森林旅游活动形式，它会随着时代的发展而发展，也会随着旅游者的需求而不断创新。由于旅游资源功能的多样化，以及旅游者旅游目的的复杂化，各种森林旅游活动不可避免地出现了交叉重复（比如，参加漂流的森林旅游者在漂流过程中，呼吸了空气负离子进行了保健疗养，又观赏了沿途风景进行了观光游览）。但这并不影响森林旅游活动的分类，本节将重点介绍常见的 8 大类 21 项森林旅游活动。

### 一、观光游览

观光游览是森林旅游者欣赏森林美的过程。人的审美能力是在社会实践中形成和发展起来的，它是人类共同的情感体验，是一种高级的、普遍的心理需要。森林生态系统由于结构复杂、资源丰富、环境优越，能给人带来生理上的舒适感和心理上美的享受。在自然、清静的森林里，没有城市的喧嚣，没有人际交往的烦恼，人类可以在这里放松地享受阳光、享受绿色、享受宁静，愉悦身心，修身养性，调节心理平衡，净化精神，提高境界。

森林美主要由森林旅游区的地形美、山石美、水景美、声音美、森林植物的色彩美和形体美等构成。森林美学思想起源于 18 世纪的德国。1824 年，德国著名林学家 V. D. Borch（1771—1833）在《森林》杂志上发表了有关森林美的文章。1830 年又专门发表了《森林美论》一文，提出“森林美论”应该作为一门应用美学进行建设。1885 年，冯·萨里休（V. Salisch，1846—1920）在继承前人观点和自己实践的基础上，出版了《森林美学》，它标志着森林美学作为一门独立学科的诞生，有着划时代的意义。

### 二、保健疗养

森林保健疗养活动可以分为疗养和健身两大类型。

#### （一）疗养活动

**1. 森林浴**

森林浴是沉浸在森林空气中进行的一种养生活动，主要是通过人的肺部吸收森林中散发出来的具有药理效果的植物精气和森林空气中相对含量较高的“空气维生素”——空气负离子，刺激植物神经，改善身体状态，清醒大脑，促进身心健康。一般而言，森林浴大部分应选择在白天进行，每次进行3小时左右。最理想的森林浴季节是夏季和秋季。第一次行浴时，先穿宽松衣服在森林中边散步边做深呼吸，时间10分钟左右。然后逐渐脱去外套，身着短衣、短裤，躺在摇椅或床榻上，或者做一般体育活动，如太极拳等，时间大约15分钟。此后，每次行浴时间按照5～10分钟递增，逐步达到60～90分钟1次，每日1～2次，1个月为一个疗程。从保健的角度讲，森林浴体现了森林旅游的本质。

**2. 泥浴**

泥浴是指将森林中含有矿物质、有机物、微量元素的泥类，经过加温后，敷于身上，或直接在泥浆里浸泡以达到健身祛病的养生保健法。泥浴，在温热、化学、机械刺激的综合作用下，能促进人体的血液循环，增强新陈代谢功能，调节神经系统的兴奋性和抑制过程，并具有良好的消炎、消肿、镇静、止痛和提高免疫功能等作用。适用于各种关节痛、腰腿痛、外伤后遗症等疾病，同时，有助于保持皮肤健美。

用于泥浴的泥并不是一般的泥土，而是含有铁、铝、硅、钙、镁、锰、磷等矿物质和水中生长植物分解形成的有机物质、胶体物质以及各种微生物的泥，种类有海泥、矿泥、淤泥、煤泥、火山泥、黏土泥、腐殖泥和人工泥等。最常用的是淤泥和矿泉泥，并多用矿泉水直接搅拌加热。我国大连、青岛、鞍山、兴城等地，都是蕴藏大量优质泥源的泥浴区。

**3. 花浴**

我国利用花卉治疗疾病的历史悠久。商朝时代就盛行利用香汤沐浴，用花香驱虫、除臭和调节心情。汉代名医华佗曾经用丝绸制作装有麝香、丁香、檀香等材料的香囊悬挂于室内，治疗肺痨、吐泻等疾病。明代李时珍的《本草纲目》记述了近千种花卉的性味、功能和主治病症。日本科学家研究发现，茉莉花的香味可以帮助键盘操作者减少30%的错误，柠檬的香味可以使其减少50%以上的差错。

花浴是指借洗浴时浴水对身体局部的刺激作用和鲜花的药力作用，使腠理疏通、气血流畅，从而达到美颜悦色的目的。在洗浴过程中，一边吸入熏香，一边接受花卉药力浸泡，一边接受按摩，既可以治疗皮肤疾病，同时又可以补充皮肤的水分，营养肌肤，清除已死亡的表皮细胞，利用汗腺和皮脂腺的分泌，改善血液循环，增强皮肤弹性，防止皮肤过早松弛，平衡情绪，提振心情，松弛神经，舒缓紧张压力，调节内分泌。

4. 康健步道足疗

康健步道采用天然溪流中的鹅卵石铺砌而成。让游客脱鞋光脚通过接触“地气”使足底与大地磁场相触，释放人体静电荷，调整人体电能平衡，并进行反复主动式按摩刺激足底穴位及足部反射区，通过经络传感到各器官，具有协调脏腑，促进气血流畅等功效，从而起到强身健体、增强免疫力等多方面作用。光脚走路还能改善脚跟部位的肌骨结构，不会对脚底皮肤造成磨损擦伤，能预防拇囊炎、脚跟骨刺、脚部骨骼变形、脚癣、脚气病等多种脚部病变。

5. 静养场

森林里优越的自然环境最适宜净心调神自怡。中医认为，静养是医家摄生大法。心是万法之宗、一身之主、生死之本、善恶之源，可与天地相通，能主宰神志，也是健康与否之所系。心主血脉是指心气推动血液在脉里循环往复，使五脏六腑四肢百骸得以血液濡养，以维持生命活动；心主神态指心主宰人的思维活动和精神状态并维持其余四脏的生理功能。因此，人要健康，首先必须养心。森林里的鸟语虫鸣、林啸瀑涛编织成一曲曲促进人体生命健康的“交响乐”。人的体内存在许多有规律的振动系统，如脑电波运动、心脏搏动、肺的收缩、肠胃蠕动和自律神经活动，当人患病时，体内的节奏处于异常状态，而森林的这些美妙的“交响乐”具有特殊能量，传入人体后，使细胞发生和谐的同频共振，可直接对细胞起到一种微妙的按摩作用，增进细胞新陈代谢，促进内分泌系统释放各种生理物质，增强肌体免疫力，使人的心境平和安详，达到高质量的入静。同时，这些优美悦耳的“交响乐”作用于大脑，能提高神经细胞的兴奋性，通过神经及神经体液调节促进人体有益于健康的腺体更好分泌，达到治疗疾病和强身健体功效。

### （二）健身活动

1. 滑雪

早在几千年前，由于寒冷的冬天给人们的生活带来不便，为了在这种恶劣的自然环境下求得生存，人们用皮带把大片兽骨绑在皮靴上，作为滑雪的工具，使得人们可以在浩瀚的林海雪原中任意驰骋、追寻猎物，从事生活、生产活动。随着时代的推移，滑雪的实用价值已逐渐降低，由于它更贴近自然、贴近生活，被人们广泛接受，演变成了现代的竞技运动和旅游项目。人们在滑雪过程中，远离喧嚣的都市，投身于林海雪原，惊险刺激之余，能领悟山野的纯净与壮观，净化身心，增强体质。

滑雪运动从其所处地理条件来说可分为越野滑雪、高山滑雪两大类。越野滑雪起源于北欧的挪威，距今约4000年。主要是在平原或地形起伏不大的丘陵地带开展，是当时主要的交通方式。高山滑雪起源于欧洲的阿尔卑斯山区，所以也称阿尔卑斯滑雪，主要是在地形起伏较大的山区开展这项活动。也有资料称高山滑雪起源于中国与俄罗斯交界的阿勒泰地区。就娱乐性、刺激性、挑战性来说，高山滑雪对人们的吸引力最大，从事高山滑雪运动的人数也最多。

2. 滑草

滑草最初是作为滑雪季节到来之前的准备运动，让滑雪运动员在没有雪的季节里依然能够进行训练，后来慢慢地演变成为一种新兴的独立运动项目，其动作与技巧同滑雪基本相同。滑草所用的器材分为两种。一种是用履带、专用胶鞋、滑杖、头盔、护具在草坡向下撑滑；另一种是滑草车，坐在滑橇从草坡上滑下。当前，这一休闲运动备受人们（特别是青少年）的喜爱。

3. 垂钓

垂钓是人们运用钓具，把鱼从水中捕捉出来的一项活动。是一项能够强身健体、锻炼意志、陶冶情操、高雅而富有情趣、男女老少均可参加的活动，是体育、娱乐兼而有之的活动。它深受人们喜爱，参加活动的人越来越多，在许多国家、地区都很受欢迎。据美国企业家协会统计，其会员每4个人中就有1个钓鱼迷，有1/6的成年人愿意把钱花在钓鱼上。1952年由英国、法国、德国、意大利、南斯拉夫等国家发起成立了“国际钓鱼运动联合会”，钓鱼也就成了国际体育比赛项目。钓鱼在我国有数千年的历史。据史料记载大舜在做部落首领前，曾在山东雷首山的雷泽垂钓。“愿者上钩”的姜子牙垂钓于陕西磐溪的传说，距今也有3000余年。据不完全统计，我国目前有9000万钓鱼爱好者。各大中城市郊区许多水产养殖场都兼营钓鱼项目。

4. 骑马

有专家认为，骑马是所有运动项目中对身体最有益处的运动，它是主动运动与被动运动的最佳结合。在骑马运动中，人的注意力高度集中，全身所有骨骼和肌肉，以及内脏各器官全都不由自主地处于运动状态，多余的脂肪能够得以消耗，各部位的肌肉得以强健，是最好的健美运动。科学研究表明，骑马半小时，相当于打一整场激烈的篮球赛所消耗的体能。据报道，西方国家的选美小姐中90%以上的健美运动是骑马。与其他体育运动项目最大的不同是，骑手在愉悦的运动后，当天并不感觉疲劳，虽第二天的感觉要明显得多，若以后再从事这项运动，疲乏的感觉会越来越轻。而且，骑马运动不受季节和气候的限制。骑马还能治疗体内植物神经系统、泌尿系统和生殖系统等方面的疾病，如神经衰弱、失眠症、性情抑郁、肠胃胀气、反应迟缓、性欲低下、脾气暴躁、平衡感低下、小儿麻痹症等。所以，长期骑马的人士大都性格开朗、谈吐豁达、身体强壮、身型挺拔、气宇轩昂、精力充沛，全身肌肉发达健美。

5. 漂流

漂流最初源于北极地区土著人因纽特人（旧称爱斯基摩人）的皮船、印第安人的树皮舟、中国的竹筏和木筏等。这些在当时都是为了满足人们生活、交通及战争的需要，而真正广泛的休闲漂流在第二次世界大战之后才开始发展起来。第二次世界大战后，一些退役的充气橡皮艇被美国一些喜欢户外活动的人发现，他们开始买来自娱自乐。后来，随着战后经济的复苏，户外休闲活动有了较大的市场，这些人便着手改进橡皮艇的规格，完善各种装备、器材，不断提高技术，经营起商业性的漂流旅游。这些人成为美国第一代商业漂流经营者。20 世纪七八十年代，商业漂流的发展日益完善，相关的产业也得到了很大的发展，比如专业船具、器材、装备、服装等。美国是目前世界上江河漂流、激流探险开发较早、较普及完善的国家。

6. 登山

登山是不断挑战人类的生理和心理极限，寻求人与大自然最直接的对话方式。早在公元前 138 年，张骞翻越葱岭前往西域诸国的过程就是登山探险的过程。那时，人们不但学会了在冰雪地带攀登的技术，也积累了不少关于侦察和攀越的经验以及有关高山病症的资料。我国自古就有重阳登高的习俗。1975 年英国高山医学家 Michael Ward 博士所著的《MOUNTAIN MEDICINE》就提到中国早期从登山活动中对高山病的发现，并且认为这是世界上最早关于高山病症的文献。而登山成为体育运动，则是出现在 18 世纪后期的欧洲。1760 年 7 月，日内瓦青年科学家 H. 德索修尔，为了探索高山植物问题，希望有人帮他登上阿尔卑斯山脉最高峰——海拔 4807 米的勃朗峰，他在勃朗峰山下的沙莫尼村口贴出一张重金奖赏告示，但很长时间都无人响应。直到 26 年后的 1786 年，才有沙莫尼村的医生 M. G. 帕卡尔和阿尔卑斯山区水晶石匠人 J. 巴尔玛做向导，登上了该峰。于是，一个新的体育运动项目——“阿尔卑斯运动”（登山运动）随之兴起。后来，人们便把 1786 年视为现代登山运动的诞生年。19 世纪，特别是 1850 年以后的 15 年间，登山运动的发展非常迅速。1857 年世界上有了第一个登山组织——英国登山俱乐部。从 20 世纪 50 年代开始，出现了一个争相向海拔 8000 米以上高峰进军的热潮，被称为“喜马拉雅的黄金时代”。1953 年 5 月 29 日，英国登山队的 E. 希拉里和丹增从南坡首次登上了世界最高峰——珠穆朗玛峰。1964 年 5 月 2 日，中国登山队许竞等 10 人登上了 8000 米以上高峰中最后一座未被征服过的希夏邦马峰（8012 米）。至此，仅仅用了 14 年的时间，地球上 14 座 8000 米以上的高峰，便全部被人类征服。

## 三、野营

野营是户外游憩的一种，是暂时性地离开都市或人口密集的地方，利用帐篷、睡袋、汽车旅馆、小木屋等在郊外过夜，享受大自然的野趣和优美的自然景观，并参与其他保健、休憩、娱乐活动。如果按野营目的划分，野营地可分为登山营地、教育训练营地、娱乐营地、休闲式的汽车营地；如果按住宿设施划分，野营地可分为营帐式野营地、野营车或野营拖车式营地以及其他营舍式营地（如小木屋、高架帐篷床）；如果按区域位置划分，野营地可分为湖畔营地、河边营地、高原营地、海滨营地、山区营地等。

据记载，团体野营活动起源于美国。1861 年，美国康州葛内利中学校长肯恩（Frederick W. Gunn），率领孩童进行为期两周的“吉卜赛之旅”，每天从事登山、健行、帆船、钓鱼等户外活动，来均衡孩童身心。“肯恩营队”每年 8 月在一座森林的湖畔进行，持续了 12 年之久，逐渐形成今日夏令营雏形，时至今日衍生为多元主题，体验式夏令营。1907 年，英国贝登堡爵士带领 20 名青少年于白浪岛野营。1932 年 8 月，世界野营及野营车总会（F. I. C. C.）在荷兰成立，标志着世界野营活动的正式形成。但总的来说，以上野营活动只是初级阶段的野营。第二次世界大战后，野营活动有了迅速的发展，继而发展成为一种旅游。随着世界性的社会工业化、城市现代化程度的提高，人类的生存环境不断恶化，野营由于其特点迎合了人类“回归自然”、“返璞归真”的需求，且又“物美价廉”，从而逐渐由一个旅游项目发展成为一种旅游形式。

## 四、狩猎

狩猎活动在人类起源与进化过程中起了关键的作用。男性猎取动物，带回营养丰富的肉类与部落中的同伴共享，女性采集果实并照顾孩子，这种合作模式是人类社会发展的开端。以狩猎为生的远古人类，猎获鸟兽后不仅能食肉充饥，还能用兽皮御寒，并利用它们的骨、角和蹄制作工具。早在新石器时期，已有人训练犬类从事捕猎，并繁育具有特殊本领的犬种。公元前 2000 年时，人类已经使用马匹进行狩猎。

人类社会早期的狩猎是一种供统治者及贵族们消遣的活动，这种人享有最多的闲暇和财富。在古埃及，狩猎者构成一个社会阶层；他们一方面自己以打猎为生，一方面又伴随权贵们从事狩猎。他们在尼罗河谷两侧的开阔沙漠中追逐野兽，有时则把猎物驱赶到封闭的保留地内，进行捕杀。狩猎者使用的工具有网、套索、箭和标枪。他们偶尔也训练狮子从事狩猎。发展到后来，狩猎者们开始坐在马车上或骑坐在马背上追捕野兽。亚述人和巴比伦人也喜欢打猎，从他们庙宇和宫殿壁画中的狩猎场景，可以清楚地看到这一点。早在公元前700年，亚述人已经使用鹰隼进行捕猎，而在印度和中国，人们很久以前就知道训练猎鹰了。从《圣经》中可以得知，当时猎物丰富，而犹太人对之需求甚殷，且倍加欣赏。古代希腊人早已经开始从事狩猎活动。公元前4世纪，色诺芬根据他自己捕猎野兔的经验，写成了《论狩猎》一书。

## 五、探险

森林探险旅游是在观光旅游的基础上，利用丰富的森林资源和现代技术与设施，使游客开拓视野、增长知识、了解森林奥秘的特种活动。随着人类文化素质的提高，知识结构的多元化，以及对自然奥秘、地球未知领域的探索与发展，越来越多的人对探险这种集自然、文化、科技于一身的年轻旅游项目感兴趣。

大多数的探险旅游既具有旅游的性质，又具有体育活动的性质。陈华认为，探险旅游的项目可以根据活动的空间分为空中类型、陆地类型和水上类型。空中类型的探险旅游活动包括：帆伞、悬挂式滑翔机、跳伞、观光飞行、直升机飞行、乘热气球、高处跳伞、蹦极跳等。陆地类型的探险旅游活动包括：山地骑自行车、雪地骑自行车、橡皮艇漂流、高山绕绳下降、攀岩、攀冰山、不同地形越野、雪地跋涉、过草地、穿越丛林、北极地带长途跋涉、沙漠地带长途跋涉、穿越峡谷等。水上类型的探险旅游活动包括：潜水、在江河湖海划橡皮艇、航海、海上观光（观海豚、观鲸等）、江河海冲浪、风帆冲浪、急流划艇、划独木舟、滑水、北极海冰面高尔夫球等。

## 六、修学旅游

修学旅游是指专业人员以某个专题为目标，或考察森林及其自然环境、或调查与森林相关的风俗文化、或了解一门学科等的旅游行为。修学旅游与科普旅游的区别在于，修学旅游的旅游者通过旅游活动进行专业研究，加深专业认识，提高专业水平。

因为与森林旅游相关的学科非常广泛，有林学、农学、生态学、环境学、地理学、历史学、考古学等，所以修学旅游所涉及的客源市场非常巨大。既有国内的科研人员，也有国外的访问学者；既有专家教授，也有在校学生和一线工作者。与普通旅游不同的是，修学旅游者因科学研究的性质决定了他们需要多次往返森林旅游区，回游率高，并且逗留时间相对比较长。同时，他们具有较强的环境责任感和生态保护意识，他们所进行的活动对森林旅游本身也具有一定的促进作用。

## 七、科普旅游

科普旅游是业余人员以某个专题为目标，到森林中接受森林或与森林相关的文化教育的一种旅游行为。科普旅游与修学旅游的区别在于，科普旅游的旅游者通过旅游活动接受科学知识教育，增加对森林及森林文化的了解，补充平常书本上所学不到的知识，是一种开阔视野的活动。森林中常见的科普教育主要有动物、植物以及其他自然环境知识的学习。下面列举几种常见活动。

### （一）观鸟

观鸟又称作赏鸟，是指在自然环境中利用望远镜、鸟类图鉴等设备在不影响野生鸟类正常生活的前提下观察和观赏鸟类的一种娱乐活动。它是观察和记录自然环境中野生鸟的外形姿态、取食方式、繁殖行为、迁徙特点和栖息环境等，并鉴别鸟的种类，同时亲近自然、感知万物的一种方式。作为业余休闲活动，观鸟在英国和北欧国家兴起已经有100多年。近年来，除了欧美国家，日本和我国的香港、台湾目前也有较多的人喜爱这项活动。同时，我国大陆的观鸟活动也正在蓬勃兴起，如到黑龙江扎龙湿地自然保护区观赏丹顶鹤、到江西鄱阳湖观赏候鸟、到广东新会观赏小鸟天堂等都是很不错的旅游活动。

### （二）赏萤

萤火虫在生物分类上属于昆虫纲鞘翅目萤科，全世界有2000多种。萤火虫具有发光的特性，主要原因是腹部末端有发光反射器，里面含有类似脂肪的萤光素，萤光素经过催化后，与空气接触，就会产生氧化而发光，这种光是一种冷光，只释放极少的热能，不会灼伤萤火虫自己。萤火虫的成虫与幼虫都有发光能力，有的种类连卵也有萤光素，所以也会发光。发光的目的是为了警告敌人，切莫接近或作为求偶信号，而有时萤火虫受到惊吓、情绪紧张时，也会发光。赏萤活动在我国台湾非常流行。每年的4～6月是台湾最佳的赏萤时节，成群的游客相约到野外观赏萤火虫。湖南桃源洞国家森林公园万洋河楠木坝至石板滩河段的萤火虫非常多，有时长约1km的河面上聚集着密密麻麻的萤火虫，景色非常壮观。

### （三）赏蝶

蝴蝶的种类繁多，根据有关文献显示，全世界现已有记录的蝴蝶达 1.4 万多种，主要分为 16 科。一般以夏秋季为赏蝶较佳时机，以生态环境比较完整的树林或溪流附近为赏蝶的最佳景点。赏蝶活动可以让森林旅游者在赏蝶、爱蝶，与蝴蝶嬉戏中，融入大自然，愉悦轻松地体验人类与自然和谐相处的境界，同时提高爱护大自然、保护生态环境的内在意识。我国开展赏蝶活动的地方很多，比如广东惠州古田省级自然保护区的沉水河、广东从化桂峰山森林公园的合子溪、湖北神农架国家森林公园、湖南张家界国家森林公园、海南尖峰岭国家森林公园、福建武夷山自然保护区等都是赏蝶的好去处。

### （四）林木研习

我国约有 3 万多种植物，仅次于马来西亚和巴西，居世界第三位。森林旅游者可以到森林参观野生植物，辨别植物种类，观察天然林生态演替特征，考察植物生长环境，了解植物生长特征和森林生态系统特征，掌握一定的植物保护和森林环境保护知识等。

此外，科普旅游还有观鱼、赏花、听蝉鸣、听松涛等专项活动，在此不一一列举。

## 八、采撷

森林是一个丰富的资源宝库，近年来，到森林中进行采撷的活动悄然兴起。如采草药、采野果、采松子、采榛子等，成为了人们热衷的旅游活动。它迎合了人们对绿色生活的崇尚，使人们在休闲中亲近自然，闻泥土芳香，抚摸青枝绿叶，享受果实的丰硕与美丽。森林旅游中的采撷活动是一种特殊的、受严格限制的旅游行为，游客只能在特定的区域对指定的植物进行采撷，绝不允许乱采滥伐，对森林环境造成破坏。北京顺义沿河甜瓜观光采摘区是北京人开展采撷活动的一个重要场所。这里有数百亩温室大棚，种植着市场上罕见的 30 多种特种瓜果，不仅香味四溢，而且极具观赏价值。如从我国台湾引进的新世纪香瓜、从上海引进的奉贤早蜜小西瓜，从以色列引进的七彩椒、从南美引进的人参果、从美国引进的迷你黄瓜等，每年都吸引了络绎不绝的游客。

## 【思考题】

1. 森林旅游区主要有哪些类型？
2. 森林旅游区可以开展哪些旅游活动？各种类型的活动分别有哪些特征？
3. 除了本章介绍的森林旅游活动，你认为还有哪些项目属于森林旅游活动？
4. 修学旅游与科普旅游有何异同？
5. 请对照本章介绍的八类森林旅游活动，分别查找 1 个案例，并分析其特征。

## 【案例】

### 黄石国家公园的旅游活动①

黄石公园最具代表性的旅游项目有：

**1. 初级守护者（Junior Ranger Program）**

黄石公园针对 5～12 岁的孩子开展了一项名为“初级守护者”的官方项目，其目的是向孩子们介绍大自然赋予黄石公园的神奇以及孩子们在保护这一人类宝贵财富时所扮演的角色。要成为一名初级守护者，每个家庭需要为长达 12 夜的活动支付 3 美元，这样孩子们就可以参观公园的任何一个游览中心。主要活动包括：参加由公园守护者引领的一些活动，在公园的小道上徒步旅行，完成一系列关于公园的资源和热点问题的活动，以及了解诸如地热学、生态学的相关概念。然后，在核实孩子们确实出色地完成上述活动后，公园授予参与者官方的“初级守护者”荣誉称号。

**2. 野生动物教育——探险（Wildlife Ed-Venture）**

黄石公园是全美观察悠闲漫步的大型野生哺乳动物的最佳地区之一。该活动的内容是在黄石公园协会的一名有经验的生物学家的带领下，探寻黄石公园内珍稀的野生动物。通过该活动，参与者将会了解在何处、何时、怎样观察野生动物，并且从它们的行为、生态学以及保护状况中得到满足。

---

① 邹统钎，朱天松．美国黄石公园管理模式［N］．中国旅游报，2003－11－19.

**3. 寄宿和学习**

对于那些想通过游历世界上最早成立的国家公园而获得乐趣、恢复精力的游客而言，该项目真正融教育和休闲于一体。借助黄石公园住宿条件，该项活动为游客提供了最为美好的两个不同的世界：白天，参与者在黄石公园研究会的自然学家的带领下饶有兴趣地探寻黄石的有趣之处；夜晚，他们返回住处享受美味佳肴和舒适的住宿设施，并且在有悠久历史的公园饭店内体验丰富多彩的夜生活。该项目针对滑雪爱好者、野生动物爱好者、徒步旅游者、家庭成员以及打算带走一些标本的游客提供全年的服务。

**4. 现场研讨会**

该活动为游客提供一段相对比较集中的近距离的教育经历，主要涉及一些专门领域，如野生动物、地质学、生态学、历史、植物、艺术以及户外活动的技巧。近年来的现场研讨会还包括了野狼的世界、关于冬天的写作、黄石公园的火山活动、荒野紧急救援、高山地区的野生花卉以及黄石公园的 Ghost 饭店等。研讨会的指导者一般是对黄石公园充满感情的，并且愿意与他人共享其专业知识的知名学者、艺术家和作家。而无论是青年或老人、男人或女人、长期从事科研工作的学者还是初来黄石公园的游人，都可以成为该活动的积极参与者。大多数的研讨会都会在黄石公园内的骆驼谷（Lamar Valley）、野牛牧场（Buffalo Ranch）或是公园的饭店举行。活动一般会持续 1～4 天，人员限制在 13 人以内，费用为 55～65 美元/天。

**5. 徒步探险（Hiking）**

面积达 220 万英亩的黄石公园，是全美国最原始的荒原地区。这其中，有 1700 多公里的小道适合徒步行走，然而，由于荒野带给人们固有的恐惧感、不可预知的野生动物、变幻莫测的天气情况、难以忍受的地热环境、寒冷的湖水、湍急的溪流以及布满松散岩石的崎岖不平的高山，使得徒步探险活动充满了艰辛和危险。当然，有一部分探险活动不那么充满危险和艰辛了，而是在公园守护者的带领下，游客花半天的时间，参观鲜为人知的地热区、探寻野生动物的栖息地、经历黄石公园的一段荒凉地带。

**6. 野营和野餐（Camping & Picnicking）**

黄石公园内共有 12 个指定的野营地点，其中大部分野营地遵循谁先到就先为谁服务的原则。在野营地点，游客可以既欣赏黄石公园的美景，又可以远离喧嚣的都市，体验悠闲自得的恬静的乡野生活，同时还可以通过与公园守护者、其他游客的交谈以及举行的一些活动加深对黄石公园的美好印象。

# 第三章

# 森林旅游者

实践中，研究和掌握森林旅游者的规律具有重要的意义。比如，通过对森林旅游者的构成分析可以了解一个国家或地区旅游活动发展的层次和深度，通过对森林旅游者的流量和流向分析可以为旅游资源的开发和旅游业的协调发展提供决策参考，通过对森林旅游者的消费支出分析可以掌握一个国家或地区旅游商品与旅游服务的发展水平等。

## 第一节　森林旅游者的概念

在实际工作中，特别是旅游统计工作中，旅游者的定义直接决定了如何计算与统计旅游者的数量。多年以来，许多权威机构和学者一直在关注如何清楚地界定旅游者与非旅游者之间的差别，但目前尚无定论。

### 一、森林旅游者的定义

世界旅游组织和联合国统计委员会认为，游客是指“任何一个到惯常环境之外的地方去旅行，连续不超过 12 个月，并且其旅行的主要目的不是通过所从事的活动从访问地获取报酬的人。”参照这个定义，我国国家旅游局和国家统计局制定的《旅游统计调查制度》规定“游客”是：任何为休闲、娱乐、观光、度假、探亲访友、就医疗养、购物、参加会议或从事经济、文化、体育、宗教活动，离开常住国（或常住地）到其他国家（或地方），其连续停留时间不超过 12 个月，并且在其他国家（或其他地方）的主要目的不是通过所从事的活动获取报酬的人。同时，专门指出游客不包括因工作或学习在两地有规律往返的人。

根据世界旅游组织和我国国家旅游局关于游客的定义，我们认为，森林旅游者是指利用闲暇时间，离开常住国（或常住地）到森林环境中开展旅游活动，其连续停留时间不超过 12 个月，并且在森林旅游区的主要目的不是通过所从事的活动获取报酬的人。森林旅游者不包括因工作或学习在两地有规律往返的人。

需要注意的是，并不是所有进入森林旅游区域内的人员都是森林旅游者。例如，下列人员就不属于森林旅游者：

- 为赚钱谋生而进入林区采药、砍柴、销售商品、打工的人员；
- 常驻景区从事服务、接待、维修及保养等工作者；
- 各级机关部门中在森林旅游区域内从事与景区直接相关的各类工作者；
- 按国家规定进行各种检查的行业检查者；
- 旅游区内的居住者及附近不以旅游为目的而进入森林旅游景区的居民；
- 路过森林旅游区而不作停留者。

### 二、森林旅游者的分类

如果按出游地分类，森林旅游者可分为入境森林旅游者和国内森林旅游者。入境森林旅游者是指来中国（大陆）森林旅游区开展旅游活动的外国人、我国港澳台同胞等旅游者。国内森林旅游者是指在中国（大陆）开展森林旅游活动的中国（大陆）居民。

如果按出游时间分类，森林旅游者可以分为过夜森林旅游者和一日游森林旅游者（不过夜游客）。过夜森林旅游者是指在森林旅游区的旅游住宿设施内至少停留一夜，最长不超过 12 个月的游客。一日游森林旅游者是离开惯常居住地 10 公里以上，出游时间超过 6 小时、不足 24 小时，并未在其他地方的旅游住宿设施过夜的游客。

## 第二节　森林旅游者的类型与特征

由于性别、年龄、家庭可支配收入、家庭人口、地域、宗教信仰等因素的影响，不同的旅游客源群体有不同的特征。在做森林旅游分析时，常常要对森林旅游者的基本特征进行研究。本节介绍几个主要的分析方法。

### 一、森林旅游者类型的划分方法

旅游者特征的划分标准多种多样，一般根据规划建设、市场营销等实际需要而定。目前，一般主要以地理因素、人口因素、心理因素和行为因素四大因素作为划分依据。

### （一）按地理特征细分

地理因素之所以作为游客特征细分的依据，是因为处在不同地理环境下的旅游者对于同一类旅游产品往往有不同的需求与偏好。

1. 按地区细分

从国际旅游市场来看，世界旅游组织将全球划分为东亚及太平洋旅游区、南亚旅游区、中东旅游区、非洲旅游区、欧洲旅游区和美洲旅游区六大旅游区域。从中国近年来入境旅游情况来看，中国相邻地区的国际旅游客源地主要是日本、韩国、俄罗斯、新加坡、马来西亚、泰国、菲律宾和印度尼西亚等国家，中远程国际旅游客源地主要包括，北美的美国、加拿大，欧洲的英国、法国、德国、意大利、瑞士、奥地利、瑞典、挪威、荷兰、比利时，以及大洋洲的澳大利亚等。

国内旅游市场如果按照地理位置或经济区域来划分，可以分为华东、中南、西南、西北、华北、东北六大旅游区；如果按照行政区划来划分，可以分为省、市、自治区、县等。具体细分到哪个层次要看资源的规模、性质、质量等因素。如普通森林旅游区的吸引力相对比较小，做地理细分的时候就要详细到县、镇。

2. 按气候细分

气候是吸引旅游者的因素之一。从大范围来讲，按气温可分为热带、温带、寒带，按湿度可分为干旱区、多雨区。我国中央气象局根据全国600多个测点的气候资料，将我国划分为北温带、中温带、南温带、北亚热带、中亚热带、南亚热带、北热带、中热带、南热带九个气候带。森林公园因地形、植被等因素的影响，形成复杂多样的森林小气候环境，主要表现在林内太阳辐射减少、林内及其附近的温度变化缓和、湿度增加、风速减弱等。冬季东北等严寒地区的冰雪是吸引广东、海南等地游客的主要因素，而广东、海南温暖的气候则是吸引东北等地游客的主要因素。

3. 按交通细分

交通是地理细分的重要因素之一。因为交通便利，可进入性强，客源招徕则相对容易。按照运输工具来划分，交通主要有陆、水、空等形式。按照旅游距离来划分，交通主要有远距离和近距离之分。交通的形式和距离的远近影响到旅游成本和旅游时间，而这两个因素恰好是影响游客心理的主要冲击点之一。

4. 按城市环境细分

一般来说，城市居民要求旅游的人数比农村多。《中国旅游统计年鉴》（2002）统计，2001年，中国城镇居民出游率为110.2%，农村居民为44.2%。

如今，世界人口的一半以上和中国人口的三分之一以上已经居住在城市，他们在享受现代城市文明的同时，与自然环境越来越远。高密度的人群、高污染的生活环境，迫使城市居民产生到森林资源丰富的旅游区游憩休闲的需求。因此，城市的环境污染度、人口稠密度成为地理细分的考虑因素之一。

### （二）按人口特征细分

人口细分就是按人口统计变量，如年龄、性别、家庭规模、家庭生命周期、收入、职业、教育程度、宗教、种族、国籍等为基础细分游客的特征。

**1. 按性别细分**

性别本身并不是构成旅游的障碍或促进因素，但由于在家庭中扮演的角色不同以及生理上的差别，可能男性与女性对森林旅游感兴趣的程度不一，在旅游上的需求也有所不同。通常，相对而言，男性游客比较喜欢参与性旅游项目，也喜欢探险性项目，如野营、攀岩等；而女性游客则更偏好花浴、泥浴等美容健身类的森林旅游产品。当前，据《中国旅游统计年鉴》统计，国内旅游中男性游客总量一般高于女性游客量。但因女性游客在家庭中的地位作用，她们往往在出行决策上起着非常重要的作用。有关调查表明，许多家庭旅行的目的地的选择通常由女性决定。

**2. 按年龄细分**

不同年龄的旅游者有不同的需求特点，如青年人对森林旅游项目的需求，与老年人的需求差异较大。青年人喜欢刺激性旅游项目，他们对交通、住宿、饮食的要求一般，有时考虑价格因素比较多，如出行时会选择青年旅馆作为留宿地点，为抵达偏远而交通非常不便利的森林旅游区，可以忍受车旅辗转劳累，也可以经受较大的气温变化、气压变化，选择参加登山、野营、探险等活动的比例比较多。而老年人需要休闲、安静和安全，他们对交通、餐饮等旅游产品要求较高，经受不住车旅颠簸和较大的温差，往往偏向选择交通便捷、舒适的森林旅游区，偏好漫步、垂钓等能量消耗少的活动。

**3. 按家庭规模细分**

家庭是社会的细胞，是旅游消费的基本单位。由于计划生育政策，目前我国家庭尤其是城市家庭的核心一般为 3 口人。同时，因受传统文化的影响，我国“三代同堂”甚至“四代同堂”的家庭大量存在。因此可以把家庭规模分成 2 人以下、3 人、4 ~6 人和 6 人以上等类型。一般 2 人家庭出行的可能性比较大，他们一般是：新婚阶段、结婚多年暂时没考虑要孩子到准备生育这一阶段、结婚后因追求自由打算“丁克”的阶段、子女读书寄宿的阶段、子女走入社会参加工作开始生活独立的阶段。有专家根据年龄、婚姻和子女状况把家庭划分为七个阶段：单身阶段、新婚阶段、满巢阶段Ⅰ、满巢阶段Ⅱ、满巢阶段Ⅲ、空巢阶段、孤独阶段。在不同阶段，家庭旅游的支付能力、家庭人员对旅游的兴趣与偏好会有较大差别。例如，有孩子正在求学阶段的家庭，在选择森林旅游区时会考虑生物科普教育、野外生活实践教育等因素。

4. 按收入细分

决定旅游的收入是指“可自由支配收入”，即扣除全部税收及社会消费（健康、人寿保险等）以及生活必需消费部分（衣、食、住、行等）以后的收入。个人可自由支配收入对外出旅行起着首要决定作用，同时也决定了旅游目的地、旅游时间、旅游花费等重要因素。比如，在选择机会上，个人收入的高低与旅游次数成正比，个人收入越高，外出旅游的次数越多。同时，个人收入的高低与旅游距离成正比，个人收入越高，旅游者越有可能选择远距离旅游，如跨省旅游、出境旅游。此外，个人收入的高低，还决定着个人的消费水平、交通方式、旅游时间等。经济条件好的旅游者可以选择坐飞机出行或自驾车出行，可以选择较高星级的宾馆住宿。如果按照收入层次来分，可以简单地区分为高收入、中等收入、低收入和无收入四个类型。也可以根据不同的地域进行更为详细的细分。经济水平高的地区，相应的规划中相关费用数值设置可以偏高。

5. 按职业与教育细分

是指按旅游者职业的不同，所受教育的不同以及由此引起的需求差别细分游客特征。比如，文化层次相对较低的游客在森林旅游区可能只是欣赏自然山水、开展观光活动，而受教育程度较高的游客除了观光以外，可能对森林植被、环境保护等有较深入的考察或思考。1990年，伊格尔斯（Eagles）等在对参加安大略省自然主义者联盟旅行计划的生态旅游者和参加加拿大自然旅行计划的生态旅游者的调查中发现，加拿大一般旅游者中有20.7%的人具有大学文化程度，而在生态旅游者中这个比例达64.9%；怀特的调查也证实了这一点，一般生态旅游者中，有75%的人上过大学，而有经验的生态旅游者中，则有96%的人上过大学。

### （三）按心理特征细分

心理细分是指根据旅游者所处的社会阶层、生活方式、个性特点等心理因素进行游客特征划分的方法。同一个人口因素相同的客源群体，可以表现出不同的心理现象。

1. 社会阶层

社会阶层是指在某一社会中具有相对同质性和持久性的群体。处于同一阶层的成员具有类似的价值观、兴趣爱好和行为方式，不同阶层的成员则在森林旅游的需求和偏好上有较大的差别。区分不同社会阶层的旅游者所具有不同的特点，可以为森林旅游产品的市场细分提供重要的依据。

2. 生活方式

生活方式是指一个人或群体在旅游过程中反映出的习惯和偏好。不同类型的旅游者追求的生活方式各有不同，如有的追求刺激、冒险，有的追求平静、舒适。生活方式影响了人们对旅游产品的兴趣，而他们所选择的旅游方式也反映出他们的生活方式。

3. 个性

个性是指一个人比较稳定的心理倾向与心理特征，它会导致一个人对其所处环境作出相对一致和持续不断的反应。每个人的个性都会有所不同。通常，个性会通过自信、自主、支配、顺从、保守、适应等性格特征表现出来。因此，个性可以按这些性格特征进行分类，从而为游客特征分类提供依据。

### （四）按行为特征细分

根据旅游者对森林旅游产品的了解程度、态度、使用情况及反应等特征将他们划分成不同的群体，叫作行为细分。

1. 按使用时机细分

是指根据旅游者对旅游产品产生需要、购买或使用的时机加以区别的方法。森林旅游具有比较明显的季节特征，如机关公务员、国企员工、外资企业员工、民营企业员工、教师、学生、离退休人员等不同人员的闲暇时间都会不一样，因此外出旅行的时机也不尽相同。

2. 按旅游动机细分

就是根据旅游者对森林旅游产品所追求的不同动机而形成的一种有效的细分方式。例如，有的旅游者选择森林旅游的主要动机是追求身体健康，希望通过运动、休息、治疗等森林旅游活动消除紧张；有的是为了追求新的经历；有的是为了了解大自然；有的旅游者则是为了欣赏异地文化、艺术、风俗等而选择外出旅行。

3. 使用者情况

是指根据旅游者的旅游频率来细分市场。通常可分为：经常旅游者、首次旅游者、潜在旅游者和非旅游者。

4. 对森林旅游产品的态度

还可以按旅游者对森林旅游产品的热情程度来细分市场。通常可分成五种态度：热情的、肯定的、漠不关心的、否定的和敌对的。

## 二、森林旅游者构成的统计口径

在对森林旅游者的构成进行分析时，为了口径上的统一，也为了引用资料时的方便，应按照《中国旅游统计年鉴》的分组方法进行分类。

### （一）入境森林旅游者的构成分类

按年龄分为6类：65岁及以上；45～64岁；35～44岁；25～34岁；15～24岁；14岁及以下。

按职业分为10类：政府工作人员；专业技术人员；职员、技工/工人；商贸人员；服务员/推销员；退休人员；家庭妇女；军人；学生；其他。

按入境方式分为6类：飞机，是指森林旅游者入境时乘坐的是中国民航或外国民航的班机或专机等；船舶，是指森林旅游者入境时乘坐的是邮轮、游艇、班轮等；火车，是指森林旅游者入境时乘坐的是国际列车；汽车，是指森林旅游者入境时乘坐的是汽车；徒步，是指森林旅游者是徒步入境的；其他，如自行车等。

按性别分为男、女2组。

按身份一般分为4组：外国人；华侨；港澳同胞；台湾同胞。港澳台居民属于中国公民，以上划分仅为旅游统计上的分类。

按国籍分组一般分为以下6大类：亚洲，包括日本、韩国、朝鲜、蒙古、菲律宾、泰国、新加坡、印度尼西亚、马来西亚、巴基斯坦、印度、尼泊尔、斯里兰卡、哈萨克斯坦、吉尔吉斯斯坦、其他；美洲，包括美国、加拿大、墨西哥、其他；欧洲，包括英国、德国、法国、意大利、俄罗斯、瑞士、瑞典、荷兰、挪威、奥地利、比利时、西班牙、葡萄牙、其他；大洋洲，包括澳大利亚、新西兰；非洲；其他。

按目的分可以分为以下几类：会议/商务；观光休闲；探亲访友；服务员工；其他。

### （二）国内森林旅游者的构成分类

按年龄可分为6类：65岁及以上；45～64岁；35～44岁；25～34岁；15～24岁；14岁及以下。

按职业可分为9类：公务员、企事业管理人员；专业/文教科技人员；服务销售人员；工人；军人；农民；离退休人员；学生；其他。

按出行方式可分为5类：飞机、船舶、火车、汽车、徒步。

按性别分为男、女2组。

按身份可分为城镇居民、农村居民 2 种。

按目的可分为以下 8 类：休闲/度假；观光/游览；探亲访友；商务；会议；宗教/朝拜；文化/体育/科技交流；其他。

以上分组方式都不是一成不变的，应根据具体需要灵活处理。例如，假设要了解青年森林旅游者的特征，在分析其年龄构成时，可以按照 3～5 年一个等级进行分组。

### （三）旅游者构成的分析与计算

一般采用相对数与比较相对数来计算分析旅游者的构成。以出行方式为例，其计算方法（见表 3－1）为：

$$乘坐某种交通工具比重 = \frac{乘坐某种交通工具的人数}{旅游总人数} \times 100\%$$

**表 3－1　2005 年来华旅游者人数（按入境方式分）**

| 按出行方式分组 | 人数(人) | 所占比重(%) |
| --- | --- | --- |
| 船　舶 | 5211623 | 4.33 |
| 飞　机 | 14736170 | 12.25 |
| 火　车 | 1609751 | 1.34 |
| 汽　车 | 31937852 | 26.55 |
| 徒　步 | 66796859 | 55.53 |
| 合　计 | 120292255 | 100 |

从表 3－1 可知，2005 年来华旅游者中徒步入境者人数最多，占全部入境旅游者的 55.53%，而乘火车入境的游客人数最少，只有 1.34%。

## 三、森林旅游者流向问题的计算

森林旅游者流向是指森林旅游者在森林旅游中所形成的从惯常居住地到旅游目的地的旅行指向。不同类型的旅游者由于经济水平、闲暇时间和旅游目的等方面的不一致，就可能导致旅游流向不一样。但同一流向的旅游者应该可以体现某些方面的一致性和规律性，找出这方面的特性，有利于合理组织客流。

在分析森林旅游者的流向时，要用到一个很重要的概念，即“出发区”的概念。出发区是指前往某一游憩地的游客相对集中的居住地区。1969 年，

Mansfield提出可将旅游率（Frequency of Visit）不小于2‰的客源地划分为一个出发区。某出发区旅游率 =（某出发区旅游人数/该出发区总人口数）×1000‰。出发区旅游人数可根据调查所得该区的游客人数而求出，即某出发区旅游人数 = 该出发区抽样游客人数/抽样总人数×游憩地年总游客人数。

以对广东鼎湖山自然保护区的调查研究为例，在假定同一出发区内的游客月均收入、到目的地的旅行费用、旅行时间等大致相等的前提下，将旅游率与行政区划结合起来把鼎湖山客源出发区划分为19个出发区。分区结果如表3－2所示。

**表3－2　鼎湖山游客调查统计结果一览表***

| 出发区 | 总人口（万人） | 月均收入（元） | 调查人数（人） | 全年旅游人数（万人） | 旅游率（‰） | 实际支付旅行费用（元） | 旅行时间（小时） | 总旅行费用**（元） | 消费者剩余（万元） |
|---|---|---|---|---|---|---|---|---|---|
| 重庆 | 486.2 | 1100 | 8 | 1.6537 | 3.4 | 1100 | 80 | 1265 | 712.5 |
| 哈尔滨 | 255.34 | 1100 | 6 | 1.2403 | 4.85 | 1050 | 106 | 1268 | 404.5 |
| 北京 | 627.3 | 2070 | 13 | 2.6873 | 4.28 | 1073 | 55 | 1286 | 864.3 |
| 青岛 | 170.1 | 1300 | 6 | 1.2403 | 7.29 | 1246 | 85 | 1453 | 141.9 |
| 武汉 | 382.1 | 900 | 12 | 2.4806 | 6.49 | 568 | 36 | 628 | 3709.8 |
| 长沙 | 181.7 | 1020 | 9 | 1.8605 | 10.24 | 504 | 23 | 547 | 2241.6 |
| 南京 | 229.9 | 1320 | 16 | 3.3075 | 14.39 | 670 | 52 | 798 | 1346.2 |
| 汕头 | 77.84 | 1250 | 8 | 1.6537 | 21.24 | 482 | 21 | 531 | 1004.5 |
| 湛江 | 54.41 | 1320 | 7 | 1.447 | 26.59 | 550 | 21 | 601 | 569.6 |
| 南海 | 37.1 | 1100 | 10 | 2.0672 | 55.72 | 436 | 6 | 448 | 611.4 |
| 广州 | 322.14 | 1560 | 58 | 11.9899 | 37.22 | 191 | 5 | 205 | 10978.9 |
| 茂名 | 27.8 | 2700 | 14 | 2.8941 | 104.1 | 321 | 8 | 346 | 619.7 |
| 珠海 | 34.3 | 1458 | 14 | 2.8941 | 84.38 | 317 | 8 | 338 | 783.7 |
| 佛山 | 39.44 | 2870 | 11 | 2.2739 | 57.65 | 292 | 7 | 316 | 962.2 |
| 惠州 | 25.75 | 1010 | 15 | 3.1008 | 120.42 | 252 | 7 | 265 | 730.1 |
| 东莞 | 36.2 | 1100 | 30 | 6.2016 | 171.31 | 271 | 6 | 283 | 973.5 |
| 中山 | 36.84 | 1230 | 32 | 6.6151 | 179.56 | 220 | 5 | 231 | 1156.7 |
| 深圳 | 78.9 | 1260 | 29 | 5.9949 | 75.98 | 278 | 5 | 289 | 2089.6 |
| 肇庆 | 28.83 | 765 | 60 | 12.4033 | 430.22 | 67 | 1 | 68 | 1468.3 |

注：* 表中各出发区总人口数据引自《中国城市统计年鉴》（中国统计科学出版社，1997）；

** 总旅行费用为游客实际支付的旅行费用与旅行时间价值之和，所用年游客总人数为鼎湖山风景区2000年接待的游客量，为73.8万人。

# 第三节　森林旅游者的消费计算

旅游消费是指人们在旅行游览过程中通过购买旅游产品来满足个人发展和享受需要的行为和活动。这是在人们的基本生存需要得到满足后而产生的一种高层次的消费需要。森林旅游作为一种消费形式，通常要引起森林旅游者的各种支出。森林旅游者的花费是指森林旅游者在某一森林旅游区，为了获得森林旅游服务或森林旅游商品而支付的费用金额总和。它包括森林旅游者为满足自己的旅游需求而支付的交通、娱乐、游览、住宿、购物等开支。它是衡量旅游者需求的一个重要指标。森林旅游者消费支出的总额与构成直接决定了森林旅游经济收入的大小及构成。

## 一、森林旅游者消费支出总额概念

森林旅游者消费支出总额是指某一时期森林旅游区所接待的全体森林旅游者消费支出金额的总和。它是该时期内全体森林旅游者所得到的森林旅游商品和森林旅游服务的总价值量。

在我国，核算森林旅游者消费支出总额时，应注意以下几点：

第一，对于入境森林旅游者而言，其支付给国外运输机构的到达和离开我国大陆的交通运输费用，不能计入消费支出总额。只有支付给我国大陆客运机构的有关交通费用，才能计入其消费支出总额。

第二，对于一个森林旅游区而言，不论接待的是入境森林旅游者还是国内森林旅游者，其支付给该旅游区所在省市的客运机构的有关到达和离开该省市的交通运输费用，才能计入该省市的消费支出总额，否则也应除外。

第三，总的来说，并非森林旅游者在其出游当中所有支付的旅游费用都能计入消费支出总额。换句话说，这里的旅游者消费支出总额仅是旅游目的地的一个统计指标。

第四，按照国际旅游统计的规定，出于国际收支平衡的考虑，入境旅游者为离境时所携带出口货物所支出的费用，不应计入其消费支出总额中。因为，入境旅游者出境时携带的出口货物，海关往往登记为出口商品，其销售收入列入贸易收入之内。若再作为旅游消费支出总额计算，在国际收支平衡上就出现了重复计算。但是如果出于单纯的旅游研究目的，则可以把它包括在旅游者消费支出总额之内。

## 二、森林旅游者消费构成计算方法

森林旅游者消费构成是指森林旅游者在其旅游消费中，各项消费占其总消费的比重。其计算方法如下：

$$森林旅游者消费结构指标 = \frac{某项用途的旅游消费支出额}{消费支出总额} \times 100\%$$

研究森林旅游者的消费构成，可以认识森林旅游消费的规律，掌握森林旅游者的消费投入偏好，预测森林旅游消费结构的发展趋势，有助于森林旅游区（企业）不断开发出适合旅游者需要的旅游产品，并采取针对性的营销或管理措施，保持森林旅游区的持续吸引力，提高经济效益。

《联合国关于国际旅游统计暂行纲领》把旅游消费按用途分为五大项：餐馆、咖啡馆、旅馆宴会、文化娱乐服务工作，以及食品、饮料、烟草等方面的支出；交通支出；代办旅游支出；其他货物修理支出；其他服务与租金总额、燃料、动力的支出。而我国在旅游统计中，通常把旅游花费分成长途交通（含民航、铁路、汽车、轮船）、游览、住宿、餐饮、商品销售、娱乐、邮电通信、市内交通、其他服务 9 大项。

## 【思考题】

1. 什么是森林旅游者？
2. 森林旅游者的人口特征组成要素有哪些？
3. 什么是森林旅游者的流向？如何测算森林旅游者的流向？
4. 什么是旅游消费？如何测算森林旅游者消费构成？

## 【案例】

### 武夷山生态旅游者的特征①

森林旅游是生态旅游的龙头，森林旅游者具有生态旅游者的全部特征。

① 根据作者 2003 年实地调查数据统计。

## 一、人口学特征

### （一）年龄

从表1中可看出，武夷山生态旅游者的年龄结构是20～30岁的占47.3%，30～40岁的占26.3%，其他年龄阶段的则较少。年龄本身并不会对旅游造成促进或阻碍的作用，对森林旅游有影响的是伴随着年龄而来的体能状况、生活阅历、消费水平、旅游兴趣。这其中最为明显的就是不同年龄的生态旅游者对旅游活动有不同的偏好。在武夷山，20～30岁的生态旅游者中参加登山、野营、探险等活动的分别占6.0%、13.5%和14.2%；中年人多采取考察式的森林旅游；老年人偏好漫步、垂钓等能量消耗少的活动。

**表1 武夷山生态旅游者的年龄构成（%）**

| 活 动 | 年 龄 | | | | | | |
|---|---|---|---|---|---|---|---|
| | 20岁以下 | 20～30岁 | 31～40岁 | 41～50岁 | 51～60岁 | 60岁以上 | 总 计 |
| 登 山 | 2.7 | 6.0 | 11.5 | 3.4 | 0.7 | 0.7 | 25 |
| 野 营 | 2.0 | 13.4 | 5.4 | 1.4 | 0.6 | 0 | 22.8 |
| 垂 钓 | 0.7 | 4.1 | 2.0 | 0.7 | 1.4 | 3.4 | 12.3 |
| 探 险 | 1.4 | 14.2 | 4.7 | 1.4 | 0 | 0 | 21.7 |
| 漫 步 | 1.4 | 9.5 | 2.7 | 4.0 | 0.6 | 0 | 18.2 |
| 总 计 | 8.2 | 47.2 | 26.3 | 10.9 | 3.3 | 4.1 | 100 |

### （二）性别

男性和女性因在家庭中扮演的角色不同而可能对森林旅游感兴趣的程度不一，但性别本身也并不构成旅游的障碍或促进因素。

从调查结果看，武夷山生态旅游者的男女比例相差不大（见图1），但考虑到调查中有大部分女性生态旅游者是其所在单位组织的“三八”团的成员，除去这部分，应该说武夷山生态旅游者中男性占优势。性别不同的旅游者对旅游活动的偏好也会有所不同。女性森林旅游者对野营、探险等活动兴趣不大，而对登山、漫步等活动却甚为推崇。在团队构成中，女性多以家庭为单位或随旅游团活动，而男性则多与好友出游或单独出游。在旅游消费方面，女性旅游者的购物消费居多，男性旅游者的生活消费居多。这些细微的区别对旅游目的地的资源开发、创造新的消费机会都具有指导意义。

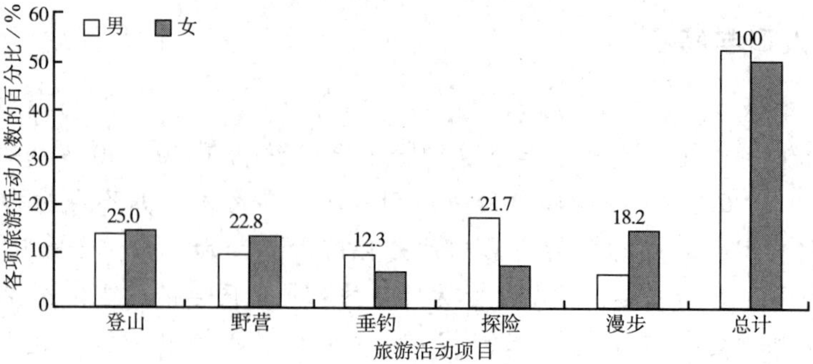


**图1　武夷山生态旅游者的性别构成**

## （三）文化程度

许多人认为生态旅游者受教育的程度比一般旅游者高。从图2可见，武夷山生态旅游者中具有大学以上文化程度的只占37.8%，与北美比较差距较大；高中以上文化程度的森林旅游者占90.5%。我国生态旅游者的文化程度较欧美国家生态旅游者的文化程度低，是由我国文化教育事业的历史和现状决定的，特别是中老年人中受过高等教育的比例较少。同时又可看出：生态旅游者正由高文化层次旅游群体向中低文化层次旅游群体辐射。森林旅游有逐渐由专项旅游变为大众旅游的发展趋势。但在今后相当长的时期内，真正成熟的生态旅游者仍是高文化层次群体。

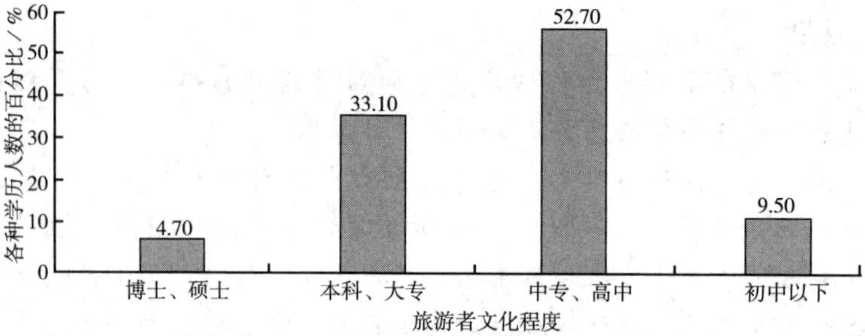


**图2　武夷山生态旅游者的文化程度构成**

## （四）职业构成

10种职业的武夷山生态旅游者可归为三类：第一类是公务员和管理人员，他们外出旅游时注重成熟感和成就感，选住高级宾馆，乘坐豪华交通工具；第二类是教师、医务文体工作者、个体经营者、离退休人员、学生，他们外出旅游时自信、开朗、讲究体面，同时能够忍受不适，积极参与旅游活动，与当地居民交流；第三类是工人、农民、军人，他们外出旅游时常表现出一种立即获得感和立即满足感的行为，注重安全、保险、讲求实际，对远距离的旅游不感兴趣，甚至认为不必要（见表2）。

**表2　武夷山生态旅游者的职业构成（%）**

| 职　业 | 公务员 | 管理人员 | 教师医务文体工作者 | 工　人 | 军　人 | 农　民 | 学　生 | 离退休人员 | 个体经营者 | 其　他 | 合　计 |
|---|---|---|---|---|---|---|---|---|---|---|---|
| 比　例 | 11.6 | 20.9 | 10.8 | 7.4 | 3.4 | 3.4 | 8.1 | 4.7 | 18.2 | 11.5 | 100 |

### （五）收入状况

由表3得知，武夷山生态旅游者的收入水平以中低收入（500～3000元）为主体，占武夷山旅游者总数的70.9%，而低收入（500元以下）占18.9%，高收入（3000元以上）占10.2%。

**表3　武夷山不同收入水平的生态旅游者的消费水平结构（%）**

| 消费水平 | 不同收入水平生态旅游者的消费水平结构 | | | | | | |
|---|---|---|---|---|---|---|---|
| | 500元以下 | 500～1000元 | 1001～2000元 | 2001～3000元 | 3001～5000元 | 5000元以上 | 总　计 |
| 500元以下 | 4.7 | 3.4 | 0.7 | 2.7 | 0.7 | 0.0 | 12.2 |
| 500～1000元 | 7.4 | 8.8 | 4.7 | 10.1 | 0.7 | 0.7 | 32.4 |
| 1001～2000元 | 5.4 | 8.8 | 2.7 | 9.5 | 2.7 | 1.4 | 30.5 |
| 2001～3000元 | 0.0 | 4.7 | 3.4 | 6.1 | 1.3 | 0.6 | 16.1 |
| 3001～5000元 | 0.7 | 2.0 | 1.3 | 1.3 | 0.0 | 1.4 | 6.7 |
| 5000元以上 | 0.7 | 0.0 | 0.0 | 0.7 | 0.7 | 0.0 | 2.1 |
| 总　计 | 18.9 | 27.7 | 12.8 | 30.4 | 6.1 | 4.1 | 100 |

## 二、心理行为特征

人本主义心理学家亚伯拉罕·马斯洛提出人有五个层次由低到高的需要，即生理需要、安全需要、爱的需要、受尊重的需要、自我实现的需要。人们外出旅游同马斯洛的需要层次理论中的两个较高层次的需要，即受尊重的需要和自我实现的需要有联系。在现代社会中，人们比较喜欢适时短期改换一下自己的生活环境，并且对不同于自己乡土的事物、风光、习俗和文化感兴趣，喜欢探索和赞赏探新求异，在这种心理因素驱使下，人们需要亲自去看一看和亲自去体验一下他山他乡的新异之处，这是生态旅游者的心理需求之一；在现代社会中，竞争日趋激烈，在紧张的工作之余，短期摆脱嘈杂恶劣环境的困扰，回归自然、放松身心、返璞归真、净化自我、消除疲劳、增进健康是现代人的心理需求，而生态旅游者的这种需求更为迫切。

生态旅游是以认识自然、欣赏自然、保护自然，不破坏生态平衡为基础的。它具有观光、度假、休养、科学考察、探险和科普教育等多重功能。武夷山是以山岳为主体特征的旅游地域，生态旅游者在此主要进行登山、野营、探险、漫步、垂钓等活动，置身于自然、真实、完美的情景中，能陶冶性情、净化心灵。

武夷山生态旅游者选择登山活动的人数占25%。登山旅游不仅可以增强体魄、锻炼意志，还可以饱览武夷山丹霞风光、探索自然、进行科学考察、采集标本等。野营是森林旅游的一种形式，是人们在野外搭篷造铺、享受大自然美好之夜的活动。参加野营的武夷山生态旅游者的比例达到23%，其目的在于尽情享受武夷山幽静迷人的夜晚。探险旅游原是西方文化的一大特色，现在却日益受到中国生态旅游者的青睐，参加探险的武夷山生态旅游者人数达到21%。探险旅游是指人们怀着探新猎奇的目的，为了寻求某种有益的刺激而进行的旅游活动，探险旅游绝不都是风险性极大的旅游活动，而是在登山旅游、徒步旅游及其他旅游形式基础上的进一步发展。单纯地漫步于林间小道，轻松舒畅地享受森林浴，这部分游客相对较少，占18.2%，但有经验的生态旅游者，特别是以疗养为主要动机的生态旅游者偏爱这项活动。垂钓是一项高雅的体育娱乐活动，不仅可以陶冶情操、舒缓紧张情绪，还可以使人充满智慧和活力，这部分人群在武夷山生态旅游者中所占比例为12.1%。

# 第四章

# 森林资源和森林旅游资源

森林旅游资源作为森林旅游的客体，是一个国家或地区森林旅游产生和发展的基础。科学、系统、全面地掌握森林旅游资源的数量、质量、性质、特点、级别和价值，正确反映森林旅游资源系统客观存在的本质和差异，是森林旅游区规划、建设、管理与保护的前提。本章从森林资源入手，探讨森林旅游资源的概念、分类、分级、调查和评价等问题。

## 第一节　森林资源概述

森林资源包括森林、林木、林地，以及依托森林、林木、林地生存的野生动物、植物和微生物。森林资源是森林旅游开发的必要条件。在我国广袤的森林里，蕴藏着十分丰富、独具特色、风光秀丽的森林旅游资源，这是我国自然文化遗产中的精华所在，也是森林旅游发展的坚实基础。

### 一、世界森林资源简况

根据联合国粮农组织汇编的《世界森林状况（2005）》可知，2000 年世界森林面积 38.69455 亿 $hm^2$，其中 95% 为天然林；森林覆盖率 29.60%（森林面积占陆地总面积的百分比，不包括内陆水体面积）；森林蓄积 3863.52 亿 $m^3$，单位面积蓄积 $100m^3/hm^2$；人工林面积 1.86733 亿 $hm^2$；人均森林面积 $0.6hm^2$，人均森林蓄积 $64.627m^3$。

根据第六次全国森林资源清查（1999—2003 年）结果统计，中国的森林面积居俄罗斯、巴西、加拿大、美国之后，列第 5 位；森林蓄积居俄罗斯、巴西、美国、加拿大、刚果（民）之后，列第 6 位；人工林面积继续保持世界第一的位置；森林覆盖率、人均森林面积、人均森林蓄积分别居世界第 130 位、第 134 位和第 122 位。世界部分国家森林资源主要指标见表 4 - 1。

**表 4－1 世界部分国家森林资源主要指标排序表**

| 国家 | 森林面积 | | 森林蓄积 | | 人均森林面积 | | 人均森林蓄积 | | 人工林面积 | | 森林覆盖率 | |
|---|---|---|---|---|---|---|---|---|---|---|---|---|
| | 千 $hm^2$ | 序号 | 万 $m^3$ | 序号 | $hm^2$ | 序号 | $m^3$ | 序号 | 千 $hm^2$ | 序号 | % | 序号 |
| 世界 | 3869455 | — | 38635200 | — | 0.600 | — | 64.627 | — | 186733 | — | 29.60 | — |
| 中国 | 174909 | 5 | 1245585 | 6 | 0.132 | 134 | 9.421 | 122 | 53650 | 1 | 18.21 | 130 |
| 俄罗斯 | 851392 | 1 | 8913600 | 1 | 5.800 | 13 | 605.56 | 9 | 17340 | 3 | 50.40 | 38 |
| 巴西 | 543905 | 2 | 7125200 | 2 | 3.200 | 22 | 424.149 | 13 | 4982 | 7 | 64.30 | 16 |
| 加拿大 | 244571 | 3 | 2936400 | 4 | 7.900 | 6 | 951.616 | 7 | — | 161 | 26.50 | 106 |
| 美国 | 225993 | 4 | 3083800 | 3 | 0.800 | 62 | 111.644 | 39 | 16238 | 4 | 24.70 | 111 |
| 澳大利亚 | 154539 | 6 | 850600 | 8 | 8.300 | 5 | 454.842 | 12 | 1043 | 19 | 20.10 | 125 |
| 刚果(民) | 135207 | 7 | 1793200 | 5 | 2.700 | 26 | 356.253 | 17 | 97 | 75 | 59.60 | 24 |
| 印度尼西亚 | 104986 | 8 | 824200 | 9 | 0.500 | 77 | 39.387 | 68 | 9871 | 6 | 58.00 | 28 |
| 安哥拉 | 69756 | 9 | 271400 | 22 | 5.600 | 15 | 217.485 | 28 | 141 | 61 | 56.00 | 30 |
| 秘鲁 | 65215 | 10 | 1030400 | 7 | 2.600 | 27 | 408.403 | 14 | 640 | 31 | 50.90 | 36 |
| 印度 | 64113 | 11 | 273000 | 21 | 0.100 | 147 | 2.735 | 143 | 32578 | 2 | 21.60 | 117 |
| 瑞典 | 27134 | 23 | 291400 | 17 | 3.100 | 23 | 327.71 | 19 | 569 | 35 | 65.90 | 14 |
| 日本 | 24081 | 24 | 348500 | 13 | 0.200 | 109 | 27.548 | 80 | 10682 | 5 | 64.00 | 18 |
| 芬兰 | 21935 | 29 | 194500 | 27 | 4.200 | 18 | 376.573 | 15 | — | 162 | 72.00 | 10 |
| 加蓬 | 21826 | 30 | 279100 | 20 | 18.200 | 4 | 2331.662 | 4 | 36 | 105 | 84.70 | 5 |
| 法国 | 15341 | 36 | 292700 | 15 | 0.300 | 103 | 49.706 | 64 | 961 | 22 | 27.90 | 99 |
| 德国 | 10740 | 47 | 288000 | 18 | 0.100 | 139 | 35.046 | 69 | — | 169 | 30.70 | 78 |
| 越南 | 9819 | 52 | 37200 | 76 | 0.100 | 140 | 4.727 | 132 | 1711 | 16 | 30.20 | 82 |
| 挪威 | 8868 | 58 | 78500 | 52 | 2.000 | 33 | 176.722 | 30 | 300 | 43 | 28.90 | 90 |
| 朝鲜 | 8210 | 59 | 33300 | 83 | 0.300 | 97 | 14.049 | 106 | — | — | 68.20 | 11 |
| 新西兰 | 7946 | 61 | 99200 | 46 | 2.100 | 31 | 259.143 | 22 | 1542 | 18 | 29.70 | 87 |
| 韩国 | 6248 | 70 | 36200 | 79 | 0.100 | 135 | 7.788 | 125 | — | — | 63.30 | 19 |

资料来源：根据联合国粮农组织汇编的《世界森林状况（2005）》整理。

## 二、中国森林资源简况

根据第六次全国森林资源清查（1999—2003 年）结果统计，全国森林面积 17490.92 万 $hm^2$，森林覆盖率 18.21%，活立木总蓄积 136.18 亿 $m^3$，森林蓄积 124.56 亿 $m^3$。全国除香港特别行政区、澳门特别行政区和台湾省外，林业用地面积 28280.34 万 $hm^2$，森林面积 17278.70 万 $hm^2$，活立木蓄积量 132.59 亿 $m^3$，森林蓄积 120.98 亿 $m^3$。天然林面积 11576.20 万 $hm^2$，蓄积 105.93 亿 $m^3$；人工林面积 5325.73 万 $hm^2$，蓄积 15.05 亿 $m^3$。全国经济林面积 2139.00 万 $hm^2$，竹林面积 484.26 万 $hm^2$，灌木林面积 4529.68 万 $hm^2$。

## （一）森林资源结构①

### 1. 权属结构

森林面积按土地权属划分，国有 7334.33 万 $hm^2$，占 42.45%；集体所有 9944.37 万 $hm^2$，占 57.55%。森林面积按林木权属划分，国有 7284.98 万 $hm^2$，占 42.16%；集体所有 6483.58 万 $hm^2$，占 37.52%；个体所有 3510.14 万 $hm^2$，占 20.32%。在现有未成林造林地中个体所有比例达 41.14%。

### 2. 林种结构

林分按林种分为防护林、用材林、薪炭林、特用林。防护林面积 5474.63 万 $hm^2$、蓄积 550084.48 万 $m^3$，特用林面积 638.02 万 $hm^2$、蓄积 102810.26 万 $m^3$，两者合计分别占林分面积、蓄积的 42.81% 和 53.97%；用材林面积 7862.58 万 $hm^2$，蓄积 551241.94 万 $m^3$；薪炭林面积 303.44 万 $hm^2$，蓄积 5627.00 万 $m^3$。

### 3. 龄组结构

在林分中，幼龄林面积 4723.79 万 $hm^2$，蓄积 128496.60 万 $m^3$；中龄林面积 4964.37 万 $hm^2$，蓄积 342572.18 万 $m^3$；近熟林面积 1998.73 万 $hm^2$，蓄积 224550.99 万 $m^3$；成熟林面积 1714.79 万 $hm^2$，蓄积 301660.98 万 $m^3$；过熟林面积 876.99 万 $hm^2$，蓄积 212482.93 万 $m^3$。幼、中龄林面积所占比重较大，幼龄林、中龄林面积占林分面积的 67.85%，蓄积占林分蓄积的 38.94%。

### 4. 树种结构

按优势树种（组）分，栎类、马尾松、杉木、桦木、落叶松 5 个优势树种（组）面积、蓄积所占比重较大，其面积合计 7130.78 万 $hm^2$，占林分面积的 49.94%；蓄积合计 449414.98 万 $m^3$，占林分蓄积的 37.15%。

## （二）森林资源质量

林分中针叶林、阔叶林、针阔混交林的面积比为 47∶50∶3。林分单位面积年均生长量为 $3.55m^3/hm^2$，平均郁闭度 0.54，平均胸径 13.8cm。林分单位面积蓄积量为 $84.73m^3/hm^2$。

林分生长发育状况较好，林木生活力等级达到中等、良好以上的林分面积比例分别为 50.58%、42.22%；没有病虫危害的森林面积占 79.91%，受病虫危害达到重、中、轻度的森林面积比例分别为 0.54%、2.50% 和 17.05%。

---

① 森林资源结构、森林资源质量的数据均未包括香港特别行政区、澳门特别行政区和台湾省。

## （三）森林资源区域分布

### 1. 按流域分布

我国十大流域中，森林资源集中分布在长江、黑龙江、珠江、黄河、辽河、海河、淮河七大流域。七大流域土地面积占国土面积近一半，森林面积占全国的70.1%，其中长江流域、黑龙江流域的森林资源约占全国森林资源的1/2。七大流域森林蓄积占全国的64.09%，其中黑龙江流域在七大流域中森林蓄积最大，森林覆盖率最高。黄河、海河、淮河流域森林覆盖率低于全国平均水平（见表4－2）。

**表4－2　全国森林资源按流域分布表**

| 统计单位 | 森林覆盖率(%) | 森林面积(万 $hm^2$) | 森林蓄积(万 $m^3$) |
|---|---|---|---|
| 长　江 | 30.53 | 5495.11 | 316773.07 |
| 黑龙江 | 45.29 | 3866.38 | 320572.81 |
| 珠　江 | 39.91 | 1764.60 | 69570.56 |
| 黄　河 | 13.62 | 1024.71 | 40996.36 |
| 辽　河 | 23.50 | 516.21 | 13667.26 |
| 海　河 | 11.40 | 299.35 | 5041.42 |
| 淮　河 | 11.41 | 307.34 | 8713.37 |

### 2. 按林区分布

我国林区主要有东北内蒙古林区、西南高山林区、东南低山丘陵林区、西北高山林区和热带林区五大林区。这五大林区的土地面积占国土面积的41.71%，森林面积占全国的76.88%，森林蓄积占全国的95.6%。森林覆盖率以东北内蒙古林区最高，西南高山林区最低；森林面积以东南低山丘陵林区最多，西北高山林区最少；森林蓄积以西南高山林区最多，西北高山林区最少（见表4－3）。

**表4－3　全国森林资源按林区分布表**

| 统计单位 | 森林覆盖率(%) | 森林面积(万 $hm^2$) | 森林蓄积(万 $m^3$) |
|---|---|---|---|
| 东北内蒙古林区 | 62.17 | 3778.49 | 315593.62 |
| 东南低山丘陵林区 | 48.18 | 5358.48 | 210297.51 |
| 西南高山林区 | 20.69 | 3910.61 | 491348.65 |
| 西北高山林区 | 36.81 | 478.63 | 48991.95 |
| 热带林区 | 38.91 | 1030.43 | 90287.24 |

## 三、全国森林资源历次清查变化对比

根据历次清查结果显示，新中国森林资源变化大体经历了 3 个阶段。

第一阶段：从 20 世纪 50 年代初期到 70 年代末期。森林资源主要处于以木材利用为中心的发展阶段，林业为国民经济的恢复、建设和发展做出了重大贡献。根据 1962 年主要林区森林资源调查结果显示，全国森林覆盖率为 11.81%。1973—1976 年开展了第一次全国森林资源清查，森林覆盖率为 12.7%。1977—1981 年第二次全国森林资源清查，森林面积有所减少，森林覆盖率为 12.0%。在林种结构中，用材林所占比重高达 70% 以上，防护林所占比重不足 10%。

第二阶段：20 世纪 70 年代末期到 90 年代后期。森林资源处于木材利用为主兼顾生态建设的发展阶段，在满足国家经济建设和人民生产生活需求的同时，逐步得到了有效保护与发展，步入了较快增长时期。这一时期的第三、第四、第五次全国森林资源清查结果显示，我国森林面积、蓄积出现了双增长的良好局面，森林覆盖率从 12.0% 增加到 16.55%。全国用材林所占比例保持在 60% 以上，防护林所占比重有所加大，但仍不足 15%。

第三阶段：从 20 世纪末至今。以六大林业重点工程实施为标志，林业建设开始步入以生态建设为主的新时期，森林资源进入快速增长的新阶段（见表 4－4）。

**表 4－4　历次森林资源清查结果主要指标表**

| 清　查　期 | 活立木蓄积（万 $m^3$） | 森林面积（万 $hm^2$） | 森林蓄积（万 $m^3$） | 森林覆盖率（%） |
|---|---|---|---|---|
| 第一次（1973—1976 年） | 953227.00 | 12186.00 | 865579.00 | 12.70 |
| 第二次（1977—1981 年） | 1026059.88 | 11527.74 | 902795.33 | 12.00 |
| 第三次（1984—1988 年） | 1057249.86 | 12465.28 | 914107.64 | 12.98 |
| 第四次（1989—1993 年） | 1178500.00 | 13370.35 | 1013700.00 | 13.92 |
| 第五次（1994—1998 年） | 1248786.39 | 15894.09 | 1126659.14 | 16.55 |
| 第六次（1999—2003 年） | 1361810.00 | 17490.92 | 1245584.58 | 18.21 |

第六次全国森林资源清查结果显示，近年来我国以生态建设为主的林业发展战略已初见成效，森林资源总量持续增加、质量不断提高、结构渐趋合理，生态建设已步入“治理与破坏相持”的关键阶段，森林资源保护与发展取得了显著成绩。清查间隔期内，我国森林资源变化呈现如下特点：

一是森林面积持续增长。森林面积增加 1596.83 万 $hm^2$，其中国家特别规定的灌木林面积增加 376.77 万 $hm^2$。森林覆盖率由 16.55% 增加到 18.21%，增长

1.66个百分点。

二是森林蓄积稳步增加。林木年均净生长量4.97亿$m^3$，年均采伐消耗量为3.65亿$m^3$，继续呈现长大于损的趋势。活立木总蓄积量净增7.98亿$m^3$，年均增加1.60亿$m^3$；森林蓄积量净增8.89亿$m^3$，年均净增1.78亿$m^3$。

三是森林质量有所改善。林分每公顷株数增加72株，每公顷蓄积量增加2.59$m^3$，中龄林和近熟林面积比例提高2.99个百分点。阔叶林和针阔混交林面积比例增加3个百分点，龄组结构、树种结构出现可喜变化。

四是林种结构渐趋合理。防护林面积、特用林面积两者合计占林分面积的42.81%，比第五次清查上升21个百分点；用材林面积7862.58万$hm^2$，占林分面积的55.07%，比第五次清查下降19个百分点。

五是非公有制林业成效凸显。非公有制森林面积比例为20.32%，森林蓄积比例为6.77%。在现有的未成林造林地中，非公有制比例达41.14%。

第六次全国森林资源清查结果，充分显示了我国林业建设取得的巨大成就，同时也深刻揭示出森林资源保护和发展工作中面临的一些问题。主要表现在：

一是总量不足。我国森林覆盖率仅相当于世界平均水平的61.52%，居世界第130位。人均森林面积0.132$hm^2$，不到世界平均水平的1/4，居世界第134位。人均森林蓄积量9.421$m^3$，不到世界平均水平的1/6，居世界第122位。

二是分布不均。东部地区森林覆盖率为34.27%，中部地区27.12%，西部地区只有12.54%，占国土面积32.19%的西北5省（自治区）森林覆盖率只有5.86%。

三是质量不高。全国林分平均每公顷蓄积量只有84.73$m^3$，相当于世界平均水平的84.86%，居世界第84位。林分平均胸径只有13.8cm，林木龄组结构也不尽合理。

四是经营管理水平有待加强。人工林经营水平不高，树种单一现象还比较严重，森林生态系统的整体功能还非常脆弱。林地流失、林木过量采伐现象依然存在。可采资源严重不足，与社会需求之间的矛盾仍相当尖锐，保护和发展森林资源任重道远。

## 第二节　森林旅游资源的概念与分类

森林资源是重要的旅游资源，但不等于森林旅游资源。森林旅游资源有自身的特性。它的内涵和分类是森林旅游学内的一个重要研究课题。

## 一、森林旅游资源的内涵

### （一）森林旅游资源的概念

森林旅游资源是以森林和森林环境资源为基础，森林景观为主体，其他自然景观、人文景观为依托的，能对旅游者产生吸引力，为旅游业所利用并产生效益的各种物质和因素的总和。

定义中的森林环境资源主要指：大气环境、水环境、天然外照射贯穿辐射水平、植物精气、空气负离子、空气微生物、声环境、森林小气候和土壤等。

定义中的森林景观主要指以一定的森林群落为主，与相关的气候、土壤、地貌、生物各种成分所形成的一种综合体，并能够表现为客观世界的特定形象信息，反映到人的主观世界中来，为人们所观看、欣赏、游览和享用。“景观”一词最早源于《圣经》，英文表达为“Landscape”，其最早被用来描绘耶路撒冷所罗门王子的神殿，以及具有神秘色彩的皇宫和庙宇。15 世纪中叶，西欧的艺术家从风景油画的角度把“景观”定义为透视中所能见到的地球表面的景色。到了 19 世纪初，德国的 A. VonHumboldt 首先把“景观”这一概念引入科学中来，后来，景观的概念就在各学科中开始广泛应用，并且形成了各学科特色的“景观”定义。例如，地理学上将景观定义为地球表面气候、土壤、地貌、生物各种成分的综合体。景观生态学认为，景观就是空间上彼此相邻、功能上相互有关，发生上有一定特点的若干个生态系统的聚集；景观工程和控制论的理解认为，景观是彼此相互作用、相互制约，并具有反馈联系的现象的组合；美学上认为，景是以自然环境为主（也包括人工环境）的客观世界表现的一种信息，观是这种形象信息通过人们的感官（视觉、听觉、嗅觉、味觉）传导到大脑皮层，产生的一种实在的感受，或者产生的某种联想与情感。因此，景观就可以理解为客观世界的形象信息与主观世界的感受。

定义直接强调了森林资源与森林旅游资源的区别在于森林旅游资源能为旅游业所利用。

### （二）森林旅游资源的特征

森林旅游资源主要有以下几大特征：

**1. 生态环境优越**

森林里大气环境质量好，空气中细菌含量少，空气负离子浓度高，对人体健康有益的植物精气成分多、相对含量高，地表水质量好，日照少，空气清新湿润，风速小，噪声小，环境幽雅宁静、舒适宜人。生态环境优越是森林旅游资源的第一大特色。

2. 物种多样性丰富

在森林旅游资源集中的森林公园和自然保护区内，一般森林覆盖率高达85%～98%，由于保护好，受破坏干扰的程度小，环境适宜，保存的珍稀野生动植物种类多。如湖南桃源洞国家森林公园就有种子植物1518种，陆生脊椎动物211种；广东象头山国家自然保护区内现有维管束植物1627种，珍稀保护植物56种，野生动物305种，其中属国家保护的有益的或者有重要经济、科学研究价值的陆生野生动物达210种。物种多、生物多样性丰富是森林旅游资源的重要特征之一。

3. 景观复合性强

天下名山僧占多，佛道等宗教活动场所多在山上，而山上又正是森林植被、森林资源丰富的地方，两者紧密结合，自然景观和人文景观相互烘托，提高了旅游资源质量，如黄山、庐山、武夷山、雁荡山被称为“四大风景名山”，泰山、华山、嵩山、衡山、恒山被称为“五岳”，峨眉山、五台山、普陀山、九华山号称“四大佛教圣地”，青城山、武当山、龙虎山、崂山号称“四大道教名山”，它们均是人文古迹与自然山林地貌紧密结成一体的代表。体现了自然景观与人文景观紧密结合的复合性。另外，一些少数民族与大森林和谐共处，其村寨建筑、生活习惯、民俗节庆，创造出独具特色的森林文化，极大地丰富了森林旅游资源的内容，提高了旅游价值和社会经济效益。

4. 功能多重性

对于面积较大的森林旅游资源，并不强求每一块林地都用于旅游，而是强调大片林地上的所有资源合理利用，在不干扰生态环境的条件下，有调整的灵活性。可进行少量的木材生产和多种经营，如张家界国家森林公园就针对公园的具体情况，专门编制了森林经营方案。

5. 广泛适应性

森林旅游资源优越的地方，往往集雄、奇、险、秀等自然风光，灿烂的历史文化，淳朴的民俗风情及得天独厚的生物气候资源于一身，因此森林游憩的形式多种多样，融合休闲、猎奇、求知、求新、健身、陶冶情操和激发艺术灵感等诸多内容，在很大程度上满足了现代旅游者多样化的心理要求。

6. 可持续性

森林旅游最显著的特征是其可持续性发展。经营者或所有者遵循一个基本原则，即在森林旅游或森林游憩过程中，不损害景观资源和环境，并从中学习各种知识，获得身心舒畅和享受。因而在科学管理的前提下发展森林游憩，能对生态保护产生积极作用，真正做到环境保护与经济发展相结合。在森林旅游发展中，要求旅游与自然、文化和人类生存环境成为一个整体，即旅游、资源、人类生存环境三者统一，以形成一种旅游业与社会经济、资源、环境良性协调发展的模式。前五点特色，综合说明了森林旅游资源最具备旅游业发展的可持续性。

## 二、森林旅游资源分类

根据森林旅游资源存在的生态特征、内涵、功能及对游客的吸引力，结合《旅游资源分类、调查与评价》（GB/T 18972－2003）及中南林业科技大学森林旅游研究中心承担的国家林业局课题“森林公园总体规划技术规程”研究成果，可对森林旅游资源进行分类。

### （一）分类的基本原则

1. 科学性原则

分类方法要紧密结合实际，能正确地反映森林旅游资源客观存在的本质和差异，真实反映资源的价值。要严格区分各种资源的内涵，不能张冠李戴，把甲资源归到乙资源类型下。

2. 规范化原则

森林旅游资源的分类涉及林学、生态学、美学、地理学、历史学、社会学等多学科领域，在对各种现象、物质和因素进行分析、概括时，一定要尽量使用规范化的相关学科的专业术语。

3. 全面性原则

分类方法要争取覆盖当前经济、科技、社会发展能涉及的森林旅游资源，尽量少遗漏，避免使某些旅游资源无类可归。

4. 实用性原则

分类方法要具有可操作性，能满足森林旅游资源开发、建设以及资源资产评估等旅游生产实践的实际需要，能被一般旅游工作者和大众旅游者所利用、认识、理解。

5. 对应性原则

此处的对应性原则是指森林旅游资源的分类首先遵循国家标准、行业标准，与国家标准《旅游资源分类、调查与评价》（GB/T 18972－2003）相对应。形态特征、内涵、功能与此标准中的旅游资源一致的森林旅游资源，尽量采用国家标准的分类方法和表述方式。

### （二）森林旅游资源的分类

按照上述依据和原则，我们将森林旅游资源分为景观资源和生态环境资源两大主类，8 大亚类和 111 种基本类型。其中景观资源（林区内的自然景观和人文景观）包括 7 亚类 101 种基本类型，生态环境资源包括 1 亚类 10 种基本类型。

1. 景观资源分类

依据景观资源的属性及形态特征，将其分为 7 亚类 101 种基本类型，每个层次的景观资源类型都有相应的数字代号（见表 4－5）。

表 4－5　景观资源分类表

| 亚　类 | 基　本　类　型 |
|---|---|
| 1. 生物景观 | 101 植被类型　102 林地面积　103 森林覆盖率　104 野生动植物种类　105 名古大树　106 草原　107 奇花异草　108 珍稀动物种类　109 珍稀植物种类　110 野生动物栖息地　111 其他生物景观 |
| 2. 水域风光 | 201 风景河段　202 漂流河段　203 湖库　204 瀑布　205 潭池　206 泉　207 井　208 溪流　209 现代冰川　210 观光游憩海域　211 沼泽湿地　212 其他水域风光 |
| 3. 气象景观 | 301 日出日落　302 日蚀月蚀　303 星象　304 虹霞蜃景　305 风雨奇景　306 冰雪霜露　307 云雾景观　308 雾凇雨凇　309 自然声象　310 其他气象景观 |
| 4. 地文景观 | 401 典型地质构造　402 标准地层剖面　403 生物化石　404 自然灾变遗迹　405 名山　406 火山熔岩景观　407 蚀余景观　408 奇特与象形山石　409 海岸景观　410 洞穴　411 小型岛屿　412 沙(砾)滩　413 沙(砾石)地风景　414 其他地文景观 |
| 5. 文物古迹与建筑 | 501 人类文化遗址　502 社会经济文化遗址　503 军事遗址　504 古城和古城遗址　505 宫廷建筑　506 宗教建筑与礼制建筑　507 殿(厅)堂　508 楼阁　509 水榭亭廊　510 塔　511 牌坊　512 碑碣　513 建筑小品　514 园林　515 雕塑　516 桥　517 陵寝陵园　518 墓　519 石窟　520 摩崖字画　521 水工建筑　522 厂矿　523 农林渔牧场　524 特色城镇与村落　525 港口　526 广场　527 乡土建筑　528 民俗街区　529 纪念地　530 观景地　531 文物　532 其他文物古迹与建筑 |
| 6. 民俗风情城乡风貌 | 601 节事庆典　602 民风民俗　603 宗教礼仪　604 饮食起居　605 婚丧嫁娶　606 神话传说　607 民间艺术　608 地方人物　609 田园风光　610 农林牧渔景观　611 庙会与民间集会　612 其他民俗风情城乡风貌 |
| 7. 求知娱乐购物 | 701 科学教育文化设施　702 休疗养和社会福利设施　703 动物园　704 植物园　705 风味美食　706 度假区　707 地方特产　708 运动场馆　709 游乐场所　710 文艺团体　711 市场与购物中心　712 著名店铺　713 其他求知休闲娱乐保健类 |

2. 生态环境资源分类

生态环境资源是重要的旅游资源，将森林中客观存在的与人的身体健康紧密相关的生态环境因子分为1亚类10种基本类型，每个层次的生态环境类型都有相应的数字代号（见表4-6）。

**表4-6　生态环境资源分类表**

| 亚　类 | 基　本　类　型 |
|---|---|
| 8. 生态环境 | 801 大气环境质量　802 地表水环境质量　803 空气负离子浓度　804 空气细菌含量　805 植物精气　806 声环境质量　807 天然外照射贯穿辐射剂量水平　808 旅游舒适期　809 土壤污染程度 |

# 第三节　森林旅游资源的调查与评价

在森林旅游规划、开发、决策之前，需要对旅游区进行资源调查，并给予定性和定量评价，从而为森林旅游区的规划、建设、管理提供科学的依据。

## 一、森林旅游资源调查形式

森林旅游资源调查是旅游资源评价、制定开发建设规划及合理利用与保护的最基本的工作。调查方式有：现场监测、采样分析、查阅文献、座谈访问等多种方法，有条件时可采用遥感技术。调查工作可分为普查与详勘等不同阶段。普查的目的是为了对被调查地的森林旅游资源有个初步、全面的了解，须查清该地森林旅游资源的种类、数量、质量、地区分布、开发利用及保护现状等。详勘是在普查的基础上，对经过筛选、初步确定的一些有开发价值的旅游资源，组织多学科的力量进行周详的实地勘察。本阶段应查清该森林旅游资源产生原因、历史演变、现状、与相关因素的组合状况等，分析比较这些资源在同类旅游资源中的地位，了解资源所在地区的自然、经济、水源、交通、生活供应能力、环境质量等。普查和详勘不是截然分开的两个阶段，有时在普查过程中因发觉某种森林旅游资源特别突出会立即对其进行详勘；有时在详勘过程中，会因为否定了最初的估计而重新扩大调查范围，转为普查。

## 二、森林旅游资源调查内容

传统的森林旅游资源调查工作，应搜集下列基础资料：

第一，自然条件及地理环境资料。包括地形图、遥感图片、动物和植物名录、林相图、森林资源清查资料、地理位置、行政区划、行政隶属、历史沿革及临近旅游资源等。地形图的比例尺视调查区的面积大小和规划类型而定，较大面积的调查区为1∶50000～1∶200000，较小面积的调查区为1∶5000～1∶25000，控制性详细规划、修建性详细规划和设计需要更大比例尺的地形图。

第二，旅游资源资料。主要包括以下几个方面的资料：已查明旅游资源的状况、成因、历史，要附有平面图、照片及其他有关资料，如地方志、乡土教材、规划与专题报告等；与主要旅游资源有关的其他资料，如有关重大历史事件、旅游区与旅游点介绍、名人活动、文艺作品等；与调查区和旅游资源单体有关的各种照片、影像资料。

第三，技术基础资料。包括交通、地质、地震、水文、气象、土壤、植物、动物等资料。

第四，现有工程设施和建筑资料。包括现有交通、电力、邮电通信、给排水、水利防洪、食宿服务、医疗环卫、安全保卫等设施和公共建筑、古旧建筑、民房、车站、码头等资料和图件。

第五，社会经济资料。包括人口、土地、水源、能源、矿藏、对外交通、农副产品、企事业单位等情况。

第六，环境保护资料。包括工矿企业、科研医疗、生活服务、仓储等设施的排污、放射性、易燃爆、电磁辐射、声环境以及地方性传染病资料，区内水、空气、土壤中的重要物质或元素的本底值。

## 三、森林旅游资源调查程序

### （一）明确调查要求

分析被调查地的基本情况，认真分析项目任务，制定详细目标和工作计划。

### （二）组织调查队伍

调查组成员应具备与该调查区旅游环境、旅游资源、旅游开发有关的专业知识，一般应吸收林学、生态学、旅游学、气象学、环境学、地学、生物学、社会学、经济学、建筑学、园林、历史文化等方面的专业人员参与。

### （三）选定调查对象

选定下述单体进行重点调查：具有旅游开发前景，有明显经济、社会、文化价值的森林旅游资源单体；集合型森林旅游资源单体中具有代表性的部分；代表调查区形象的森林旅游资源单体。

对下列森林旅游资源单体可暂时不进行调查：明显品位较低，不具有开发利用价值的；与国家现行法律、法规相违背的；开发后有损于社会形象的或可能造成环境问题的；影响国计民生的；某些位于特定区域内的。

### （四）填写《森林旅游资源单体调查表》

按照国家标准《旅游资源分类、调查与评价》（GB/T 18972－2003）对每一调查单体分别填写一份《森林旅游资源单体调查表》。

### （五）整理资料，撰写调查报告

森林旅游资源调查报告的基本篇目如下：

前　言
第一章　调查区旅游环境
第二章　旅游资源开发历史和现状
第三章　旅游资源基本类型
第四章　旅游资源评价
第五章　旅游资源保护与开发建议
主要参考文献
附　图　《森林旅游资源分布图》

## 四、资源评价

森林旅游资源评价是森林旅游资源研究的难点和重点，是森林旅游资源开发不可缺少的一个环节。森林旅游资源评价的主要目的有三个：一是确定森林旅游资源的数量和质量水平，评估现有森林旅游资源在旅游区开发建设中所处的地位；二是明确森林旅游区的性质或类型，拟定未来旅游区中森林旅游资源的结构和新的开发计划；三是通过对森林旅游资源及其他开发条件的评价，确定森林旅游项目建设的顺序。

### （一）景观资源评价

可按照上节所述的景观资源分类体系，采用专家评价方法对景观资源进行评价。评价主要由调查组逐项打分，由专家组审定。

**1. 景观资源评价体系**

评价体系设“评价项目”和“评价因子”两个层次。评价项目为“景观资源要素价值”、“景观资源影响力”。其中，“景观资源要素价值”项目中含“自然资源观赏和科学艺术价值”（或“人文资源观赏和历史文化科学艺术价值”）、“珍稀奇特度”、“规模大小”、“完整性”4 项评价因子；“景观资源影响力”项目中含“知名度”、“区域影响力”、“适游期”3 项评价因子。

**2. 景观资源评价的基本分值**

“景观资源要素价值”和“景观资源影响力”总分值为 100 分。其中，“景观资源要素价值”为 75 分，分配如下：“自然资源观赏和科学艺术价值”（或“人文资源观赏和历史文化科学艺术价值”）50 分、“珍稀奇特度”15 分、“规模大小”5 分、“完整性”5 分；“景观资源影响力”为 25 分，其中，“知名度”5 分、“区域影响力”5 分、“适游期”15 分。

**3. 景观资源等级评价标准**

依据景观资源评价总分，将其分为四级，从高级到低级为：

一级景观资源，得分值域≥85 分。

二级景观资源，得分值域 84 ~ 76 分。

三级景观资源，得分值域 75 ~ 60 分。

等外级景观资源，得分值域≤59 分。

**4. 景观资源赋分标准表**

如表 4 – 7 与表 4 – 8 所示。

**表 4 – 7　自然景观资源赋分标准表**

| 评价项目 | 评价因子 | 评价依据 | 赋值 |
|---|---|---|---|
| 景观资源要素价值（75 分） | 自然资源观赏和科学艺术价值（50 分） | 全部或其中一项具有极高的观赏价值、科学艺术价值、康体休闲游憩价值 | 50 ~ 41 |
| | | 全部或其中一项具有很高的观赏价值、科学艺术价值、康体休闲游憩价值 | 40 ~ 26 |
| | | 全部或其中一项具有较高的观赏价值、科学艺术价值、康体休闲游憩价值 | 25 ~ 16 |
| | | 全部或其中一项具有一般的观赏价值、科学艺术价值、康体休闲游憩价值 | 15 ~ 1 |

续表

| 评价项目 | 评价因子 | 评价依据 | 赋值 |
|---|---|---|---|
| 景观资源要素价值（75分） | 珍稀奇特度（15分） | 有大量珍奇物种，或景观异常奇特，或此类现象在其他地区罕见 | 15～13 |
| | | 有较多珍奇物种，或景观奇特，或此类现象在其他地区很少见 | 12～9 |
| | | 有少量珍奇物种，或景观突出，或此类现象在其他地区少见 | 8～4 |
| | | 有个别珍奇物种，或景观比较突出，或此类现象在其他地区较多见 | 3～1 |
| | 规模大小（5分） | 体量大或数量多或面积大，环境容量大 | 5 |
| | | 体量中等或数量较多或有一定面积，环境容量较大 | 4～3 |
| | | 体量较小或数量少或面积较小，环境容量较小 | 2～1 |
| | 完整性（5分） | 形态与结构保持完整 | 5 |
| | | 形态与结构有一定变化，但基本结构保持原貌 | 4～3 |
| | | 形态与结构变化较大 | 2～1 |
| 资源影响力（25分） | 知名度（5分） | 在国际上知名 | 5 |
| | | 在国内知名 | 4 |
| | | 在省内知名 | 3 |
| | | 在本地区内知名 | 2～1 |
| | 区域影响力（5分） | 对国外有影响 | 5 |
| | | 对国内有影响 | 4 |
| | | 对省内有影响 | 3 |
| | | 对本地区有影响 | 2～1 |
| | 适游期（15分） | 适宜游览的天数每年超过300天 | 15 |
| | | 适宜游览的天数每年超过250天 | 14～11 |
| | | 适宜游览的天数每年超过200天 | 10～6 |
| | | 适宜游览的天数每年超过150天 | 5～1 |

**表4-8 人文景观资源赋分标准表**

| 评价项目 | 评价因子 | 评价依据 | 赋值 |
|---|---|---|---|
| 景观资源要素价值（75分） | 人文资源观赏和历史文化科学艺术价值（50分） | 全部或其中一项具有极高的观赏价值、历史价值、文化价值、科学艺术价值 | 50～41 |
| | | 全部或其中一项具有很高的观赏价值、历史价值、文化价值、科学艺术价值 | 40～26 |
| | | 全部或其中一项具有较高的观赏价值、历史价值、文化价值、科学艺术价值 | 25～16 |
| | | 全部或其中一项具有一般的观赏价值、历史价值、文化价值、科学艺术价值 | 15～1 |

续表

| 评价项目 | 评价因子 | 评 价 依 据 | 赋 值 |
|---|---|---|---|
| 景观资源要素价值（75 分） | 珍稀奇特度（15 分） | 景观异常奇特，或此类现象在其他地区罕见 | 15 ~ 13 |
| | | 景观奇特，或此类现象在其他地区很少见 | 12 ~ 9 |
| | | 景观突出，或此类现象在其他地区少见 | 8 ~ 4 |
| | | 景观比较突出，或此类现象在其他地区较多见 | 3 ~ 1 |
| | 规模大小（5 分） | 体量大或数量多或面积大，环境容量大 | 5 |
| | | 体量中等或数量较多或有一定面积，环境容量较大 | 4 ~ 3 |
| | | 体量较小或数量少或面积较小，环境容量较小 | 2 ~ 1 |
| | 完整性（5 分） | 形态与结构保持完整 | 5 |
| | | 形态与结构有一定变化，但基本结构保持原貌 | 4 ~ 3 |
| | | 形态与结构变化较大 | 2 ~ 1 |
| 资源影响力（25 分） | 知名度（5 分） | 在国际上知名 | 5 |
| | | 在国内知名 | 4 |
| | | 在省内知名 | 3 |
| | | 在本地区内知名 | 2 ~ 1 |
| | 区域影响力（5 分） | 对国外有影响 | 5 |
| | | 对国内有影响 | 4 |
| | | 对省内有影响 | 3 |
| | | 对本地区有影响 | 2 ~ 1 |
| | 适游期（15 分） | 适宜游览的天数每年超过 300 天 | 15 |
| | | 适宜游览的天数每年超过 250 天 | 14 ~ 11 |
| | | 适宜游览的天数每年超过 200 天 | 10 ~ 6 |
| | | 适宜游览的天数每年超过 150 天 | 5 ~ 1 |

### （二）生态环境资源评价

采用打分、分级评价的方法对生态环境资源进行评价。评价由调查组组织相关专业人员完成。评分标准如表 4 – 9 所示。

**表 4－9　生态环境资源评价评分表**

| 评价项目 | 评价因子 | 评　价　依　据 | 赋　值 |
|---|---|---|---|
| 生态环境资源（100 分） | 大气质量（10 分） | 达到国家一级标准 | 10 |
| | | 达到国家二级标准 | 5 |
| | | 未达到国家二级标准 | 0 |
| | 地表水质量（10 分） | 达到国家一级标准 | 10 |
| | | 达到国家二级标准 | 5 |
| | | 未达到国家二级标准 | 0 |
| | 空气负离子浓度（15 分） | 主要景点平均浓度 700 个/$cm^3$ 以上，局部地段达到 50000 个/$cm^3$ 以上 | 15 |
| | | 主要景点平均浓度 700 个/$cm^3$ 以上，局部地区达到 30000 个/$cm^3$ 以上 | 12 |
| | | 主要景点平均浓度 700 个/$cm^3$ 以上，局部地区达到 10000 个/$cm^3$ 以上 | 8 |
| | | 主要景点平均浓度 700 个/$cm^3$ 以上，局部地区达到 3000 个/$cm^3$ 以上 | 4 |
| | 空气细菌含量（10 分） | 每立方米空气中平均细菌含量 $<200$ 个/$m^3$ | 10 |
| | | 每立方米空气中平均细菌含量 $<300$ 个/$m^3$ | 8 |
| | | 每立方米空气中平均细菌含量 $<500$ 个/$m^3$ | 5 |
| | | 每立方米空气中平均细菌含量 $<1000$ 个/$m^3$ | 2 |
| | 植物精气成分及相对含量（15 分） | 有 5 个以上树种叶片中单萜烯和倍半萜烯相对含量之和在 80% 以上，面积在 100 公顷以上 | 15 |
| | | 有 3 个以上树种叶片中单萜烯和倍半萜烯相对含量之和在 80% 以上，面积在 100 公顷以上 | 12 |
| | | 有 3 个以上树种叶片中单萜烯和倍半萜烯相对含量之和在 70% 以上，面积在 100 公顷以上 | 8 |
| | | 有 2 个以上树种叶片中单萜烯和倍半萜烯相对含量之和在 70% 以上，面积在 100 公顷以上 | 5 |
| | 声环境质量（5 分） | 达到国家 0 类标准 | 5 |
| | | 达到国家 1 类标准 | 4 |
| | | 达到国家 2 类标准 | 2 |
| | | 未达到国家 2 类标准 | 0 |
| | 天然照射贯穿辐射剂量水平（10 分） | 在国家规定安全范围之内 | 10 |
| | | 允许个别地段超标，但超过剂量不超过国家标限的 20%，且超标地段不在景区 | 7 |
| | | 允许局部地段超标，但度假地应在安全范围内 | 4 |
| | 旅游舒适期（15 分） | 旅游舒适期 $>160$ 天/年 | 15 |
| | | 150 天/年 $<$ 旅游舒适期 $\leq 160$ 天/年 | 12 |
| | | 130 天/年 $<$ 旅游舒适期 $\leq 150$ 天/年 | 8 |
| | | 旅游舒适期 $\leq 130$ 天/年 | 5 |
| | 土壤（10 分） | 达到国家一级标准 | 10 |
| | | 达到国家二级标准 | 7 |
| | | 达到国家三级标准 | 4 |

依据生态环境资源评价总分，将其分为四级，从高级到低级为：
优：≥85 分
良：75 ~ 84 分
中：60 ~ 74 分
劣：≤59 分

## 【思考题】

1. 什么是森林资源，什么是森林旅游资源，它们两者有何区别？
2. 简述森林旅游资源分类的基本原则。
3. 请写出森林旅游资源中主类与亚类的名称。
4. 简述森林旅游资源调查内容。
5. 简述森林旅游资源调查程序。
6. 简述景观资源的评价体系，其评价的基本分值如何分配？
7. 简述生态环境资源的评价体系，其评价等级如何？

## 【案例】

### 张家界的森林资源和森林旅游资源①

新中国第一个国家森林公园的诞生地——湖南省张家界市近年来充分发挥当地森林旅游资源的优势，动好森林旅游这粒“子”，走活了当地经济的一盘“棋”。十年来，该市国民生产总值以 12% 的速度递增。第三产业的比重已由建市初期的 15% 上升到 2007 年的 66.62%，显示出蓬勃生机。

张家界市位于湖南省西北部，地处武陵源山脉腹地，辖永定、武陵源两区和慈利、桑植两县，总面积 9562$km^2$，总人口 162.39 万，其中少数民族占 72%，是 1988 年 5 月由国务院批准组建的新兴旅游城市。

张家界市一直以独特的自然旅游资源见长，主要景区张家界国家森林公园的

① 高立励，高伯发．张家界的森林资源和森林旅游资源［N］．中国绿色时报，1999－10－07；2007 年的数据是作者从张家界市统计局统计资料中获得的。

森林覆盖率高达97%以上，有丰富的野生动植物资源。公园内有景观资源287处，其中自然景观资源单体188处，人文景观资源单体99处。这些景观资源中一级12处，二级43处，三级85处，四级100处，未获等级1处。公园内生态环境资源分值为95分，属一级。张家界市的核心景区面积369$km^2$，是泰山风景区核心景区面积的13倍，是黄山风景区核心景区面积的近两倍。整个景区还以世界罕见的奇特的石英砂岩峰林峡谷地貌著称，奇峰林立，溶洞群布，古木参天，溪水连绵，集桂林之秀、黄山之奇、华山之险、泰山之雄于一身，被誉为“无价的地球纪念物”。1982年，这里被批准建立了新中国第一个国家森林公园，并于1992年被列入联合国《世界遗产名录》。

张家界得天独厚的自然风景成为发展旅游经济的优势和基础，当地市委、市政府依此制定了以旅游带动全市经济的发展战略。这一战略的实施，已基本形成了“突出专项，兼顾一般，集观光、娱乐、登山、漂流、探险、科研、购物、保健于一身”的旅游经济格局。张家界建市以来，全市各项建设投资总额90亿元人民币，已开发风景区15处，其中仅张家界国家森林公园就开辟旅游景点287处，至2007年全市接待海内外宾客1600多万人次。2007年全市旅游收入91.25亿元。旅游业已经成为张家界市国民经济发展的龙头产业。

通过旅游开发，全市加工增值的农林业收入已超过3亿元，16万农村劳力转入旅游服务业。仅1999年上半年，全市农民依靠旅游业人均增收106元；工业围绕旅游调整了产业结构，新开发了与旅游市场配套的地方特色产品和绿色旅游食品，这不仅改善了生态环境，还使工业总产值年平均增长速度达到16.2%，第三产业也上升为三大产业之首。以旅游业为核心的山区综合开发还使全市农民摆脱了贫困，人均纯收入超过了2000元，整个农村经济显示出勃勃生机。2007年，全市实现生产总值151.34亿元人民币，全市人均生产总值达10202元人民币，折合1369美元。

# 第五章

# 森林生态环境资源

生态环境是指由生物群落及非生物自然因素组成的各种生态系统所构成的整体。其主要是或完全是由自然因素形成，并间接地、潜在地、长远地对人类的生存和发展产生影响。从旅游资源的角度来看，生态环境与旅游环境是相互联系的。旅游环境包含生态环境，生态环境是旅游环境中不可缺少的一部分。本章重点介绍几种能够被旅游业所利用、具有旅游吸引力的森林生态环境资源，及其质量评价方法。

## 第一节　空气负离子

空气负离子（Aeroanion）是大气中带负电荷的单个气体分子及离子团的总称。正常大气中的空气负离子是由宇宙射线、红外线等在空气中电离而使空气带电形成的。森林环境中的空气负离子则主要是由于森林植物的光合作用、森林土壤中的气体交换以及森林植物芬多精①的作用所形成，在溪流、瀑布区空气负离子则主要是由于水冲击产生勒纳德效应（Lenard effect，或称“喷电筒效应”）而形成的。

### 一、空气负离子与森林旅游

空气负离子被称为“空气维生素和生长素”。空气负离子的作用机制在于可影响5－HT（5－羟色胺）的浓度，5－HT是人体内具有多种功能的神经介质，空气负离子通过调节5－HT的升降而影响全身各系统。国内外医学研究证明，空气负离子由肺部进入人体，在呼吸道内，能使上皮纤毛运动加速，增加血液中的氧含量，抑制血液中的5－HT，刺激呼吸道内感受器传导到大脑皮层，通过反射作用于人体。脑电图表明，空气负离子可以使脑电波频率加快。同时，还能使

---

① 植物芬多精，国内称之为植物精气，见本章第二节。

支气管平滑肌松弛，解除其痉挛，使肾、肝、脑、肾上腺等组织氧化过程加强。它通过肺泡上皮层进入血液后，放出电荷，作用于血细胞和胶体蛋白质，通过血脑屏障，进入脑脊液，直接影响中枢神经系统的功能。另外空气负离子还可以增加红细胞和血钙含量，减少疲劳肌肉中乳酸含量，对人体健康非常有益。来自美国得克萨斯州立大学的研究报告指出空气负离子能够治疗或改善人体呼吸系统、血液和心血管系统、神经系统、内分泌系统、免疫系统、消化系统等33种疾病。近年来发展起来的空气负离子疗法（Negative air irons treatrment，简称NAIT）在世界各国得到了广泛的研究和使用。

森林因其特有的森林生态环境形成了产生空气负离子的良好条件，特别是森林中的各种林分、瀑布、跌水、溪流等都是产生负离子的有利条件，因而森林中的空气负离子浓度较城市要高得多。森林中富含的空气负离子吸引着大量的旅游者到森林中进行保健和疗养旅游。全面准确掌握森林旅游区中空气负离子水平的分布对合理规划旅游区、开发空气负离子旅游项目具有重要的现实意义。同时，空气负离子又是一种取之不尽的可持续利用资源，开发利用空气负离子旅游资源可以更好地维护旅游生态环境，丰富森林旅游的内容，促进旅游业的可持续发展。

## 二、空气负离子的评价

随着人们对空气负离子医疗保健及杀菌功能认识的逐渐加深，空气负离子作为一种新的生态保健资源在许多行业得到了广泛应用。在林业及旅游行业，人们利用森林环境中空气负离子浓度高的特点竞相开展“森林生态旅游”、“森林浴”等活动，并开发修建了众多的“负离子吸呼区”、“森林医院”等疗养保健场所。在这些保健场所中，确实有一部分的空气负离子浓度较高，具有较好的保健效果，但也有一些地方空气负离子浓度并不高，根本就不具有保健效能。目前，国内外还没有一个可以用来评价森林环境中空气负离子浓度水平的标准。一般认为，空气负离子浓度在700/$cm^3$以上可以满足人体生理需求，1000/$cm^3$以上对人体健康有益，10000/$cm^3$以上可以治疗某些疾病。当前我国部分学者在对空气负离子浓度进行评价时，一般采用日本的标准（见表5－1）。

**表5－1 日本空气清洁度CI评价标准**

| 空气清洁程度 | A 最清洁 | B 清洁 | C 中等 | D 允许 | E 临界值 |
|---|---|---|---|---|---|
| 空气离子评价指数（*CI*） | >1.0 | 1.0～0.7 | 0.67～0.50 | 0.49～0.30 | <0.29 |

注：*CI* 为空气评价指数，*CI* = 负离子数/1000*q*。其中，*q* 为单极系数，*q* = 正离子数/负离子数。

## 第二节　植物精气

植物的器官和组织在自然状态下释放出的气态有机物称为植物精气。

1930年，苏联列宁格勒大学的杜金（Toknh BP）博士在研究植物的新陈代谢过程中发现，植物的花、叶、木材、根、芽等组织的油腺组织不断分泌出一种浓香的挥发性有机物，其主要组成为香精油（萜烯）、有机酸、醚、酮等，能杀死细菌和真菌，防止林木中的病虫危害和抑制杂草生长。他将这种挥发性有机物称为植物的芬多精，其字面含义为“植物杀菌素”，这就是国内称的植物精气。

### 一、植物精气与森林旅游

植物精气具有多种生理功效，植物依靠精气进行自我保护，并能阻止细菌、微生物、害虫的成长蔓延。对人体而言，植物精气可通过肺泡上皮进入血液，作用于延髓两侧的咳嗽中枢，抑制咳嗽中枢向迷走神经和运动神经传播咳嗽冲动，具有止咳作用；精气通过呼吸道黏膜进入平滑肌细胞内，增加细胞里环磷腺苷的含量，提高环磷腺苷与环磷鸟苷的比值，增强平滑肌细胞膜的稳定性，解除了哮喘，因而能够平喘；精气具有轻微的刺激作用，使呼吸道的分泌物增加，纤毛上皮摆动加快，所以能够祛痰；精气进入肾脏代谢时，可抑制肾皮质远曲小管对水的再回收，故能利尿；精气还能促进人体免疫蛋白增加，增强人体抵抗疾病的能力；精气可调节植物神经的平衡，使人体腺体分泌均衡。因此植物精气可以治疗多种疾病，对咳嗽、哮喘、慢性气管炎、肺结核、神经官能症、心律不齐、冠心病、高血压、水肿、体癣、烫伤等都有一定疗效，尤其是对呼吸道疾病的效果十分显著。

由于在医疗保健方面的独特作用，植物精气得到了人类的广泛应用。生态学家兰巴德认为，在又浓又绿的森林中步行，和洗温泉有同样的效果。在德国的林区，有许多特殊的“森林医院”。这种医院设于环境优美、植被丰富的森林中，医院里既没有医生，也没有药品。病人只是在林内散步休息进行疗养。这种利用森林所散发的植物精气作为主要治疗手段的方法，被称为“森林疗法”。1982年，日本人把“森林疗法”引到亚洲，再根据植物精气可以杀菌治病的原理推行“森林浴”。到1983年，日本林业厅发起“入森林，沐浴精气，锻炼身心”的“森林浴”运动，大大地推动了日本森林旅游业的发展。目前，俄罗斯、意大利、日本、德国、英国、法国、美国等许多国家，都竞相利用植物精气资源。

1985 年，我国浙江省天目山林区与上海新华医院合办了一所“天目山森林康复医院”，是我国最早利用植物精气独特保健康复功能开展森林浴活动的先行者。

## 二、植物精气的评价

以槲树为例，采取上述方法对其木材、叶片精气以及林分空气进行测定。样品经色谱/质谱/计算机分离测定出已知化学成分，同时应用归一法，通过其总离子流图计算其百分含量。分析结果见表 5－2。

**表 5－2　槲树精气分析结果**

| 化学成分 | 木材样 | 叶样 | 林分样 |
|---|---|---|---|
| | 含量(%) | 含量(%) | 含量(%) |
| cinnamene/肉桂烯 | 29.30 | 30.32 | 42.02 |
| α－pinene/α－蒎烯 | 27.35 | 33.73 | 4.24 |
| methylcinnamene/甲基肉桂烯 | 0.90 | | 0.53 |
| limonene/柠檬烯 | 3.60 | 6.26 | 0.92 |
| 1,8－cineole/1,8－桉叶油素 | 1.44 | 0.76 | 1.60 |
| camphor/樟脑 | 0.89 | | 0.33 |
| borneol/龙脑 | 1.00 | | 0.70 |
| camphere/莰烯 | 1.32 | 1.37 | |
| sabinene/桧烯 | 0.71 | 0.85 | |
| β－pinene/β－蒎烯 | 2.02 | 1.39 | |
| β－myrcene/β－月桂烯 | 2.10 | 4.26 | |
| terpinolene/异松油烯 | 0.62 | 1.08 | |
| bornyl acetote/乙酸乙脑脂 | 0.37 | | |
| eremophilene/雅槛兰树油烯 | 0.64 | | |
| β－caryophyllene/β－石竹烯 | 0.57 | | |
| nonane/壬烷 | 0.70 | 0.41 | 0.70 |
| dodecane/十二烷 | 0.77 | | |
| naphthalene/萘 | 0.56 | 0.78 | 2.32 |
| decane/癸烷 | 6.59 | 2.85 | 6.12 |
| pentadecane/十五烷 | 1.38 | 0.61 | |
| nexadecane/十六烷 | 0.32 | | |
| dimethylbenzene/二甲基苯 | 7.72 | 7.63 | 29.62 |
| trimethybenzene/三甲基苯 | 1.76 | 1.79 | 1.91 |
| propylbenzene/丙基苯 | 0.89 | 1.40 | 1.00 |

从表5－2可看出，木材样共分离测定出24种化学成分，其中萜烯类物质和芳香类物质占精气总量的84.30%；叶样共分离测定出16种化学成分，其中萜烯类物质和芳香类物质占精气总量的76.99%；林分空气样共分离测定出13种化学成分，其中萜烯类物质和芳香类物质占精气总量的50.34%。

## 第三节　空气微生物含量

空气不是微生物产生和生长的自然环境，它本身缺乏微生物生长所需要的足够的水分和可利用的养料。空气中的微生物主要来源于带有微生物菌体及孢子的灰尘，这类微生物大多数是腐生性的，同时，还来源于人和动物，它们大多数是通过呼吸道排出的，其中也包含有病原微生物，悬浮在大气中。空气微生物群的组成及浓度很不稳定，随时间、空间、气象条件、人口疏密、季节的变化而呈现不同的分布。

空气中存在较多的、存活时间较长的是各种真菌、放线菌的孢子及细菌芽胞。空气中微生物绝大多数是非致病的腐生菌，常见的有微球菌属、芽孢杆菌属、棒状杆菌属、八叠球菌属、芽枝毒属、交链孢霉属、青霉属、曲霉属等。其中革兰阳性球菌占较大比例（见表5－3）。但由于人们的生产和生活活动，一些病原微生物如金黄色葡萄球菌等成为空气传播疾病的病原，附着于尘埃、飞沫小滴以及飞沫核上，并以它们作为介质进入体内而引起疾病。易感者只要与传染源有

表5－3　空气中各属细菌比例

| 菌　属 | 比例(%) | 菌　属 | 比例(%) |
|---|---|---|---|
| 微球菌(Micrococcus) | 41 | 八叠球菌(Sarcina) | 4 |
| 气球菌(Aerococcus) | 8 | 芽孢乳杆菌(Sporolactobacillus) | <1 |
| 葡萄球菌(Staphylococcus) | 11 | 梭状芽孢杆菌(Clostridium) | <1 |
| 消化球菌(peptococcus) | 3 | 芽孢八叠球菌(sporosarcina) | <1 |
| 消化链球菌(Peptostreptococcus) | 3 | 沙雷氏菌(Serratia) | 3 |
| 奈瑟氏菌(Neisseria) | 3 | 假单胞菌(Pseudomonas) | 2 |
| 链球菌(Streptococcus) | 3 | 白色念珠菌(Leuconostoc) | <1 |
| 副球菌(Paracoccus) | 5 | 乳酸杆菌(Lactobacillus) | <1 |
| 片球菌(Pediococcus) | 2 | 黄单胞菌(Xanthomonas) | <1 |
| 芽孢杆菌(bacillus) | 8 | | |

短时间的接触即有可能发病。医学研究表明，微生物污染空气后可传播呼吸道传染病，引起皮肤伤口感染，甚至危及生命。因此，现代公共卫生很强调公共场所空气中的细菌含量，把它作为衡量空气清洁度的重要指标之一。

## 一、空气微生物与森林旅游

空气微生物是空气洁净程度的重要指标、环境污染状况的真实反映。生活在市区的人，由于城市空气污浊、细菌含量高，所以一有闲暇时间，就想方设法到森林中休息静养。森林中的空气微生物含量与城市有很大的区别。中南林业科技大学森林旅游研究中心曾对城市闹市区与邻近的森林旅游区的空气细菌含量进行对比研究。以湖南长沙东塘广场与桃源洞国家森林公园、广东广州二沙头与增城澳洲山庄（林场）、湖南郴州市火车站与资兴东江大坝九龙峰等地为例，其检测数据如表 5－4 所示。

**表 5－4　森林旅游区与城市内微生物数的比较**

单位：个/$m^3$

| 取样地点 | 细菌 | 放线菌 | 酵母菌 | 霉菌 | 总菌数 | 取样日期 | 天气 |
|---|---|---|---|---|---|---|---|
| 湖南长沙东塘广场 | 9902 | 73 | 695 | 108 | 10778 | 1993－08－24 | 晴,34～38℃ |
| 湖南炎陵桃源洞焦石 | 113 | 52 | 10 | 1577 | 1752 | 1993－08－23 | 晴,30～35℃ |
| 江西靖安县城 | 3497 | 未检出 | 432 | 556 | 4485 | 1997－09－15 | 阴,21～27℃ |
| 江西靖安北河林区 | 172 | 51 | 70 | 2316 | 2609 | 1997－09－14 | 阴,20～25℃ |
| 广东广州二沙头 | 12853 | 75 | 3202 | 351 | 16445 | 1998－03－25 | 阴,20～27℃ |
| 广东增城澳洲山庄九地 | 346 | 52 | 89 | 2130 | 2617 | 1998－03－25 | 阴,19～25℃ |
| 湖南郴州市火车站 | 12191 | 未检出 | 390 | 178 | 12759 | 2000－03－04 | 阴,14～20℃ |
| 湖南资兴东江大坝九龙峰 | 293 | 47 | 47 | 314 | 701 | 2000－03－04 | 阴,12～18℃ |

从表 5－4 中可以看出：森林旅游区各取样点空气中的细菌数都比城市内各取样点空气中的细菌数少，最少的只是城市中的 1/90；森林旅游区各取样点的霉菌平均数高出城市 4 倍多。森林旅游区各取样点空气中微生物总数都比城市内各取样点空气中微生物总数少，个别森林旅游区取样点（如湖南省资兴市东江大坝九龙峰）只是城市内取样点（如湖南省郴州市）的 1/18；森林旅游区各取样点总菌数的平均数只是城市内各取样点总菌数平均数的 1/7。森林旅游区各取样点的细菌平均数只是城市内的 1/48；森林旅游区各取样点空气中的霉菌数都比城市内各取样点空气中的霉菌数高，有的高出城市约 15 倍。可见，森林旅游区是人们旅游、度假、疗养的最佳处所。

一般一个新的旅游景区在开放之前，都要先检查是否有病原微生物存在，否则会造成重大疾病的流行。欧洲的阿尔卑斯山山洞住着带狂犬病毒的蝙蝠，使前往的人们发病死亡就是最典型的例子。

## 二、空气微生物的评价

中国科学院生态研究中心对大气微生物污染级别的划分提出过一个标准，如表5－5所示。

表5－5　大气微生物污染评价标准

单位：个/$m^3$

| 级别 | 程度 | 大气微生物(总数) | 大气细菌 | 大气霉菌 | 耐高渗透压霉菌 |
|---|---|---|---|---|---|
| Ⅰ | 清洁 | <3000 | <1000 | <500 | <300 |
| Ⅱ | 较清洁 | 3001～5000 | 1001～2500 | 501～750 | 301～500 |
| Ⅲ | 轻微污染 | 5001～10000 | 2501～5000 | 751～1000 | 501～1000 |
| Ⅳ | 污染 | 10001～15000 | 5001～10000 | 1001～2500 | 1001～2000 |
| Ⅴ | 中度污染 | 15001～30000 | 10001～20000 | 2501～6000 | 2001～5000 |
| Ⅵ | 严重污染 | 30001～60000 | 20001～45000 | 6001～15000 | 5001～15000 |
| Ⅶ | 极严重污染 | >60001 | >45001 | >15001 | >15001 |

我们可以参照这个标准对森林旅游区的空气微生物进行评价。将每立方米空气中微生物总数小于3000个的森林旅游区定为一类空气细菌含量区；大于3001小于5000的森林旅游区定为二类空气细菌含量区；大于5001小于10000的森林旅游区定为三类空气细菌含量区。

# 第四节　环境放射性水平

有些原子核是不稳定的，它能自发地有规律地改变其结构，转变为另一种原子核，这种现象称为核衰变。在核衰变过程中总是放射出具有一定动能的带电或不带电的粒子，即α、β和γ射线，这种性质称为放射性。在自然条件下，大气和水体中都含有极微量的放射性物质，但辐射剂量极低。环境放射性的辐射源分为天然辐射源和人工辐射源（如核试验、医学照射等）两大类。在天然辐射中，经统计表明，1/4来自宇宙射线，1/2来自地球辐射，另有1/4来自体内的放射性。在地球辐射中，来自宇宙射线以及地面上天然放射核素发射的 $\gamma$ 射线和 $\beta$ 射线对人体的照射称为外照射，占 80% 左右，另有 20% 由食物链或吸入转移到人体并沉积于人体组织内所发生的辐射称为内照射。

## 一、环境放射性物质对人体的危害

含有放射性的大气、水、炭渣和尘埃会产生电离辐射，当 α、β、γ 射线与生物机体细胞、组织相互作用时，常引起物质的原子、分子电离，从而破坏机体内某些大分子结构。放射性进入人体主要有三种途径：呼吸道进入、消化道进入、皮肤或黏膜侵入。放射性污染进入人体后，往往积累在人体的内脏组织器官如肺、胃、肾脏、肝脏以及骨骼内，产生“内照射剂量”。在一般情况下，仅受某些微量元素污染，并不会影响健康，但是当放射性污染物种类或数量多时，人体受到照射剂量较大时，会出现头晕、头痛、呕吐、毛发脱落、厌食、失眠、白细胞和血小板减少等现象，倘若放射性剂量大或积累多，则可能发生肿瘤、血液病或遗传障碍、死亡等放射性公害病。放射性对人体的危害途径如图 5－1 所示。因此，为了保证旅游者的安全，必须查清森林旅游区环境放射性剂量水平，并作为一个森林旅游区的环境评价标准，为旅游开发决策提供科学的依据，趋利避害，实现旅游业的可持续发展，把最佳的生态环境提供给旅游者。

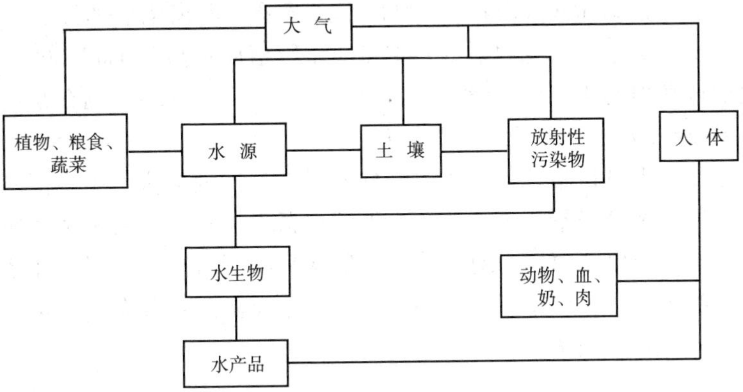


**图 5－1　放射性元素对人体的危害途径示意图**

研究表明，植物不但可以阻隔放射性物质和辐射的传播，而且可以起到过滤和吸收的作用。例如，向日葵的根系悬挂在水中，可吸收和清除水中有害的放射性物质铯和锶，吊兰等和杜鹃科的花木也具有吸附放射性物质的功效。中南林业科技大学森林旅游研究中心曾对我国部分森林旅游区的环境放射性水平进行测定，研究发现，在所测的森林旅游区的景点和室内年积累量最大的流溪河国家森林公园为1348μSv/人·年，仅为国家标限（5000μSv/人·年）的26.1%，没有超标。其他一些森林旅游区的年累积量比流溪河更低，均未超标，这充分说明了森林旅游区的天然辐射环境良好（见表5－6）。

**表5－6　部分森林旅游区天然外照射辐射剂量水平一览表**

单位：μR/h

| 旅游区名称 | 室内 | 室外 | 林内 |
|---|---|---|---|
| 湖南大熊山国家森林公园 | 11 | 10 | 8 |
| 湖南东江湖风景名胜区兜率岛 | 13 | 7 | 6 |
| 广东象头山国家级自然保护区 | 20 | 13 | 15 |
| 广州流溪河国家森林公园 | 21 | 14 | 13 |

## 二、环境放射性水平的评价

放射卫生防护基本标准（GB 4792－1984）对公众成员的个人剂量进行了限制，即公众中个人受到的年剂量当量应低于下列限值：全身5mSv（0.5rem）；任何单个组织或器官50mSv（5rem）。当长期持续受到电离辐射的照射时，公众中个人在其一生中每年的全身照射的年剂量当量限值应不高于1mSv（0.1rem）。如果按终生剂量平均的年有效剂量当量不超过1mSv（0.1rem），则在某些年份里允许以每年5mSv（0.5rem）作为剂量限值。

上述年剂量当量是指任何一年内的外照射剂量当量与这一年内摄入放射性核素所产生的待积剂量当量二者的总和，但不包括天然本底照射和医疗照射。人类的活动有时会使天然电离辐射对公众的照射水平有所增高，限制由此增高造成的附加照射是必要的，应该根据不同的放射源类型及其剂量分布，确定具体的调查水平、管理限值和干预水平。

# 第五节　声环境

噪声是指干扰人们休息、睡眠、工作、学习、思考和谈话，使人感到厌烦、不协调及一切不需要的声音。如果按照其机理来分类，噪声可以分为空气动力性噪声、机械性噪声、电磁性噪声等；如果按照其来源分类，噪声可以分为交通噪声、工厂噪声、建筑施工噪声、社会生活噪声等。一般采用分贝来表达声学量值，符号为“dB”。它是两个相同的物理量之比取以 10 为底的对数并乘以 10（或 20）。它是无量纲的。

## 一、声环境与森林旅游

现代社会中，噪声对人们健康的危害、对通信的干扰，以及对大脑引起的疲劳和破坏日益严重，已经被认为是一种严重的环境污染，被列为环境公害之一。

### （一）噪声对听觉器官的影响

长期在噪声严重的环境中工作，会产生听觉疲劳。随着听觉敏感性下降，听力功能不能完全恢复，听觉器官会发生器质性病变，造成听力损失甚至成为永久性耳聋。表 5－7 列举了在不同噪声级环境下工作的人群 40 年后患耳聋的发病率。

**表 5－7　工作 40 年后噪声耳聋发病率**

| 噪声级（dBA） | 80 | 85 | 90 | 95 | 100 |
|---|---|---|---|---|---|
| 发病率（%） | 0 | 10 | 21 | 29 | 41 |

注：数字引自国际标准化组织（ISO）1999 号文件。

### （二）噪声对神经系统的影响

噪声具有强烈的刺激性。许多国家已把噪声引起的头昏、失眠、嗜睡、易疲劳、易激动、记忆力衰退、注意力不集中并伴有耳鸣和听力衰退等疾病统称为噪声病。在噪声环境下工作，人容易感到烦躁不安，容易疲劳，注意力难以集中，反应迟钝，差错率明显上升，所以噪声影响工作效率，降低工作质量。

### （三）噪声对社会交流的影响

噪声影响语言交谈与思考，在 65dB 以上的噪声环境中，人们之间难以进行正常语言交流，必须提高嗓门才能相互听得见。如果噪声在此基础上再增加 5 分贝，即使大喊大叫也无济于事。

此外，强烈噪声可导致机器设备或建筑物的破坏。

森林对噪声有很强的防护作用，它是天然的消声器。这是因为噪声碰到树干时声波会破碎和散射出去，使其能量被吸收或改变传播方向。森林面积越大，林带越宽，消除噪声的功能越强。实验测得，公园或片林可降低噪声5～40dB，比离声源同距离的空旷地自然衰减效果多5～25dB；汽车高音喇叭在穿过40m宽的草坪、灌木、乔木组成的多层次林带，噪声可以消减10～20dB，比空旷地的自然衰减效果多4～8dB。中南林业科技大学森林旅游研究中心对数十个森林旅游区的环境噪声进行了测定，结果表明没有一处的噪声超过45dB。表5－8列举了部分森林旅游区的环境噪声监测结果。

**表5－8　部分森林旅游区的环境噪声一览表**

单位：dB

| 旅游区名称 | 景点名称 | 等效声级 | | 备注 |
|---|---|---|---|---|
| | | 昼间 | 夜间 | |
| 广州增城金坑森林公园 | 成功坑中段 | 42 | 37 | 离广汕高速公路500m |
| 广西十万大山森林公园 | 林场中部 | 44 | 43 | 夜间有突发鸟叫声 |
| 广东象头山自然保护区 | 济公田 | 36 | 40 | |
| | 范家田 | 38 | 40 | 夜间虫鸣鸟叫和动物活动，增大了夜间噪声等级 |
| | 金娘坪 | 37 | 36 | |
| 湖南资兴旅游区 | 汤市温泉 | 45 | 41 | |

## 二、声环境的评价

### （一）评价方法

将全部网格中心测点测得的10min时间的连续等效A声级做算术平均运算，所得到的平均值代表该旅游区的噪声水平。如所测量的区域仅执行某一类区域环境噪声标准，那么该平均值可用该区域适用的区域环境噪声标准进行评价。

### （二）评价标准

《山岳型风景资源开发环境影响评价指标体系》（HJ/T 6－1994）规定旅游区声学环境质量采用《城市区域环境噪声标准》（GB 3096－1993）评价，其标准要求见表5－9。

表 5－9　城市区域环境噪声标准

等效声级 $L_{Aeq}$：dBA

| 类别 | 适用区域 | 昼间 | 夜间 | 备注 |
|---|---|---|---|---|
| 0 | 疗养区、高级别墅区、高级宾馆区等 | 50 | 40 | 城郊和乡村区域按严于 0 类标准 5dB 执行<br>夜间突发噪声最大值不准超过标准值 5dB |
| 1 | 居民区、文教机关区 | 55 | 45 | |
| 2 | 居住、商业、工业混杂区 | 60 | 50 | |
| 3 | 工业区 | 65 | 55 | |
| 4 | 交通干线两侧、内河航道两侧 | 70 | 55 | |

注：各类标准的适用区域：①0 类标准适用于疗养区、高级别墅区、高级宾馆区等特别需要安静的区域。位于城郊和乡村的这一类区域分别按严于 0 类标准 5dB 执行。②1 类标准适用于以居住、文教机关为主的区域。乡村居住环境可参照执行这类标准。③2 类标准适用于居住、商业、工业混杂区。④3 类标准适用工业区。⑤4 类标准适用于城市中的道路交通干线道路两侧区域，穿越城区的内河航道两侧区域。穿越城区的铁路主、次干线两侧区域的背景噪声（指不通过列车时的噪声水平）限值也执行该类标准。

对照表 5－9 中标准，我们可以将森林旅游区的声学环境划分为 5 个对应的基本类型：0 类声学环境区、1 类声学环境区、2 类声学环境区、3 类声学环境区和 4 类声学环境区。

# 第六节　森林小气候

小气候是在具有相同的大气候背景的范围内，在局部地区，由于地形、方位、土壤和植被条件不一致，使该地区具有独特的气候状况。森林小气候是指在森林植被影响下所形成的局部地区的气候。

森林旅游区由于地形遮蔽和森林覆盖，林内与林外比，林内具有太阳辐射弱、日照少，气温低、气温日较差小，相对湿度大，静风频率大、平均风速小，气象景观丰富等特点，容易形成优越的森林小气候环境。

## 一、森林小气候特征

森林旅游区一般具有下列小气候特征：

### （一）日照少，日射弱

在森林旅游区里，由于地形遮蔽和森林覆盖，林内与林外相比，日照时数减少 30%～70%，光照强度减弱 31%～92%，太阳总辐射通量密度减小 23% 以上。地形越闭塞、林冠郁闭度越大，其减弱程度越大。因此，森林旅游区的许多景观地段，成为全国日照时数最少，日照百分率最低的地区。例如张家界国家森林公园的金鞭溪景区的年可照时数为4425小时，而实照时数仅809.8小时，日照百分率仅为18%，为全国最小。该景区5月上旬正午的太阳直接辐射通量密度为473.5J/（$cm^2$·min），日总量仅为0.23×10J/（$m^2$·d），比外界小23%。森林旅游区的沟谷和森林景观地段具有日照少、日射弱的小气候特征。这种独特的小气候环境具有独特的造景功能，孕育了森林旅游区里深邃神秘朦胧的幽景。

**（二）气温低，日较差小**

森林旅游区与外界邻近的依托城市相比，旅游区内的森林景观地段与裸地相比，水域和陆地相比，景区内、林冠下、水域边，夏季白天气温低、日变化缓和，气温日较差小。夏季晴天，旅游区内的日平均气温比外界低3.7~9.1℃，阴天低1.7~6.5℃。在森林旅游区内的同一地段，晴天日平均气温林内比林外低0.1~4.0℃，日最高气温比林外低0.2~24.2℃，日最低气温林内比林外高0.1~4.8℃（竹林例外），气温日较差比林外低0.2~2.0℃。水体可以使森林旅游区内的小气候更加优越，广州流溪河的湖水旁、湖南桃源洞的万阳河旁夏季白天降温幅度都比无水体地段的森林环境大0.2~2.4℃。水体面积越大、林地面积越大、林冠郁闭度越高，林内外气温差异越大。在郁闭度相同的情况下，高大阔叶林内白天气温最低；针叶林次之；竹林白天的降温作用、夜间的保温作用最差。森林旅游区在森林的庇护下，夏季凉爽舒适，小气候宜人。

**（三）相对湿度大**

森林旅游区小气候的一个显著特点是：空气相对湿度大，云雾水汽多。张家界境内年平均空气相对湿度为87%，夏季晴天为87%，阴天为98%，夜间达90%以上，比外界高11%；流溪河境内空气相对湿度，最干燥的10月，晴天为80%，阴天为93%，夜间为85%以上；桃源洞、阳明山、姑婆山等森林公园年平均空气相对湿度均在85%以上，有的月份高达93%。晴天空气相对湿度日变化呈单波型。林内与林外相比，林内空气相对湿度日平均值比林外高1%~6%，山上与山下相比，随海拔升高，林外空气相对湿度略有增大，林内的差异较小。桃源洞国家森林公园因林相整齐，溪流水体分布均匀，海拔升高时空气相对湿度变化极小。

**（四）静风频率大，平均风速小**

森林旅游区境内的风向风速因地形起伏，林木阻挡变化很大。在山顶及山间台地，静风较少、风速较大，一般静风频率为30%~45%，瞬时风速可达8~

18m/s。在山坡及谷地或林冠下，静风频率为50%～93%，日平均风速0.2～4.5m/s。同一地段，林内的静风频率比林外大21%～30%，日平均风速比林外减小0.4～2.3m/s。

### （五）气象景观丰富，美学价值高

由于森林旅游区内气温低、空气相对湿度大，水汽容易凝结，因此，森林旅游区内多云雾。张家界、流溪河、姑婆山、神农架等许多森林公园内一年四季有雾，千姿百态的云雾，变幻奇特、美妙壮观，成为特有的气象景观，增添了森林旅游区的美感。许多有瀑布的森林旅游区，瀑布直落深潭，溅起水花，形成局部朦朦细雾，当阳光穿过水雾，照射瀑布时，形成七色彩虹飞架溪流，艳丽多姿。例如，湖南桃源洞的珠帘瀑布，夏季晴天14:00～16:00常有此景。优越的森林小气候孕育了绚丽多姿的气象景观，提高了森林旅游区的美学价值。

## 二、山地气候与旅游

### （一）山岳气候与旅游

海拔2000m以下的山岳地区，因其阳光充足，气压适中，空气清洁，夏季凉爽宜人，旅游者在此度假疗养，能使呼吸加深，肺活量增大，促进血液循环，改善血液成分，增强体内氧化过程，有益人体身心健康。因此，海拔2000m以下层域类的山地小气候是适宜休闲度假、健身疗养的理想气候环境。人的健康长寿，虽然与许多环境因素以及良好的饮食习惯、生活方式、心理状态有关，但良好的山岳气候环境是十分重要的因素。国内外对老年问题的科学调查研究发现，大多数长寿者都生活在海拔1500～2000m的山地。

### （二）高山气候与旅游

我国高山多。高山是进行登山游览、探险猎奇、科学考察、陶冶情操、强身健体等活动备受青睐的旅游项目。但是，海拔升高、气压降低，超过一定限度会使人体感觉不适，容易出现高山反应。因此，上述旅游项目主要适合身体强壮的旅游者。海拔越高空气越稀薄，高山反应越严重，发病率越高。高山旅游时，夜间应注意室内通风，同一居室内人数不宜过多。高山反应的起始高度因纬度不同而异。低纬度地区的起始高度一般在3000～3500m，中纬度地区2000～2500m，高纬度地区1500m左右。高山反应的起始高度还与地形地势、气候因素、人体适应能力等许多因素有关。

**【案例1】**

## 江西三爪仑国家森林公园的小气候①

1994年8月29日—9月2日，采用短期定位对比观测法，对江西靖安三爪仑国家示范森林公园进行了逐时小气候观测。其结果：气温垂直变化为-0.36℃/100m，林内气温比林外低1.3～3.7℃，水域比县城低2.8℃；空气相对湿度林内比林外大2%～5%，林区比县城大11%～17%，水域比县城大4%～13%；日平均风速林内比林外减小0.2～1.1m/s，静风频率林内比林外增加4%～53%。

靖安县位于江西省北部，距南昌市84km，是江西省重点林业县之一。地理位置处于北纬29°01′～29°61′，东经115°～115°25′。境内森林茂密，水体丰富，景观多样，气候宜人，交通便利。中南林学院森林旅游研究中心对这里的小气候进行了观测研究，现将其结果报告如下：

### 一、研究目的

了解靖安县主要景区的小气候特征，为进一步开发利用和保护其旅游气候资源服务。

### 二、研究方法

采用短期定位对比观测法，在三爪仑国家森林公园的主要景区设置林内外对比测点8个；在水域风光迷人的小湾毗炉设置定位测点1个，辅助测点1个；在县城况钟园林设置林内外测点2个，另外还在橹崖和小湾水库进行了水上流动观测，共有测点14个。设置地面0cm，离地20cm、150cm、200cm四个观测梯度。观测时间：1994年8月29日—9月2日逐时观测。观测要素：各高度气温、地面温度、空气相对湿度、风向风速、气压、日照、气象等。观测仪器全部采用国家定型产品。资料按国家气象局的《地面观测规范》要求整理。各测点基本情况列入表1。

① 本文原载于《三爪仑国家森林公园总体规划设计》（2000）专题调查报告中。

**表1　小气候主要观测点基本情况**

| 观测日期（月—日—时） | 地　段 | 测点性质 | 海拔（m） | 坡　向 | 主要树种 | 代表内容 |
|---|---|---|---|---|---|---|
| 8月29日20时—9月1日20时 | 三爪仑（茗冈） | 林外 | 240 | 平地 | 樟树，枫香，板栗 | 场部旅游生活区溪流旁沟谷小气候 |
| | | 林内 | 240 | 平地 | | 场部低海拔森林小气候 |
| 8月29日20时—9月1日20时 | 骆家坪 | 林外 | 661 | 平地 | 松，杉，枫香 | 景区生活点小气候环境 |
| | | 林内 | 660 | 平地 | | 景区优良的森林小气候环境 |
| 8月29日20时—9月1日20时 | 红星山 | 林外 | 720 | 北坡凹地 | 松树纯林 | 生产区居民点的小气候环境 |
| | | 林内 | 730 | 北坡 | | 坡地松林小气候环境 |
| 8月29日20时—8月31日20时 | 洪屏村 | 林外 | 730 | 平地 | 松树，枫香 | 瀑布游览点及居民点小气候 |
| | | 林内 | 735 | 东北坡 | | 坡地松阔混交成林小气候 |
| 9月1日8时—9月2日20时 | 况钟园林 | 林外 | 82 | 平地 | 地面为细沙马尾松，杉木 | 公园内娱乐小空地小气候 |
| | | 林内 | 84 | 平地 | | 公园内松，杉混交林小气候 |
| 9月1日8时—9月2日20时 | 况钟园林 | 水面吊桥 | | 平地 | | 小湾水库宽谷水域小气候 |
| 9月1日16时 | 橹崖 | 水面 | | 水上窄谷 | | 水上窄谷小气候 |
| 9月2日11时—12时30分 | 小湾水库 | 船外 | | 平地 | | 水上娱乐场所的小气候 |
| | | 船内 | | 平地 | | 船仓内小气候 |
| 8月28日20时—9月2日20时 | 县气象站 | 空旷地 | 79 | 平地 | 浅草 | 代表县城空旷地对照点 |

## 三、研究结果

### （一）气温

#### 1. 三爪仑国家森林公园境内的小气候

我们在三爪仑国家森林公园的主要风景地段的林内外的小气候观测结果如表2所示。

表2　各景观地段的气温比较（8月30—31日的平均值）

单位:℃

| 天气 | 地段 | 测点性质 | 地面温度 | | | | 20cm处气温 | 150cm处气温 | | | | 200cm处气温 |
|---|---|---|---|---|---|---|---|---|---|---|---|---|
| | | | 日平均 | 最高 | 最低 | 日较差 | | 日平均 | 最高 | 最低 | 日较差 | |
| 晴 | 三爪仑 | 林外 | 28.7 | 42.8 | 21.5 | 21.3 | 25.5 | 24.7 | 33.7 | 19.0 | 14.7 | 24.8 |
| | | 林内 | 24.2 | 29.0 | 21.6 | 7.4 | 24.2 | 24.1 | 30.6 | 20.3 | 10.3 | 24.5 |
| | | 差值 | 4.5 | 13.8 | -0.1 | 13.9 | 1.3 | 0.6 | 3.1 | -1.3 | 4.4 | 0.3 |
| | 骆家坪 | 林外 | 27.4 | 42.2 | 19.4 | 22.8 | 23.4 | 23.2 | 30.6 | 18.1 | 12.5 | 23.3 |
| | | 林内 | 22.6 | 25.2 | 20.1 | 5.1 | 22.5 | 22.5 | 26.9 | 19.2 | 7.7 | 22.6 |
| | | 差值 | 4.8 | 17.0 | -0.7 | 17.7 | 0.9 | 0.7 | 3.7 | -1.1 | 4.8 | 0.7 |
| | 洪屏村 | 林外 | 26.0 | 40.6 | 17.1 | 23.5 | 23.4 | 22.7 | 30.0 | 15.8 | 14.2 | 22.7 |
| | | 林内 | 22.7 | 29.2 | 17.2 | 12.0 | 22.4 | 22.6 | 28.3 | 16.8 | 11.5 | 22.7 |
| | | 差值 | 3.3 | 11.4 | -0.1 | 11.5 | 1.0 | 0.1 | 1.7 | -1.0 | 2.7 | 0.0 |
| | 红星山 | 林外 | 24.9 | 41.0 | 19.8 | 21.2 | 23.8 | 22.4 | 32.2 | 18.8 | 13.4 | 22.2 |
| | | 林内 | 22.3 | 25.8 | 19.8 | 6.0 | 22.3 | 22.9 | 28.1 | 19.0 | 9.1 | 22.8 |
| | | 差值 | 2.6 | 15.2 | 0.0 | 15.2 | 1.5 | -0.5 | 4.1 | -0.2 | 4.3 | -0.6 |
| | 县气象站 | 空旷地 | | | | | | 27.0 | | | | |

由表2可知：

（1）各测点林内外不同高处气温不一，随着海拔升高气温降低，在海拔230~735m，海拔每升高100m，林外气温下降0.36℃左右，林内气温下降0.3℃左右。林外气温铅直梯度比林内大，林内气温变化比较缓和，林内出现逆温现象，强度为0.08~0.42℃/m。

（2）林内外气温日较差悬殊大，林内气温日较差在7.7~11.5℃之间，林外气温日较差为12.5~13.4℃。林内气温日较差比林外小2.7~4.8℃，林外地温日较差范围为21.2~23.5℃，林内地温日较差在5.1~12.0℃，林内外地温日较差的差异为11.5~17.7℃。

（3）林内外最高、最低温度差异大。三爪仑、骆家坪、洪屏村风景段林外最高气温比林内高1.7~3.7℃。但林内最低温度比林外略高。红星山因林外测点选在北坡凹地，且林内测点海拔比林外高10m左右。故林内最低温度与林外差异小，林外气温比林内略低。林外最高地温比林内高13.8～17.0℃。这说明森林使小气候的日变化趋于缓和。

（4）森林公园境内各测点气温均比县城低。日平均气温三爪仑景区比县城低2.3℃；骆家坪比县城低3.8℃左右；洪屏村比县城低4.3℃；红星山比县城低4.6℃。海拔越高，夏季越凉爽。

（5）骆家坪空旷地因空气流畅，故气温比林中空地略低。

**2. 靖安县主要景观地段的小气候**

三爪仑、骆家坪、况钟园林、毗炉村的小气候观测结果列入表3。

**表3　靖安县主要景观地段的小气候差异**

单位：℃

| 站地＼要素＼地段 | 三爪仑 | | | 骆家坪 | | | 况钟园林 | | | 毗炉村 | |
|---|---|---|---|---|---|---|---|---|---|---|---|
| | 林外 | 林内 | 差值 | 林外 | 林内 | 差值 | 林外 | 林内 | 差值 | 水面 | 空旷地 |
| 地面温度 | 37.9 | 27.0 | 10.9 | 30.8 | 24.6 | 6.2 | 38.3 | 29.4 | 8.9 | 31.9 | |
| 20cm处气温 | 30.9 | 28.0 | 2.9 | 26.7 | 25.1 | 1.6 | 32.7 | 30.4 | 2.3 | 31.1 | |
| 150cm处气温 | 30.1 | 28.7 | 1.4 | 26.8 | 25.5 | 1.3 | 32.4 | 31.2 | 1.2 | 32.0 | 32.0 |
| 观测值最高值 | 34.4 | 32.0 | 2.4 | 31.3 | 27.6 | 3.7 | 36.1 | 32.6 | 3.5 | 38.2 | |
| 200cm处气温 | 30.1 | 28.9 | 1.2 | 26.9 | 25.6 | 1.3 | 32.1 | 31.0 | 1.1 | 30.8 | |

由表3可知，三爪仑、骆家坪分别比况钟园林气温低2.3℃、5.6℃，比毗炉水面气温低1.9℃、3.2℃。三爪仑最高气温比况钟园林低1.7℃，比毗炉水面低3.8℃。骆家坪最高气温比况钟园林低4.8℃，比毗炉水面低6.9℃。

**3. 小湾水库的小气候**

况钟园林、毗炉村、县气象站小气候观测值列入表4。

**表4　三测点的气温比较**

单位：℃

| 地段名称 | 测点性质 | 地面温度 | | | | 20cm处气温 | 150cm处气温 | | | | 200cm处气温 |
|---|---|---|---|---|---|---|---|---|---|---|---|
| | | 日平均 | 最高 | 最低 | 日较差 | | 日平均 | 最高 | 最低 | 日较差 | |
| 况钟园林 | 林外 | 30.7 | 55.2 | 24.5 | 30.7 | 28.0 | 27.7 | 36.0 | 35.0 | 1.0 | 27.5 |
| | 林内 | 26.4 | 30.1 | 25.4 | 4.7 | 26.5 | 26.4 | 31.7 | 23.0 | 8.7 | 26.5 |
| 毗炉村 | 岸边 | | | | | 26.2 | | | | | |
| | 水面 | 29.8 | | | | 26.2 | 26.6 | 38.0 | 23.6 | 14.4 | 26.6 |
| 县气象站 | 空旷地 | | | | | 27.5 | | | | | |

由表 4 可知：

（1）况钟园林地温日较差很大为 30.7℃，而气温日较差小仅为 1.0℃，林外气温随高度增加减小，林内出现逆温现象，以 150cm 处最低。

（2）况钟园林林外气温比县气象站高 0.2℃，林内比县气象站低 1.1℃，林内气温比林外低 1.3℃。

（3）毗炉村水面气温比县城气象站低 0.9℃，比况钟园林林外低 1.1℃，宜开展水上游乐活动。

**4. 游船内外的气温**

小湾水库希望号（封闭式金属船体）游船内外的气温如表 5 所示。

由表 5 可知，小湾水库水面气温比县城低，船外比县城低 2.5℃，船舱内比县城低 1.1℃，水库大坝比县城低 2.8℃。由于船外通风好故船外气温比船内气温低 1.4℃。由于铁甲板的反辐射作用，船上的温度比大坝上高，夏季水上游览应选用木结构，以较高顶棚，四周不封闭，而且较宽散的彩船为宜，既美观又凉爽舒适。封闭式金属游船不宜夏季使用。

**表 5　船舱内外气温与县城比较**

单位：℃

| 地　段 | 小湾水库水面 | | | 小湾水库大坝 | 县　城 |
|---|---|---|---|---|---|
| 测　点 | 船　外 | 船　内 | 差　值 | | |
| 气　温 | 29.2 | 30.6 | -1.4 | 28.9 | 31.7 |

## （二）空气相对湿度

### 1. 三爪仑国家森林公园各景观地段林内外空气相对湿度

三爪仑、骆家坪、洪屏村、县气象站 8 月 30—31 日两天观测的平均空气相对湿度列入表 6。

**表 6　各景观林内外空气相对湿度（%）**

| 离地高度 | 县气象站 | 三爪仑 | | | 骆家坪 | | | 洪屏村 | | | 红星山 | | |
|---|---|---|---|---|---|---|---|---|---|---|---|---|---|
| | | 林外 | 林内 | 差值 | 林外 | 林内 | 差值 | 林外 | 林内 | 差值 | 林外 | 林内 | 差值 |
| 20cm | 75 | 91 | 94 | -3 | 93 | 96 | -3 | 88 | 93 | -5 | 92 | 95 | -3 |
| 150cm | | 91 | 94 | -3 | 88 | 91 | -3 | 89 | 94 | -5 | 88 | 91 | -3 |
| 200cm | | 90 | 92 | -2 | 88 | 91 | -3 | 88 | 92 | -4 | 89 | 92 | -3 |

由表6可知：

(1) 三爪仑森林公园境内各景观地段日平均空气相对湿度在88% ~94%之间，属潮湿地区。

(2) 林内外空气相对湿度最大差异差值为5%。

**2. 靖安县部分景观点的空气相对湿度**

况钟园林、小湾毗炉、县气象站9月2日的空气相对湿度平均值列入表7。

**表7　靖安县部分景观点的空气相对湿度（%）**

| 离地高度 | 县气象站 | 况钟园林 | | | 小湾毗炉 | | |
|---|---|---|---|---|---|---|---|
| | | 林外 | 林内 | 差值 | 水面 | 湖岸 | 差值 |
| 20cm | | 83 | 91 | -8 | 90 | | |
| 150cm | 77 | 84 | 90 | -6 | 81 | 85 | -4 |
| 200cm | | 85 | 89 | -4 | 83 | | |

由表7可知：

(1) 况钟园林林内空气相对湿度明显高于林外，林内与水域的空气相对湿度近似。

(2) 小湾毗炉水面的相对湿度本应高于湖岸的，但由于水面的风速较大，故水面相对湿度比湖岸小4%左右。

(3) 橹崖属峡谷地形，又有明显狭管效应，风速大，故相对湿度较低。

**(三) 风向风速**

三爪仑森林公园受山区地形影响，静风频率大、风速小；各景区的风向风速在局部不同地形影响下又有明显差异，公园管理处所在地三爪仑为东西向沟谷地形，风向与溪流方向一致。骆家坪为山间台地，气流通畅，风速较大。红星山测点设在北坡上部山凹居民点附近，地形闭塞，静风频率达100%。洪屏山上部为宽阔盆地，风速较大。况钟园林观测期间林外（人工湖岸）和林内（松林听鹤）均以静风为主，林外静风频率占67%，林内静风频率占95%。公园内风速仅为0.1~0.3m/s。小湾水库由于水面较宽，有明显的湖陆效应，因此风速较大，日平均风速为2.8m/s。各测点林内静风频率比林外大，风速比林外小，地形小气候和森林小气候特征十分明显。详见表8。

表 8　靖安县主要景观地段的风向风速

| 地　点 | 测点 | 风　向　频　率（%） | | | | | | | | | 日平均风速（m/s） |
|---|---|---|---|---|---|---|---|---|---|---|---|
| | | E | ES | S | SW | W | NW | N | NE | C | |
| 三爪仑 | 林外 | 4 | 22 | | 13 | 13 | 9 | | 9 | 30 | 0.6 |
| | 林内 | | | | | 4 | 9 | | 4 | 83 | 0.3 |
| 红星山 | 林外 | | | | | | | | | 100 | |
| | 林内 | 4 | 8 | 25 | | | | | | 100 | |
| 骆家坪 | 林外 | 4 | 8 | 25 | | | | | | 63 | 1.3 |
| | 林内 | 7 | 12 | 3 | | | | | | 78 | 0.2 |
| 洪屏村 | 林外 | | | 29 | | | | | | 67 | 0.7 |
| | 林内 | | 12 | | 4 | | | | | 71 | 0.5 |
| 况钟园林 | 林外 | | 2 | | | | 2 | | 2 | 15 | 0.3 |
| | 林内 | | | | | | | | 1 | 20 | 0.1 |
| 小湾毗炉 | | 5 | 1 | 1 | | 6 | 11 | | 2 | | 2.8 |

## 四、结论

观测结果表明，在三爪仑国家示范森林公园内，海拔每升高100m，日平均气温降低0.36℃；林内气温比林外低1.3～3.7℃；水域气温比县城低2.8℃。空气相对林内比林外大2%～5%，林区比县城大11%～17%，水域比县城大4%～13%。林内日平均内速比林外减小0.2～1.1m/s，静风频率林内比林外增加4%～53%。

# 第七节　水环境

所谓水环境，是指围绕人群空间及可直接或间接影响人类生活和发展的水体，是其实现正常功能的各种自然因素和有关的社会因素的总体。1977年联合国教科文组织认为："水资源主要是指可资利用或有可能利用的水源，这个水源应具足够的数量和可用的质量，并能在某一地点满足某种用途而可被利用。"《中国大百科全书》认为，水资源是"地球表层可供人类利用的各种形态的天然水，包括水量（水质）、水域和水能资源"。

## 一、水环境与森林旅游

"山无云则不秀，无水则不媚"。水的形态、声色、光影及其组合变化所具有的独特表现，使其成为旅游风景的血脉。水资源在旅游中应用非常广泛，如漂流、划船、垂钓、潜水、滑雪、游泳等都是利用水资源开展的旅游活动。

森林具有涵养水源的作用。林冠能阻截10%～20%的降水，其中大部分蒸发到大气中，余下的降落到地面或沿树干渗透到土壤中成为地下水。同时，森林地表的腐质层具有很强的吸水、延缓径流功能，据计算，裸露地每小时吸收降雨还不到5mm，草地每小时吸收降雨量只有10mm左右，而25年生的天然林，每小时吸收的降雨量可以达到150mm，可以将一片森林比喻为一座水库。根据日本有关研究，3333$hm^2$森林的蓄水能力，相当于蓄水10400$m^3$的水库。

清洁的水有利于人体健康，被污染的水会导致各种疾病。森林旅游区由于森林的过滤，水质可能会更纯净。这是由于降水通过森林流域时，由于枯枝落叶和土壤腐殖质的作用，可以除去水中某些溶解成分，起到净化水的作用。例如，如果把来自无林地的水中的含沙量计为100%，那么流经松林带以后的水，含沙量能减少到20%，而流经榆树林的含沙量能够降低到15%。

## 二、水环境的评价

按照地表水环境质量标准（GB 3838－2002），可以对森林旅游区的水环境进行综合评价，水环境达到国家地表水环境质量Ⅰ类标准的森林旅游区划为一类水环境区；水环境达到Ⅱ类标准的森林旅游区划为二类水环境区；水环境达到Ⅲ类标准的森林旅游区划为三类水环境区；水环境达到Ⅳ类标准的森林旅游区划为四类水环境区；水环境达到Ⅴ类标准的森林旅游区划为五类水环境区。各指标的标准限值如表5－10所示。

**表5－10　地表水环境质量标准基本项目标准限值**

单位：mg/L

| 序号 | 项目 \ 分类 \ 标准值 | Ⅰ类 | Ⅱ类 | Ⅲ类 | Ⅳ类 | Ⅴ类 |
|---|---|---|---|---|---|---|
| 1 | 水温（℃） | 人为造成的环境水温变化应限制在：周平均最大温升≤1；周平均最大温降≤2 | | | | |
| 2 | pH值（无量纲） | | | 6～9 | | |
| 3 | 溶解氧≥ | 饱和率90%（或7.5） | 6 | 5 | 3 | 2 |
| 4 | 高锰酸盐指数≤ | 2 | 4 | 6 | 10 | 15 |
| 5 | 化学需氧量（COD）≤ | 15 | 15 | 20 | 30 | 40 |
| 6 | 五日生化需氧量≤ | 3 | 3 | 4 | 6 | 10 |

续表

| 序号 | 项目 \ 分类 \ 标准值 | Ⅰ 类 | Ⅱ 类 | Ⅲ 类 | Ⅳ 类 | Ⅴ 类 |
|---|---|---|---|---|---|---|
| 7 | 氨氮(NH3－N)≤ | 0.15 | 0.5 | 1.0 | 1.5 | 2.0 |
| 8 | 总磷(以P计)≤ | 0.02(湖、库0.01) | 0.1(湖、库0.025) | 0.2(湖、库0.05) | 0.3(湖、库0.1) | 0.4(湖、库0.2) |
| 9 | 总氮≤ | 0.2 | 0.5 | 1.0 | 1.5 | 2.0 |
| 10 | 铜≤ | 0.01 | 1.0 | 1.0 | 1.0 | 1.0 |
| 11 | 锌≤ | 0.05 | 1.0 | 1.0 | 2.0 | 2.0 |
| 12 | 氟化物(以$F^-$计)≤ | 1.0 | 1.0 | 1.0 | 1.5 | 1.5 |
| 13 | 硒≤ | 0.01 | 0.01 | 0.01 | 0.02 | 0.02 |
| 14 | 砷≤ | 0.05 | 0.05 | 0.05 | 0.1 | 0.1 |
| 15 | 汞≤ | 0.00005 | 0.00005 | 0.0001 | 0.001 | 0.001 |
| 16 | 镉≤ | 0.001 | 0.005 | 0.005 | 0.005 | 0.01 |
| 17 | 铬(六价)≤ | 0.01 | 0.05 | 0.05 | 0.05 | 0.1 |
| 18 | 铅≤ | 0.01 | 0.01 | 0.05 | 0.05 | 0.1 |
| 19 | 氰化物≤ | 0.005 | 0.05 | 0.2 | 0.2 | 0.2 |
| 20 | 挥发酚≤ | 0.002 | 0.002 | 0.005 | 0.01 | 0.1 |
| 21 | 石油类≤ | 0.05 | 0.05 | 0.05 | 0.5 | 1.0 |
| 22 | 阴离子表面活性剂≤ | 0.2 | 0.2 | 0.2 | 0.3 | 0.3 |
| 23 | 硫化物≤ | 0.05 | 0.1 | 0.05 | 0.5 | 1.0 |
| 24 | 总大肠菌群(个/L)≤ | 200 | 2000 | 10000 | 20000 | 40000 |

## 第八节　大气环境

大气是指包围在地球周围的气体，地球被这一层很厚的大气层包围着，其厚度大约在1000km以上。大气的成分主要有氮气（占78.06%）、氧气（占20.95%）、氩气（占0.93%），还有少量的二氧化碳、氦气、氖气、氪气、氙气和水蒸气。整个大气层随高度不同表现出不同的特点，分为对流层、平流层、中间层、暖层和散逸层等。与人类息息相关的是对流层，其厚度为10～20km，云、雾、雨等现象都发生在这一层内，水蒸气几乎都在这一层内存在，动、植物的生存和人类的绝大部分活动也都在这一层内。

## 一、大气环境与森林旅游

森林是空气的净化物。随着工业的高速发展，城市化进程的加快，大气环境的污染日趋严重。大气污染物 $SO_2$ 严重影响人们的健康。在低浓度空气污染物的长期作用下，可引起上呼吸道炎症、慢性支气管炎、支气管哮喘及肺气肿、冠心病、动脉硬化、高血压、癌症（尤其是肺癌）等多种疾病。另外，空气污染还会降低人体的免疫功能，使人的抵抗力下降，从而诱发或加重多种其他疾病的发生。而林区由于远离污染源，加上森林净化空气的作用，保持着良好的大气环境质量，空气中的二氧化硫、二氧化氮、总悬浮颗粒物等污染物少。据研究表明，森林中空气的二氧化硫含量要比空旷地少 15% ~50% 。

近年来，作者对湖南张家界、阳明山，江西三爪仑，广东流溪河，广西十万大山，湖北神农架，福建武夷山等森林公园的大气环境质量进行过监测，结果表明，这些森林公园都达到国家《环境空气质量标准》（GB 3095 - 1996）中的一级标准。现将部分森林旅游区的大气环境质量监测日平均值分析数据列入表 5 - 11。

**表 5 - 11　部分森林旅游区大气环境质量监测分析数据及对照**

单位：$mg/nm^3$

| 监测项目 | 国家一级标准（日平均） | 三爪仑国家森林公园 | 阳明山国家森林公园 | 张家界国家森林公园 | 十万大山森林公园 | 流溪河国家森林公园 | 神农架国家森林公园 |
|---|---|---|---|---|---|---|---|
| 二氧化硫 | 0.05 | 0.014 | 0.022 | 0.00733 | 0.004 | 0.004 | 0.014 |
| 氮氧化物 | 0.10 | 0.008 | 0.012 | 0.00589 | 0.006 | 0.004 | 0.037 |
| 总悬浮颗粒物 | 0.12 | 0.038 | 0.046 | 0.0304 | 0.007 | 0.033 | 0.029 |

## 二、森林旅游区大气质量的评价

大气质量的好坏是由多种因子综合决定的，而非某一种因子单独决定。单种因子很难表达整个大气质量的状况，但若将全部因子的变化情况都罗列出来，就显得繁杂，而且表达效果也不佳。为此，人们一直希望能有一个相对简单的综合性指标来反映大气质量的好坏。

从 20 世纪 60 年代开始，人们便开始了大气质量评价模型方面的研究，提出了多种数学评价模型。目前，在我国比较常用的有“均值型大气质量指数”模型、“沈阳大气质量指数”模型及“上海大气质量指数”模型等。其中“上海大气质量指数”模型公式（5－1）既考虑了分指数的平均值，又适当兼顾了分指数中的最大值，因而适用于各污染物分担率差异较大的情形，能较全面、客观地评价大气质量状况。

$$I = \sqrt{\max\left(\frac{C_i}{S_i}\right)\left(\frac{1}{n}\sum_{i=1}^{n}\frac{C_i}{S_i}\right)} \qquad (5-1)$$

式中，$I$ 为上海大气质量指数；$C_i$ 为污染物 $i$ 的实测值（均值）；$S_i$ 为污染物 $i$ 的环境质量标准；$n$ 为污染物种类数。大气污染物对人体的危害与其种类、浓度及接触时间长短有关。相同浓度的不同污染物气体对人体的危害程度不同，同一污染物随着浓度的增高及接触时间的延长，对旅游者产生的危害也越大。我国环境保护部对各项污染物的浓度限值作了规定（见表 5－12）。当大气中有害气体浓度达到或超过此标准时，就必须采取措施进行大气污染治理。

**表 5－12　各项污染物的浓度限值**

| 污染物名称 | 取值时间 | 浓度限值 | | | 浓度单位 |
|---|---|---|---|---|---|
| | | 一级标准 | 二级标准 | 三级标准 | |
| 二氧化硫 $SO_2$ | 年平均<br>日平均<br>1 小时平均 | 0.02<br>0.05<br>0.15 | 0.06<br>0.15<br>0.50 | 0.10<br>0.25<br>0.70 | $mg/m^3$（标准状态） |
| 总悬浮颗粒物 TSP | 年平均<br>日平均 | 0.08<br>0.12 | 0.20<br>0.30 | 0.30<br>0.50 | |
| 可吸入颗粒物 $PM_{10}$ | 年平均<br>日平均 | 0.04<br>0.05 | 0.10<br>0.15 | 0.15<br>0.25 | |
| 氮氧化物 NOx | 年平均<br>日平均<br>1 小时平均 | 0.05<br>0.10<br>0.15 | 0.05<br>0.10<br>0.15 | 0.10<br>0.15<br>0.30 | |
| 二氧化氮 $NO_2$ | 年平均<br>日平均<br>1 小时平均 | 0.04<br>0.08<br>0.12 | 0.04<br>0.08<br>0.12 | 0.08<br>0.12<br>0.24 | |
| 一氧化碳 CO | 日平均<br>1 小时平均 | 4.00<br>10.00 | 4.00<br>10.00 | 6.00<br>20.00 | |
| 臭氧 $O_3$ | 1 小时平均 | 0.12 | 0.16 | 0.20 | |
| 铅 Pb | 季平均<br>年平均 | | 1.50<br>1.00 | | $\mu g/m^3$（标准状态） |

续表

| 污染物名称 | 取值时间 | 浓度限值 | | | 浓度单位 |
| --- | --- | --- | --- | --- | --- |
| | | 一级标准 | 二级标准 | 三级标准 | |
| 苯并[a]芘<br>B[a]P | 日平均 | | 0.01 | | $\mu g/m^3$<br>（标准状态） |
| 氟化物 | 日平均<br>1 小时平均 | | 7 *<br>20 * | | |
| F | 月平均<br>植物生长季平均 | 1.8 **<br>1.2 ** | | 3.0 ***<br>2.0 *** | $\mu g/(dm^2 \cdot d)$ |

注：* 适用于城市地区；** 适用于牧业区和以牧业为主的半农半牧区，蚕桑区；*** 适用于农业和林业区。

对森林旅游区而言，其大气质量评价指标及标准应与一般旅游区尤其是与一般城市生活区有所不同。我们根据环境污染危害阈值浓度原理，在“上海大气质量指数”模型中加入了大气危害评价因子，建立了森林旅游区大气质量评价指数模型（FAI）公式（5－2），其中危害评价因子的含义为森林旅游区对游客危害最大的大气污染物的最大浓度与居民生活区该污染物最高允许浓度之比。

$$FAI = \sqrt{\max\left(\frac{C_i}{S_i}\right)\left(\frac{1}{n}\sum_{i=1}^{n}\frac{C_i}{S_i} + \frac{C_{\max(F_{\max})}}{C_{\max(F_{\max})生}}\right)} \tag{5-2}$$

式中，*FAI* 为森林旅游区大气质量指数；$C_{\max(F_{\max})}$ 为对人体健康危害最大的污染物的最大（平均）浓度；$C_{\max(F_{\max})生}$ 为居民生活区允许的危害最大污染物的最大浓度；$C_{\max(F_{\max})}/C_{\max(F_{\max})生}$ 为危害评价因子；其他符号含义同公式（5－1）。

森林旅游区大气质量评价指数模型因加入了大气危害评价因子，其计算结果将比原模型偏大，用原评价标准来评判大气污染程度时，将可能导致评判结果偏重。但这对森林旅游区的大气污染控制和防治来说具有预警作用，有利于森林旅游区大气污染的控制和防治，因而是可以接受的。

由于目前还没有专门的森林旅游区大气质量指数标准，所以我们仍用原上海大气质量指数分级标准来评判（见表 5－13）。

**表 5－13　上海大气质量指数分级标准（%）**

| I 值 | <0.6 | 0.6～0.9 | 1.0～1.9 | 2.0～2.8 | >2.8 |
| --- | --- | --- | --- | --- | --- |
| 级　别 | 清　洁 | 轻污染 | 中污染 | 重污染 | 严重污染 |

## 【思考题】

1. 简述空气负离子的功效。
2. 简述植物精气的功效，以及采样方法。
3. 简述空气微生物对游客的危害。
4. 简述环境放射性剂量水平对游客的危害。
5. 简述噪声对人体的危害，国家对城市区域环境噪声的评价标准分为哪几类，各类的最大值标准是多少？
6. 森林旅游区的小气候一般有哪些特征？
7. 森林旅游区年舒适旅游期如何计算？
8. 简述森林的涵养水源作用。
9. 什么是大气环境，它对人类健康有何影响？

## 【案例 2】

### 空气负离子激活鼎湖山低迷的旅游市场①

一直以来，肇庆鼎湖山由于仅仅以“北回归线沙漠带上的绿洲”、“中国第一个国家自然保护区”、“中国首批世界生物圈保护区”以及“岭南名寺”这些直观旅游资源作为旅游区旅游主题形象，所以旅游者只是停留在“在庆云寺烧炷香，在飞水潭瀑布照张相”的观光旅游状态。1990—1993 年，游客人数年均 72 万人次，而 1994—1998 年，连续四年年均仅 54 万人次。如何激活和复苏鼎湖山乃至肇庆市旅游市场，成了摆在当时肇庆市和鼎湖山旅游管理者面前的一个难题。

为了解决鼎湖山旅游市场持续低迷问题，有关领导提出了利用森林生态环境质量提高核心竞争力的方案。很快，广东省肇庆市旅游委员会接纳了该方案并加以实施。1998 年 10 月，肇庆市委托中南林业科技大学（原中南林学院）吴楚材

① 根据吕健在 1998 年 12 月 13 日《人民日报》（海外版）发表的《人与自然和谐并进的典范——鼎湖山》一文整理。

教授及其领导的森林旅游研究中心，对鼎湖山森林空气中与人体健康有密切关联的空气负离子浓度、细菌含量和植物精气进行科学取样分析和测定。1998 年 12 月 13 日的《人民日报》（海外版）和 1998 年 12 月 19 日的《广州日报》分别公布了鼎湖山生态环境（空气）质量测定结果：鼎湖山主要树种中含有大量对人体健康有益的萜烯类化合物，主要植物群落分泌出来的植物精气含有十多种对人体健康有益的成分，并具有强力杀菌作用；由于鼎湖山森林茂密，溪流、瀑布、深潭四季不断，在喷筒电效应和在森林里紫外线、宇宙射线等作用下，产生具有除尘、杀菌作用的空气负离子，47 个监测点里，空气负离子浓度普遍都在 1000 个/$cm^3$ 以上，在避暑山庄至飞水潭的天溪流段普遍都在 10000 个/$cm^3$ 以上，在飞水潭右边 3m 处还测得当时在国内测定的最高值 105600 个/$cm^3$；空气中细菌含量在 10 个取样点中有 7 个取样点未检测出细菌，这种现象在国内罕见。

在广东省旅游局的支持下，“广东省’99 中国生态环境旅游年”开年仪式定于 1999 年 1 月 1 日在鼎湖山举行，开年仪式成为一个重大社会新闻。会后开始出现“到肇庆去，到鼎湖山去，到最佳空气负离子吸呼区去”的旅游热潮。1999 年和 2000 年，到鼎湖山旅游人数皆在 70 万人次以上，鼎湖山门票收入每年递增 1000 万元以上。

这样，鼎湖山乃至肇庆市旅游市场被全面激活了。全国性大众化生态旅游市场启动了。

# 第六章

# 森林旅游业

旅游产业不仅仅是传统意义上的服务业，也不是一般的第三产业，而是关联度高、带动力强的综合性产业。它在国民经济和第三产业中处于一个产业群的核心地位，发挥着带动其他产业发展的核心作用。森林旅游区的旅游开发，必须有旅游产业的介入与支持。旅游产业为森林旅游者进入旅游区提供了可能性。在森林旅游产业发展的过程中，与旅游有很大关系的行业有交通、住宿、餐饮、供水、供电、排水、邮政、通信、电视、商业、旅行社、旅游公司等，这些相关配套产业的发展制约着旅游的发展。本章论述各行业在森林旅游中的特点及地位。

## 第一节 森林旅游交通

旅游交通是指旅游者利用某种交通工具，实现从一个地点到另一个地点的空间转移的过程。若按形式分，主要有航空业、水路运输、公路运输、铁路运输四种形式构成；如按地域分，则有旅游区外部交通与旅游区内部交通之分。目前，理论界对外部交通及其形式讨论得比较多，现实中，铁路、民航、公路也成为旅游产业中的最大受益者。据测算，交通费用（主要指外部交通）在旅游花费中所占的比例高达80%之多。但对旅游区内部的交通形式、交通产业现在研究得仍然较少。

### 一、旅游区外部交通形式

#### （一）航空运输

民航业由设备制造商、飞机场、空中航行和交通管理机构、航空公司四大块组成。飞机设备制造商包括生产商用飞机的公司和生产发动机的公司。当前世界大型客机制造业市场被波音飞机公司、空中客车工业公司和麦克唐纳—道格拉斯公司3家制造商垄断。发动机市场被普拉特和惠特尼公司、罗尔斯—罗伊斯公司、通用电气公司三大公司主宰。飞机场的所有权可以属于国家、地方政府、私人，其利润来源于收取停机费、收取着陆费、收取人均旅客费、销售免税商品。航空公司要开辟新的航线时，需要向机场申请跑道。空中交通管理一般不属于旅游业范畴，其主要职能是引导飞机出飞机场、入飞机场，向飞行员提供地面状况、风速、云雾情况，使用跑道以及航行辅助设施的状态等详细信息，指示飞行员应飞行的高度及方向，并对规定的地理范围内飞行的所有飞机负责。航空公司一般提供 3 种服务：一是计划服务，即国家规定的固定航班服务，一般有公布的时间表，其飞行不管游客数量多少（1 个人也要飞）；二是租赁服务，不需要按国家公布的时间表飞行，而是把飞机按固定费用包租给中间人（通常是旅行社），这些中间人负责出售机票，航空公司负责飞行，中间人可以改变航班出发时间甚至取消航班；三是空中出租车服务，空中出租车是可以装载 4 ~ 18 人的私人包租飞机，专门供商务旅行者使用，线路可以由乘客确定，航程一般在 500 ~ 600 英里之间。

航空成本由基本投资和运营费及飞机自身特征组成。基本投资是指购买飞机的价格和以后购买零部件的费用。一架 747 飞机约要 1 亿英镑。航空的基本投资非常巨大，所以很多航空公司一般购买旧飞机，或租用飞机，有的还出售现有飞机再租用飞机。所有的运营成本都是用每飞行小时的成本来计算的，飞行小时以机体飞行小时为准，其费用包括直接费用和间接费用。直接费用包括飞行费、维修费、折旧费、保险费、机场费、航行费。其中飞行费包括机组人员工资、燃料、飞行时的饮食供应费；机场费包括着陆费、停机费、旅客人均费；航行费根据飞机的重量以及飞行地区和距离而各有不同；保险费包括机体保险费、公众责任和财产保险费（第三者保险）和乘客责任保险费三类，机体保险费通常最贵（国外保险费每年达到飞机购买价格的 3% 左右）；折旧费是直接使用成本中的主要项目，由于科学技术不断进步，飞机的有效经济寿命和使用寿命都在变化，必然会影响折旧。间接费用不能列入直接劳动或材料的杂项开支，包括所有飞行之外的开支，如营销、水电费、差旅费、制服费、劳动保护费、票证印刷费、地面服务费用、管理费用等。需要注意的是，不论飞机飞行与否，许多间接费用都在不断地发生，最后导致总的小时使用成本增加。如果因成本增加再导致飞机费用的增加，使用户减少，飞行小时数减少，从而进一步导致成本增加，就造成恶性循环，这是营运者必须避免的。

航空公司和旅游产业的关系主要有两层作用：一是航空公司业务对旅游产业的保障作用，二是航空公司业务对旅游产业的拉动作用。下面我们用一个案例来说明航空公司与旅行社的协议价格原理。

如果你作为散客到航空公司的机票销售点购买一张从北京去张家界的机票，打七折后假设是1000元，但旅行社根据其和航空公司的协议去购买同样的机票，可能只要400元。为什么航空公司会给旅行社这么大的优惠呢？

下面以计算这架飞机的成本和利润为例，分析其中的原因。

假设这架飞机有140个座位，往返于北京与张家界之间。按照上文的航空成本来折算，每往返飞行一次需要固定成本104000元，包括飞机燃料、机组人员工资、飞机折旧费、购买飞机资金贷款的利息等。另外，飞机乘客一般享受一次午餐、饮料等，假设这些成本折算起来平均每人50元。设定每次航班卖出110个座位，平均每个座位卖1000元，那么飞行一次的成本为：

104000+（50×110）=109500（元）。

而总收入为：110（座）×1000（元/座）=110000（元）。

飞行利润为：110000－109500=500（元）。

然而，航空公司不能保证每次能卖出110个座位，当乘客为109个时，就少卖出一个座位1000元，而飞行成本只减少50元，固定成本如飞机油、飞行员工资等都不会少，那么经计算：

成本为：104000+（50×109）=109450（元）。

收入为：109×1000=109000（元）。

亏损数为：109000－109450=450（元）。

就是说，每少一个乘客，航空公司就亏450元。并且，当某次航行只有1个乘客时，航空公司即使亏本也必须送这位乘客。所以，航空公司在销售上的压力非常大。这时如果旅行社同意包下25个座位，那么航空公司在销售上会减轻一点压力。当然，前提是航空公司必须在价格上给予旅行社一定程度上的优惠。这时必须考虑两个问题：一是航空公司必须赚钱，至少要收取每个游客的餐饮费50元；二是旅行社得到的机票价格必须低于航空公司的对外售价（包括打折后的价格）。所以旅行社的包销价格只能在50~800元之间浮动。

经过谈判，航空公司假设同意以400元的协议价格卖给旅行社25个座位。这时，双方得到的利益如下。

对于航空公司来讲，航空公司的预算为：

总成本为110750元。其中，固定成本为104000元，可变成本为6750元。

可变成本的计算方法是：135×50=6750（元）。

其中，135为航空公司自己负责销售的110座加上旅行社包销的25座；50为每名乘客在飞机上的餐饮费等。

总收入为120000元。其中，以1000元卖出110个座位，收入为110000元；

包给旅行社以400元卖出25个座位，收入为10000元。

利润为9750元。

这样一来，航空公司有利可图，因此支持这种方案。

对于旅行社来讲，400元买进的票，在旅游团体报价时，以500元卖给游客，每个座位还赚100元。

可能会出现这样一种情况：航空公司以400元的价格卖给旅行社，或许有的旅行社会专门拉客坐飞机，用低于市场上的价格如450元、500元、600元等卖给旅客。那么，旅行社通过这种不正当的手段拉走了航空公司顾客的行为，航空公司当然不能允许。所以在谈判时，航空公司一般会规定，旅行社所销售的机票，只能用于旅行社组织的包价旅游。在实际旅游活动中，有的大型国际旅游经营商，或许会单独包租一架飞机，或者与其他旅游经营商一起合包一架飞机；有的甚至买下并经营一个航空公司。但这种前提必须是旅行社建立了自己的旅游客源市场。同时，很多航空公司自己开办旅行社，其目的正是为了实现利润的最大化。

### （二）水运

水运是以各类船舶为交通工具、以水运航路为交通航线、以港口码头为停靠站的交通运输方式，主要用于短途客运和长途水上游览，约承担7.5%的国际旅游交通运输量。旅游水运的主要优点是豪华舒适、价格低廉，其缺点是速度慢、时间长，主要用于度假旅游。旅游水运有远洋班轮、邮轮、短程海船（或渡船）、内陆水道旅游船、私人游艇等多种形式。

#### 1. 远洋班轮

远洋航行是在从港口到港口的基础上为游客提供的运输方式。目前这种运输形式已很少存在。原因在于，自20世纪50年代以来，随着航空业的发展，飞机票价降低，运输时间缩短，乘客纷纷放弃乘船方式，转向乘飞机。1957年开始乘飞机跨越大西洋的旅客就超过乘船的旅客。另外，随着燃料价格和劳动力价格上涨，使海运成本提高，所以当前坐船远航的旅客一般是航海爱好者、害怕乘飞机的人，并且有充裕的时间的人，但这部分人为数很少。目前，远洋班轮重点转向货运。

#### 2. 邮轮

20世纪50年代以来，客运业逐渐将其重点从固定航线客运转向邮轮业务。70年代世界上出现了1.8万~2.2万吨的专门设计的邮轮，可载650~850人。90年代出现了5万~7万吨的邮轮，载客超过2000人。与其他方式的旅游相比，邮轮度假具有轻松、舒适、游览地方多等好处，很适合现代人的需求。同时，邮轮在提供的服务功能上有很大的改进，可以全方位地满足各类客人的各种需要。如设有游泳池、健身房、花园、球场、娱乐室、夜总会、美容厅、按摩室、桑拿室、高档餐厅、剧院、商店、银行、图书馆等。20 世纪 90 年代以来，豪华邮轮业出现稳定快速发展趋势，平均每年增长 7.6%，其客源市场主要集中在美国、英国、德国、法国。美国是第一大游轮客源市场，占全球的 80%，英国为第二，每年达 20 万人。

3. 短程海船（或渡船）

现代意义上的渡船一词，包含多种形式的短途水上运输。这种旅游形式主要出现在岛屿旅游上，它随着私家汽车旅游的发展而迅速壮大。

4. 内陆水道旅游船

江河、湖泊、运河等吸引了许多渴望水上旅游的游客。国内的长江、黄河等河流及国外的尼罗河、多瑙河、密西西比河、莱茵河、亚马孙河等都是内陆游船的集中地。这一类产品是在船上住或者在船上吃、在岸上游，是一种复合型的产品。另外在中国市场上，近海型旅游船已经成为远洋型邮轮的一种替代性产品。在许多水库或大型码头、港湾，人们将旅游船改造利用，发展旅游项目，出现了供游乐而不是运输的游乐船。它属于短程旅游产品，单体规模比较小，所对应的市场主要是大众化的市场。因此，能够吸引大量的旅游者，规格也有各种层次，有豪华级也有基础级。有的游乐船上有客房、餐厅、单独的卫生间、夜总会等，也有“水上的士”、“水上公共汽车”等。

5. 游艇

游艇运动起源于 17 世纪的英国，从本质上来说是贵族消费，也是一种贵族文化的体现。按照国际经验，当地区人均 GDP 达到 3000 美元时，游艇经济开始萌芽。目前我国沿海多个城市达到游艇经济的这一临界点。在西方，游艇消费基本上有三种模式：一是合伙制，共同购买游艇，消费游艇；二是会员制的消费；三是个人拥有游艇个人消费。国际游艇设施委员会的调查显示，目前世界游艇年消费额高达 400 亿美元，如果加上相关的维修、管理、娱乐等费用，全球每年游艇经济收入超过 500 亿美元。

### （三）铁路运输

铁路属于轨道交通体系。传统意义的铁路是将动力转化为轮轨作用力，使车体移动，达到运输货物和旅客的目的。铁路是一种最早发展起来的近代运输工具，在世界各国广泛地运用于长距离、大运量的客货运输。近年来，铁路遇到了公路和航空的挑战，这种挑战正在促使铁路加快内部的改革和技术的创新。目前，世界铁路在向高速、重载和多式运输发展。据统计，约有6.4%的国际旅游者选择火车出行。2005年，中国的入境旅游者中，将近161万名游客选择乘坐火车入境，占到国际游客总人数的1.3%。其主要优点是客运量大、费用低、受气候影响小、安全正点；其缺点是铁路很难形成较细的网络，灵活性比较差，占用土地多，工程量浩大，铺设铁轨和购买机车投资非常大。

### （四）公路运输

以汽车为主要交通工具，以公路为交通线路，主要从事短中程旅游客运。公路运输是世界上最普遍、最重要的短途运输方式，该方式所占比重高达66%～69%。承担世界上一半以上的国际旅游者运输量。汽车旅游的主要优点是自由灵活、便利高效，有较大的独立性，对自然条件的适应力强。

## 二、旅游区内部交通形式

旅游区交通，不仅指旅游者从出发地到目的地，再从目的地返回出发地的过程，也包括其在目的地内利用交通工具游览的过程。森林旅游区内部交通主要有环保汽车、旅游索道、游船、游排、滑竿、人力车、畜力车、电瓶车、自行车等形式。其中，有些交通形式也是一种旅游活动形式，如漂流。这些交通产业，人们一般习惯于将其纳入旅游景区经营范畴，有些经营收入还直接包含在门票内，如国内就有很多景区将环保汽车的费用直接捆绑在门票内。

面对汽车等交通工具对景区环境的冲击压力，国内外普遍采用环保汽车作为景区内的主要交通工具。当前，这一趋势逐渐成为我国森林旅游区内部交通的主流。九寨沟为解决汽车尾气对景区大气的污染，景区内开通了以液化石油气为燃料的300多辆绿色观光车，以公交运输方式把每天一万多游客运进送出。在九寨沟，除了绿色观光车，只有工程车和抢险车允许入内。武当山景区也实施封闭管理，旅游环保车队正式投入运营，非工作用车一律停靠游客中心停车场（包括自驾车），游客必须改乘环保车进入景区。

对于森林旅游区是否修建索道的问题，专家们的意见不统一。反对修建索道的人的一个主要理由是旅游区内修建索道会破坏景区内植被和地貌，进而影响到景区的生态价值。支持修建索道的人认为，与汽车公路和步行盘山道相比，架空索道具有如下特点：可按实际地形随坡就势架设，无须修筑桥梁、涵洞，不需开挖大量土石方，对地形、地貌及自然环境的破坏小；站房配置紧凑，占地面积小，支架占地更少；索道一般采用电力驱动，没有“三废”的排放，噪声污染较小，适合环保的要求；基建投资一般比汽车公路和步行盘山道少，经营费用低，经济效益好，投资回收快[①]。我国索道行业起步发展的时间非常短，20 世纪 70 年代之前，中国还没有旅游客运索道，80 年代之后，索道业进入快速发展的时期，到 90 年代，发展速度达到高峰。经过二十余年的发展，中国客运索道的数量已经达到 400 条左右。然而这个数量仅占世界索道总数的 1% 强，而索道数量最多的法国有 4200 多条，就连奥地利这样的欧洲小国也有 3300 多条[②]。

滑竿是中国江南各地山区特有的一种供人乘坐的传统交通工具。用两根结实的长竹竿绑扎成担架，中间架以竹片编成的躺椅或用绳索结成的坐兜，前垂脚踏板。乘坐时，人坐在椅中或兜中，可半坐半卧，由两轿夫前后肩抬而行。滑竿在上坡时，人坐得最稳；下坡时，也少有因倾斜而产生的恐惧感；尤其走平路时，因竹竿有弹性，行走时上下颤动，更能给人以充分的享受，且可减轻乘者的疲劳。中国西南各省山区面积广大，因此滑竿最为盛行。特别是峨眉山上的竹椅滑竿，流传了几千年。滑竿的意义已不局限于交通工具，更是当地民间习俗的一种体现。20 世纪 80 年代以后，在中国许多旅游区，这种旧式的交通工具与现代化的汽车、索道、缆车并用，是当地旅游交通的一个重要成员。

马车是森林旅游区的一种常见交通工具。广西桂林市兴安县 2007 年推出的一个旅游服务项目：让身着秦朝服饰，佩戴盔甲和兵器的“秦朝士兵”，威风凛凛地驾着别具秦朝遗风的仿古马车，载着现代的打扮时尚的游客行走在旅游景区，成为传承两千多年古灵渠历史文化特色的一道亮丽风景线。

对于景区内的旅游交通，长期以来由于缺乏科学规划，影响了景区旅游业的可持续发展。主要表现在：一是旅游交通道路建设筹资障碍，市场经济条件下的企业追逐“立竿见影”的投资回报，不愿对旅游交通建设做长期投资；二是旅游交通道路建设主体模糊，专线道路建设的主体不明确，使一些旅游专线成为断头路或路况差，旅游区（点）的整体形象受到损害；三是旅游区管理体制障碍，有的国家级风景名胜区，山上、山麓、山下、景区内，各有各的“婆婆”，各行其政，相互制约；四是旅游交通发展与环境保护矛盾的障碍，在旅游交通开发建设中，只注重缩短空间距离、节约直接成本，而忽视构成旅游资源的核心成分——自然生态环境，可能被永久破坏；五是旅游交通价值观错位的障碍，旅游商们尽可能地聚集资源，不惧风险地搞高级宾馆酒店建设、搞人造旅游景观开发，对旅游交通的前景缺乏忧患意识，对旅游交通的建设采取冷漠的态度[③]。

---

① 蒋宁．浅谈风景名胜区内旅游索道存在的合理性［J］．旅游学刊，2000（6）．

② 蒋宁．旅游索道业的现状及其发展趋势［J］．泰安教育学院学报岱宗学刊，2006（2）．

③ 周新年，林炎．我国旅游交通现状与发展对策［J］．综合运输，2004（11）．

【案例1】

## 不同利益相关者对特殊旅游交通工具的态度调查①

有"世界第一梯"之称的"张家界百龙天梯"从建成之日起，争论就一直没有停止过。2002年9月30日这座巨型电梯在众多专家和媒体的质疑声中被建设部门叫停。而2003年8月7日，百龙电梯公司又宣布开始营业，目前以每天2000人次的数量运营。为什么要启用这个备受争议、已停运10个月的电梯呢？

### 百龙公司：办好安全手续就可营业

8月15日，央视《经济半小时》记者来到张家界时，百龙电梯已经在是否影响自然景观的争议声中重新营业了。至于为何重新营业，张家界市旅游局副局长于国鑫的理由无疑具有代表性："如同一个孩子生下来以后，他就应该受法律保护，就应该让他健康美丽地长大。"但对于观光电梯是否破坏了自然景观，于国鑫没有正面回答。

为保护上万年前形成的罕见地质遗迹——石英砂岩峰林，2001年百龙电梯建设期间，张家界被评为国家地质公园，电梯正是建在这样一座砂岩山峰上。在许多人看来，在地质遗迹上建造电梯，叫停是自然而然的。那么如今它又重新运营，是不是解决了这个问题呢？对于此次重新营业，作为工程建设者的百龙电梯公司总经理孙德隆认为，关键是解决了安全方面的问题，公司在办理好安全方面的手续后，就可以开始正式营业了。张家界市建设局局长彭清化证实，电梯的运营有合法手续。

### 环保部门：没有最终决定权

在1999年百龙电梯动工之前，张家界环保局在论证报告中就指出，应考虑该工程对自然景观的破坏。这正是各界质疑的焦点。10个月后，重新营业的百龙电梯是否解决了这些问题呢？

张家界环保局自然保护科科长彭汉寿告诉记者："应该说电梯对景观还是有影响的。从景观的角度来要求，一是建筑的体量不能高于山峰；第二，色彩颜色要和周围景观协调，就是说它和景观周围石英砂岩还是不协调。"

调查中，我们了解到，百龙电梯项目在1997年编制了环境影响评价报告，

① 摘自李春岩，寿蓓蓓2003年8月22日在北京青年报发表的《张家界天梯"上下"都尴尬》一文。

1998年湖南省环保局审批通过，这就相当于在环保部门取得了“准生证”，而这次电梯重新营业，环保局甚至毫不知情。彭汉寿告诉记者，从行政职能上，风景名胜区的管理工作归属于建设部门，因此环保部门没有最终的决定权。在彭汉寿看来，拆除电梯将是一个最好的方法。

### 建设部门：没有拆电梯的想法

那么建设部门是否有拆除电梯的打算呢？张家界武陵源区负责建设的杨新明区长明确地告诉记者没有拆除电梯的想法，“区政府、区委也不会有这个想法”。同时，杨新明还告诉记者，建设百龙电梯是按1990年武陵源风景名胜区总体规划进行的。

据了解，城市规划一般5年修编一次，新的规划还在审定之中，1990年编制的规划现在处于冻结状态。对此，负责景区总体规划修编工作的张家界市建设局原总工程师覃正行表示：“老规划里有些项目确实跟现在的时代要求、环境保护的要求、风景名胜区资源保护要求不一致。那就要慎重，尽量组织专家进行论证。”而对于论证，作为反对在风景名胜区建电梯的代表人物的北京大学教授谢凝高持有异议：“一个项目找一些观点相同的赞成的专家来进行论证，持反对意见的就不请。”

### 税收部门：一天税收一万块

新规划仍在制定中，争议仍在继续。然而百龙电梯已经以每天2000人次的数量开始运营。售票处的人算了一笔账：以上行电梯为53元，下行电梯为43元计算，平均一天百龙电梯的门票收入有近20万元。张家界武陵源地税局办公室主任莫胜众更是提到了百龙电梯和发展当地经济的关系：“现在都是按5%征税，一天就是一万块钱，那一年可以给我们三百万元的税收。这个数字大概占我们整个税收的二十分之一。”

## 第二节　森林旅游饭店

饭店业一直是旅游产业的重要组成部分，其本身不仅是一个规模大、辐射力度强、个性特色鲜明的独立产业群体，同时在旅游产业大家庭中扮演着非常明显，且广受关注的先锋角色，成为旅游经济和旅游区社会发展的重要力量。森林旅游饭店由于受特殊自然环境的影响，它与一般的饭店还有着诸多不同之处。

## 一、森林旅游饭店的发展方向

许多森林旅游区都是生态脆弱区，建造酒店最直接的影响是破坏野生动物和植物生境，带来水土流失等问题，间接的影响是大量的酒店废弃物会造成环境污染。研究表明，酒店的噪声、污水、废气等对景区环境的干扰非常严重。九寨沟开发之初，政府鼓励建设家庭式旅馆，一时间建筑规模急剧膨胀，高峰时期景区内拥有7000张床位，给生态环境带来很大压力，受到了国内外的密切关注。2002年开始，景区实行“沟外住，沟内游”，把旅游服务设施迁到沟外，不再允许景区内住宿，拆除不符合景区风格的现代建筑物15万 $m^2$，还九寨沟原始风貌。1998年，作为我国首批列入世界自然遗产名录的风景名胜区，张家界武陵源景区却因存在大量粗制滥造的人工建筑，被联合国遗产委员会官员出示了黄牌，并被限令全部拆除。2001年9月开始，面积达19万 $m^2$ 的景区内建筑全部拆除，拆除物总价值超过2亿元，其中不少酒店是张家界武陵源风景区被列入世界遗产名录后建成的，很多连成本都没收回。

作为以保护生态环境为主要目的的森林旅游区，其饭店应该向旅游卫星城镇转移。旅游卫星城镇的职能是为森林旅游景区（母城）承担商业、居住、餐饮、交通集散等功能。随着国家城镇化计划的发展，当前我国的森林旅游区应逐步引导区内居民和旅游饭店迁往区外的旅游卫星城镇，并要进行总体规划，严格控制酒店设施和接待规模。

拆迁是饭店产业支持森林旅游区可持续发展的理想举措。当然，这一举措对于大多数森林旅游区而言，难度非常大。如少数特大型森林旅游区中居住了一些土生土长的居民，全部拆迁出去是不太现实的。事实上，对于非生态敏感区，适量的旅游接待设施也可以被旅游区接受。但允许森林旅游区适量建设接待设施，并不是没有节制的，其前提是科学规划和严格控制接待规模。坚决反对建设大规模的酒店，鼓励建设分散经营的小型家庭旅馆、森林小木屋和野营设施。

## 二、可持续发展要求下森林旅游饭店形式

### （一）森林木屋

森林木屋由于配置灵活、造型别致、拆装方便，逐渐成为旅游区度假的热门选择对象。当前，许多专业制造公司为迎合市场需求，在森林木屋上融合了一些科技技术，使森林木屋更加环保、舒适和安全。如出现了可移动板式组合木屋，结构灵活，可以随便拆装。木材经防腐、防虫、阻燃处理，经久耐用。同时，木

质结构墙体隔热保温，居室设计宽敞、舒适、自由组合，无须再装修。国内许多森林旅游区都采用了这种形式作为接待设施。

### （二）帐篷

帐篷具有防风防御防雪防寒、防尘防蚊防虫的功能，是世界上一种古老的住宿设施。帐篷的类型多种多样。如大的家庭用帐篷可以容纳4~6人，有时甚至更多。而露营袋（Bivy sacks，或译作睡袋式帐篷，帐袋）只能容纳下一个人和他的睡具。

### （三）乡村旅馆

乡村旅馆是旅游区以农家屋为基础、以农民为经营主体的民居接待设施，是家庭旅馆的一种形式。家庭旅馆是指以经营为主体的旅馆。一般是利用自己的住宅改造为旅馆，为客人提供食宿。这种家庭旅馆成本低、价格低、规模小，是近年来国内蓬勃发展的新兴客屋服务方式。家庭旅馆实际是一种自己管理自己的小型旅馆，可分为农舍旅馆、青年旅馆、汽车旅馆、公寓式旅馆等。近年来，以乡村旅馆为主体的农家乐在全国各地迅速发展，成为旅游经济的重要增长点。成都是“农家乐”旅游的发祥地，也是农家乐旅游发展最具规模、档次较高、管理较规范、经济效益和社会效益较好的地区。都江堰市1000多家农家乐自2008年开始从现在的粗放式、自发式经营，向规模化、精品化、集约化的乡村酒店经营转变。烟台市长岛，通过开展“渔家乐”，让游客们吃渔家饭、睡渔家炕，体会渔家民俗，广大农民取得了可观的经济效益，使往日的“海天岛国”成为休闲的乐土。重庆市黔江区近年来依托城市郊区和风景区，大力发展融餐饮、娱乐、住宿为一体的观光、休闲旅游的“农家乐”，一般每户每月可接待游客1500人次，周末高峰期，每天可接待200人次以上。湖南省的“农家乐”旅游从1996年兴起，2001年在湖南省政府的大力倡导下全面启动。湖南省旅游局提供的数据表明，截至2005年年底，湖南省乡村旅游仅农家乐已发展到3646家，年接待游客1500余万人次，实现旅游收入10亿元人民币，相当于湖南省国内旅游客流量的四分之一。可以预见，乡村旅馆将成为森林旅游产业中的一支生力军，它将在发展的同时直接带动森林旅游区经济的发展。

### （四）森林人家

森林人家是福建省以良好的森林环境为背景，以有较高游憩价值的景观为依托，充分利用森林生态资源和乡土特色产品，融森林文化与民俗风情为一体，为游客提供吃、住、娱等服务的健康休闲型品牌旅游产品。旅游者通过森林人家进入大自然，享受森林之美，感受大自然的神奇，从而最大限度地满足其生理、心理、保健和精神等方面的需求。森林人家突出了“家”的概念，让旅游者“进得来、住得下、留得住、回得去”，是森林旅游由观光型向休闲度假型转变的重要过渡形式。

“森林人家”建设初期，福建省林业厅在全省林区建立了20户“森林人家”示范点，对每个示范点补助10万元人民币。现在福建省的“森林人家”已步入健康发展和科学管理阶段。“森林人家”有统一的标识、服饰、餐具、旗幌、灯笼、饰品等。“森林人家”有严格的准入条件和等级评定标准，有行业规范和发展规划。

福建省先后制定《森林人家管理暂行办法》、《森林人家建设指导意见》、《省级森林人家示范点扶持资金使用管理办法》、《森林人家基本条件》、《森林人家等级划分与评定》等一系列的规章制度，“森林人家”的管理和建设已步入统一管理、统一标准、统一营销的阶段。

目前，福建省已有“森林人家”339户。2007年全省“森林人家”接待游客157万人次，旅游直接收入6000万元，建宁县高峰村9户“森林人家”在国庆节黄金周期间，接待游客1.2万人次，营业收入38万元。“森林人家”培养林业经济新的增长点，建设生态文明，推动和谐林区建设，造福林农，取得了良好的经济效益、社会效益、生态效益。

“森林人家”是具有福建特色的乡村旅游形式，由福建省林业厅首创，是福建森林旅游的重要组成部分。

**【案例2】**

## 湖南桃源洞国家森林公园的家庭旅馆

### 一、家庭旅馆概况

桃源洞国家森林公园1992年由林业部批准建立，位于湖南省炎陵县东北部，境内有村民72户，目前已有23户村民开办了家庭旅馆，其中楠木坝12家、桃源洞村9家、田心里2家。其规模和经营项目见表1。

表1　桃源洞的部分家庭旅馆状况

| 序号 | 地　点 | 店　名 | 经营项目及规模 | 备　　注 |
|---|---|---|---|---|
| 1 | 楠木坝 | 嘉谷木屋 | 16个床位,只住宿 | 委托村民经营 |
| 2 | 楠木坝 | 楼外楼农家宴 | 3桌,1间房1张大床 | 老板1人全揽 |
| 3 | 楠木坝 | 万邱农家宴 | 3桌,2间房2张大床 | 夫妻店 |
| 4 | 楠木坝 | 阿雪农家宴 | 4桌,3间房3张大床 | 夫妻店 |
| 5 | 楠木坝 | 小平农家宴 | 4桌,3间房 | 夫妻店 |
| 6 | 楠木坝 | 松杉农家宴 | 4桌,3间房 | 夫妻店 |
| 7 | 楠木坝 | 开发餐馆 | 4桌,3间房 | 夫妻店 |
| 8 | 楠木坝 | 桃源农家宴 | 6桌,4间房 | 全家经营 |
| 9 | 楠木坝 | 赖姐农家宴 | 4桌店面 | 兼营土特产 |
| 10 | 楠木坝 | 桥头小店 | 1桌店面 | 兼营日杂零食 |
| 11 | 楠木坝 | 钟老板店 | 2桌店面 | 兼营土特产 |
| 12 | 楠木坝 | 奇石工艺馆 | 兼营餐馆 | 销售奇石、根雕 |
| 13 | 桃源洞村 | 桃庄农家宴 | 3桌,9床席梦思 | 可包月度假 |
| 14 | 桃源洞村 | 小兰农家宴 | 10桌,14床 | 一家四口经营,不包月 |
| 15 | 桃源洞村 | 山庄农家宴 | 5桌,15床 | 可包月度假 |
| 16 | 桃源洞村 | 香玲农家宴 | 6桌,16床 | 可包月度假 |
| 17 | 桃源洞村 | 好运来农家宴 | 1桌,3间房5张大床 | 可包月,兼导游,兼营土特产、杂货、水果 |
| 18 | 桃源洞村 | 神农谷小木屋 | 2层木楼,20间房 | 待开业 |
| 19 | 桃源洞村 | 桃源农家宴 | 4桌,16床 | 可包月度假 |
| 20 | 桃源洞村 | 春兰农家宴 | 4桌,16床 | 可包月度假 |
| 21 | 桃源洞村 | 桃花溪畔万家宴 | 4桌,8床 | 兼营野生动物园 |
| 22 | 田心里 | 留香饭店 | 4桌,6床 | 可包月度假 |
| 23 | 田心里 | 王双谷饭店 | 4桌,10床 | 可包月度假 |

表1中所列23个家庭旅馆，仅嘉谷木屋的老板是曾经下放桃源洞现已回城的知青，委托当地村民经营，只接待住宿不供应饭菜，其余22家，家家有吃有住。此外，桃源洞村还有一些农户，虽未挂牌经营，但接待规模还不小，例如有一户农民家有一次接待12名株洲度假旅游者，包吃包住40多天，这12名旅游者中，有3名戏剧爱好者，每天下午至傍晚自拉自唱自演，不仅自娱自乐，还吸引许多游客和村民参与，气氛热烈融洽。

这些农民家庭旅馆除供应住宿和早中晚餐外，有的还供应夜宵，有半数家庭旅馆兼营日杂、水果、地方土特产等。有的游客夜宿旅馆，白天去登山、游览周边景区；有的游客自采粽叶包粽子。例如8月7日住“香玲农家宴”的8位游客就自包红枣糯米粽，既自我娱乐又自我享受。住“桃花溪畔万家宴”的游客，有的天天步行至珠帘瀑布静坐洗肺；有的打麻将，玩扑克牌。还有游客定期全家来这种农民家庭旅馆休憩、团聚，例如长沙一位中年游客2007年7月率8位员工自驾车来“春兰农家宴”度假一周，8月又率其岳母、妻、女一家4口入住“春兰农家宴”休憩度假。有的游客还带宠物下乡度假。

## 二、景区农民开办家庭旅馆造福林农

### （一）经济效益

家庭旅馆的经济效益，视经营规模和经营水平差异很大。以桃源洞中规模最小的家庭旅馆为例，1人经营1个门面，仅有1间小厨房、1间地下室客房，老板60多岁，腿有点不方便，经营的“楼外楼农家宴”可同时开3桌，从早餐到夜宵都有供应，1间地下室客房内放1张大床，可躺3人。笔者到访时，有1对年轻夫妇带1个小孩在该店度周末。客餐8～10元/人·餐，若要加菜，价格另计。外地客人房费30～40元/间，本县客人20元/间。如此经营，这位残疾老人1年可收入3万～4万元。规模较大、经营较好、回头客多的家庭旅馆，年收入可达70万～80万元，2006年有一户家庭旅馆从地税局开出的发票达30多万元，而索取发票的客人仅是游客总数的40%左右。可见，依托森林公园，开办家庭旅馆，使农民脱贫致富，是森林旅游业带动社区经济可持续发展的重要途径之一。

### （二）生态效益

提供优越环境，促进人与自然和谐相处。作者在桃源洞国家森林公园见到的游客投入大自然怀抱，或登山、或戏水、或闲坐、或自娱自乐，完完全全地融入自然，尽情地享受自然，游客们在享受自然的同时，对森林公园的山水林木珍爱有加，体现了人与自然的和谐共处。

人与人和谐共处，促进社会文明进步。游客与旅馆业主之间礼貌相待、宾主亲如一家；游客与游客之间来自五湖四海，住进同一旅馆，虽然初次相识，却似久别重逢，相互关心，相互体谅，和谐相处；旅馆业主与业主之间忙闲不均时，劳力相互调节，饭菜相互周转，不是一家，胜似一家。呈现一派社会文明进步的新风尚。

### （三）社会效益

提供就业机会，促进社会安定。桃源洞国家森林公园现有的23家家庭旅馆，平均每个旅馆解决2～3人就业，共提供了46～69个就业岗位。开家庭旅馆农户占农户总数的32%，就业人数占农民总人口的14%。至2007年底，我国已建立2151处森林公园，面积1513万 $hm^2$，其中国家级森林公园686处，面积1124万 $hm^2$。全国2151处森林公园仅开办家庭旅馆一项提供的就业机会就十分可观。

改善交通条件，促进新农村建设。桃源洞国家森林公园沿万洋河、桃花溪等地修建了一条沥青路面的景区公路。随着交通条件改善，旅游者增多，家庭旅馆不断涌现，原来散居在桃源洞村半山坡上的农户，因旅游公路的修建，农户们沿公路建新房，开旅馆，形成了一条面目全新的小街。森林公园的建设，带动了社区经济发展，增加了农民收入，促进了新农村建设。

## 三、景区居民开办家庭旅馆存在的问题

### （一）缺乏统一规划，房屋建筑质量差异大

桃源洞国家森林公园建园初期，接待设施不足，公园引导和扶植素质较好的农户开办了第一家农民家庭旅馆，因经济效益可观，其他农户蜂拥而上，在公路边圈地建房，开设旅馆；但因各农户的经济条件不一，开设旅馆的房屋质量差异很大。有的设施完善，居住安全、舒适；有的过分简陋，不安全，不舒适。景区内的23家农民开办的家庭旅馆有21家是沿旅游公路新建的房屋，其中有2家2层木楼室内摆设雅致得体，充满森林芬芳，令人感觉舒爽；有7家2层楼的砖瓦房在桃源村沿公路排成一列，房屋内外贴有瓷砖，宾客盈门、生意兴隆，但各家房屋高矮不一、门面宽窄不一，外墙颜色纷杂，总体视觉效果差；楠木坝的12家农民餐馆中，有11家是从别处拆迁来的旧木板房，新旧不一、大小不一，排列无序，有的过分简陋，居室肮脏，虽说房价低廉，但居住不安全、不舒适，甚至是一种视觉污染。

### （二）缺乏排污设施，污染生态环境

桃源洞国家森林公园中的桃源洞宾馆门前不远有一个垃圾池，垃圾不是运走或填埋，而是点火焚烧，40多个床位宾馆的全部垃圾倒入池内点火焚烧，雨天点不着，晴天垃圾焚烧时，释放的烟雾又臭又有毒，造成空气污染。夏天住桃源洞宾馆的客人及附近社区居民，傍晚无法出门乘凉。桃源洞村的家庭旅馆杀鸡宰鸭拔毛，全在桃花溪边进行。游客们溪边游玩戏水时，总见一堆又一堆鸡毛和鸭毛，造成视觉污染；洗碗、刷锅等生活污水直接排入桃花溪，致使下游的珠帘瀑布落水潭的水面上有时漂浮油珠，污染了景区水体。

### （三）旅馆卫生设施差，业主见识少技能差

桃源洞国家森林公园的20多家农民家庭旅馆，没有一家经过培训，个别业主没出过远门，只会自以为是，样样都觉得自己好，技能很难提高。一位株洲旅

游者与笔者交谈时说，“老板没见识，又听不进别人的建议，这里比南岳差多了”。有的旅馆屋内卫生间虽有花洒龙头淋浴、洗脸盆、蹲便器等设施，但因面积偏小、设施维护不当，污垢锈斑不少，旺季早晚拥挤，需排队使用。有一位长沙客人说“十来个客人住在一家，只有一间厕所，洗漱全在里边，早晚实在难等”。

针对以上问题政府主管部门应加大监管力度，改善经营管理，保护生态环境，进一步加快新农村建设。

### 四、对提高景区家庭旅馆服务质量的建议

**（一）统一规划，合理安排**

景区开办家庭旅馆是一种较为普遍的现象，也是对景区接待设施的一种补充；但数量过多会影响宾馆酒店的入住率，质量过差有损景区形象。各个景区对家庭旅馆的房屋建筑的建筑风格、色彩、体量应当有统一要求，对家庭旅馆的数量和布局应当纳入景区总体规划，统一规划、合理安排。

**（二）加强监管，组织技术培训**

景区允许社区居民开办家庭旅馆和参与旅游经营，是景区促进社区经济发展的重要途径之一。地方政府和景区对家庭旅馆负有监督管理的责任，为保证景区家庭旅馆健康发展和旅游者的身心健康，家庭旅馆经营者和服务人员必须持证上岗，一般必须持有下列证件：旅游管理部门的许可证；工商行政部门的营业证；卫生防疫部门的卫生许可证；县级以上医院的健康检查证；厨师技能培训证；地方治安部门治安许可证。

## 第三节　森林旅行社

旅行社是森林旅游业的重要构成部分，是森林旅游业的标志和龙头，同旅游交通、旅游饭店一起被认为是森林旅游业的三大支柱。它将分散的个别进行的森林旅游活动社会化，把森林旅游需求者与森林旅游经营者联结起来，并在不同地区、不同国家的森林旅游者与森林旅游经营者之间架起了一座桥梁。但是由于森林旅游系统的科学理论体系尚未建立，尤其是从产业发展的角度针对旅行社行业生态管理的理论研究匮乏，加上当前业内对森林旅游曲解的现象普遍存在，大部分旅行社的森林旅游经营处于盲目状态，在许多场合，森林旅游被滥用作为商业

旅游的标签，其森林旅游产品停留在“赶大集”式的山水观光的浅层次。而旅行社在经营中真正的森林旅游理念未被贯彻，真正的森林旅游活动很少得以开展①。

## 一、中国森林旅行社概况

随着森林旅游在我国的兴起，在传统大众旅游产业体系的基础上，森林旅游产业体系开始逐步建立，并成立了专项型的旅行社。1994 年经国家旅游局批准，原林业部成立了森林国际旅行社，北京、福建、陕西、四川、湖南、重庆、海南、广州、大连等 15 个省、直辖市和计划单列市，还先后成立了森林旅游公司或森林旅行社，开发森林旅游资源和开展森林旅游活动，这标志着与国家旅游局相配合的森林旅游在管理和开发方面形成了完整的体系②。据不完全统计，1997 年我国森林旅行社和森林旅游公司仅 50 余家，年接待人数 5062 万人次，直接经济收入 7.4 亿元。经过短短 3 年时间的发展，截至 2000 年，全国共有 28 个省、自治区、直辖市相继成立了森林旅行社或森林旅游公司，有森林旅行社和森林旅游公司 100 余家，其中国际社 5 家。森林旅行社主要以森林旅游组织接待为主业，同时兼营与旅游业有关的业务，如宾馆、餐饮、交通、景区景点、花卉、绿化、商贸、建筑建材等，从业人员 8000 余人。2000 年接待游客 6000 余万人次，直接经济收入超过 10 亿元。3 年间，森林旅行社数量、年接待游客数及经济收入增长幅度分别为 100%、18.5%、35.1%，可见发展迅速，成绩突出③。

## 二、森林旅行社生态化经营的内涵

对于森林旅游来说，其市场规模和范围有限，其产品资源、产品开发、产品供应链、产品营销的方式及使用产品的客户都有别于大众传统旅游产品。相应的，这当中旅行社的作用也由实现经济效益的最大化发展为同时兼顾社会和环境效益。在森林旅游业中，森林旅行社的主要工作是在遵循生态旅游的原则和要求基础上开展生态化经营、服务旅游者的同时，对旅游者的非生态行为起到活动前的教育预防和活动中的约束作用。森林旅行社生态化经营的本质是指森林旅游中旅行社经营过程的生态化，是一种以生态旅游的要求和原则为指导思想的

① 潘春芳．生态旅游理论在旅行社经营中的运用［D］．中南林业科技大学，2006．
② 杨桂华．生态旅游［M］．北京：高等教育出版社，2000．
③ 游云飞．森林旅行社现状及其发展对策［J］．福建林业科技，2002（1）．

经营管理模式，要求旅行社在其进行服务与管理的整个经营管理过程中具备对生态环境和社会文化的友好属性；经营活动以不破坏环境并维护生态平衡为前提，在将旅行社自身行为和旅游者行为对环境的负面影响减小到最低限度的同时，获取自身的经济效益。一套完整的生态化经营管理模式应该包括经营理念、运作流程（通过教育培训、质量控制、保障途径）、组织形式、产品开发等方面的生态化。

### （一）经营理念

森林旅游企业经营者对旅游生态环境的保护负有极大的责任。旅行社为森林旅游者提供的产品和服务应符合充分利用资源及生态环境保护的规范，并对人体没有害处。作为森林旅游经营的一部分，在其企业内部本身的经营中也要秉持生态旅游的理念，制定一套企业的可持续发展的政策。比如，旅行社领导要深入学习研究森林旅游和可持续发展的理论，制定生态化经营战略；利用现有资源力争实现内部的“无纸化办公”、开展森林旅游培训等。

### （二）运作流程

所谓旅行社运作流程生态化就是要将生态原则贯穿到旅行社经营的整套流程中。旅行社是森林旅游业的龙头，在沟通森林旅游者和企业之间的关系、了解需求及指导供给方面起着非常重要的作用。森林旅游的发展要求旅行社树立和营建可持续发展的生态化观念，通过生态化经营使旅游企业从与旅游者、社区居民和相关主体的利益对抗走向旅游企业与社会生态系统的融合和协调发展。比如要针对旅游者和企业员工开展生态教育培训，进行游客行为管理、环境教育与环境解说等，强调生态保护重要性，宣传目的地的生态、人文情况，进行生态旅游行为规范、目的地有关生态保护的法律规定等方面的教育；在接待服务过程中要提高旅游者参与生态环境保护的自觉程度，倡导负责任的旅游行为，引导绿色消费方式等。这些工作主要由旅行社的导游和管理者来完成。

### （三）组织形式

美国一些旅游企业中成立有生态伦理管理委员会或监察委员会，委员会负责检查员工和经营者是否遵循有关规章制度；或是将生态保护功能分散到原有相关部门中。国外典型的是旅行社信息系统部兼生态职责，在信息系统中添加生态技术、生态标准、操作流程、问题处理程序等内容，信息系统部在提供技术指导的同时实施监督检查。相对而言，旅游企业用现有机构中的特定部门担当生态保护监察功能比设立专门性生态保护部门更容易组织。

## 三、旅行社森林旅游产品开发

旅行社森林旅游产品首先是旅行社产品的一部分，是旅行社为满足森林旅游者在森林旅游活动中的各种森林旅游需求而提供的各种有形物质产品和无形服务的总和，兼有旅行社产品和森林旅游产品的属性和特点。在旅行社森林旅游产品中，线路也是我国旅行社销售的主要旅游产品，是指旅行社根据市场需求，结合森林旅游资源和接待能力，为旅游者设计的包括整个旅游过程中全部活动内容和服务的旅行游览线路。

旅行社开发旅游线路的方式和步骤是：

第一步，开展市场调研。市场调研主要调查以下因子：交通成本，通常包括飞机交通成本，铁路交通成本，公路、水运交通成本；住宿成本；餐饮成本；货币汇率比价情况；政治稳定情况（就国际旅游而言）或者社会治安情况；目的国与东道国的外交关系情况；参与旅游业竞争的公司的情况（竞争对手的市场份额、规模、性质等）。

第二步，根据自身力量进行可行性预测。估算自己公司的实力是否有足够的资金与智力来经营这一项目。分析若实施本项目，如果亏损，最多会亏损多少；如果赢利，最少会赚多少。同时，还要对可能招徕来的客源数量及特征进行预测。

第三步，谈判。分别与航空公司、饭店和其他主要旅游经营部门进行谈判。谈判的问题主要集中在三方面：一是确定租用多少间客房、多少个飞机座位或者其他产品的数量；二是确定租用价格；三是确定在旅游经营商不能全部售完租用产品时，应该赔款的数目。如租用南方航空公司 30 个飞机座位，在旅游淡季时不能保证全部卖出这 30 个座位时应如何赔偿南方航空公司。然后再确定航班的日期、频率、机场出发时间等其他具体问题。

在一般情况下，签订合同后，需要向航空公司预付一定数目的预付金（一般为总费用的 10%），以后每旅行一次后，分别付给一定数目的余款。饭店的客房租用比飞机租用要灵活一些。一般是在与饭店签订合作协议后，饭店同意收到旅游经营商通知后保证提供一定客房。这样，旅游经营商在没有足够的客源时，免除了遭受赔款的痛苦。但是，它的弊端是饭店有权在一定的时期不提供客房。如 1999 年国庆节张家界的客房十分紧张，许多旅行社不得不取消张家界的旅行计划。

第四步，定价。考虑旅行成本、管理成本，确定包价旅游的报价。一般有平季、旺季、淡季三种不同的报价。

第五步，宣传策划，招徕客源、组团旅游。其中，旅游产品的宣传策划，主要是广告宣传，主要内容有旅游手册的设计与印刷以及媒体广告宣传（电视、报纸、户外广告等）。

**【案例3】**

## 森林国际旅行社简介

森林国际旅行社是适应我国森林旅游产业发展需要，由原国家林业部于1994年投资设立的企业，现为国务院国有资产监督管理委员会监管的中国林业国际合作集团公司的全资企业。主要业务：从事全国重点国家森林公园旅游项目和旅游景区景点建设；组织国际、国内游客旅游；组织国际考察和交流；开展野生动物观光、大自然摄影、高原及沙漠探险、国际体育狩猎等森林生态旅游；航空、铁路、船运票务服务；生态农产品和林产品的开发、生产和销售；宾馆和餐饮业的经营等。

经过10年的风雨历程，森林国际旅行社资产规模从300万元增长到2.5亿元，营业额由几十万元增长到1.5亿元；获利能力达到千万元。企业职工人数从设立初期的十几个人发展到目前的560人，实现了队伍的年轻化、知识化和专业化。获得北京市旅游局和北京市人事局联合评比的“首都紫禁杯旅行社最高人均利润奖”等多项政府奖励。各项业务得到了长足的发展，现拥有北京森旅航空服务中心、林海国际技术交流中心、北京林海装潢装饰中心三个全资公司和杭州千岛湖发展有限公司、歙县披云山庄有限公司、黄山古徽州文化旅游开发有限公司、张家界宾馆有限公司等四个控股公司以及十几个参股公司。

多年来，森林国际旅行社充分发挥自身优势，大力推动森林旅游与传统旅游的融合，在组织常规观光游览、休闲度假的基础上，始终致力于发展森林特色旅游，同时积极开发相关产业项目。在从事旅游活动的过程中，森林国际旅行社以独具特色的产品、良好的信誉和热忱的服务，不仅使广大游客开拓了视野、陶冶了情操、获得了超常的愉悦和享受，也为繁荣旅游事业和促进社会进步做出了积极贡献。

# 第四节　森林旅游购物

旅游购物是旅游的六要素之一。在吃、住、行、游、购、娱等项旅游花费中，前4项是基本固定的、“有限”的花费，而旅游购物则是“无限”的花费，在旅游产品的构成要素中可挖掘的经济效益的潜力最大，因此世界上许多旅游业发达国家和地区都十分重视发展旅游购物。在许多发达国家，旅游购物一直占旅游收入的40%～50%，我国的旅游购物发展还不尽如人意。

## 一、森林旅游购物的概念

韩国观光公社在购物旅游的专题研究中认为，购物不仅包括旅游者购买商品的行为，也包括旅游者为购物而四处观光的行为。韩国观光研究院的许甲中认为，旅游购物是指游客在旅游目的地或在旅游过程中购买商品的活动以及在此过程中附带产生的参观、游览、品尝等一切行为。另外，姜晶哲认为，“旅游购物是旅游或旅游业的一个领域或要素，指以非营利为目的的游客离开惯常地，不管是以购物还是以其他为旅游目的，为了满足其需要而购买、品尝，以及在购买过程中观看、娱乐、欣赏等行为，旅游购物作为一种旅游行为，对当地社会文化、经济、其他领域以及旅游政策都产生影响”。

一次完整的旅游购物活动涉及各个方面、各种不同的利益主体，概括为三大要素：旅游商品、旅游购物设施及人员，这些因素的不同组合形成了千姿百态的购物活动。我们认为，森林旅游购物是指森林旅游者在森林旅游区购买的有形商品的行为，这些商品不是出于商业目的而进行的购买，即不是为了转卖而进行的购买。它在时空上能够显示旅游目的地的标识，在功能上不仅是满足旅游者本人的消费需求，更重要的是一种实实在在的旅游经历，满足旅游者精神上的需求。

## 二、我国森林旅游购物市场①

### （一）我国森林旅游购物市场存在的问题

我国目前森林旅游购物发展不好的一个关键因素是森林旅游购物市场的问题。全国各景点的旅游商品大同小异、没有特色、质量差，旅游者不是不想买旅

① 曾兰君. 旅游购物市场开发研究［D］. 中南林学院，2005.

游商品，而是买不到他们需要的旅游商品。

1. 旅游商品不尽如人意

全国各景点出售的旅游商品几乎如出一辙，文化底蕴差，根本没什么地方特色，如山地风景区的木制品和竹制品在海滨旅游区一样存在，这就根本无法引起游客的购买欲望。而且大多数旅游商品属于中低档次的物品，缺乏设计，少有创意，它们很难满足游客们日益增长的物质文化生活需要，对于境外旅游者尤甚。另外，由于绝大部分旅游区存在淡旺季，旅游商品经营者普遍抱有卖一季吃一年的心理，加之购买对象的流动性强、经营者素质不高等因素，导致旅游购物市场宰客现象严重，同样的商品在不同的地点或不同的商家购买，价格竟能相差几倍到几十倍之多。

2. 旅游购物环境有待改善

从目前购物环境来看，许多商业网点发展缺少系统规划，网点开发处于无序状态，商业布局不合理，部分地区网点过于密集，形成恶性竞争；同时旅游景区内的商品出售点没形成一定的规模，大多是以小摊位形式存在，且分布过于分散，商品没有高、中、低档次之分，很难满足游客的不同购物需求。

3. 旅游从业人员服务意识差

旅游业为服务性行业，这就要求旅游从业人员具有服务意识，但许多地方的导游对游客不负责，导购现象太严重，讲解时总是介绍当地的旅游商店、旅游纪念品，到哪里都把游客带到旅游购物处，这使得游客极为反感，对本来有兴趣的商品都失去了兴趣。还表现在有的旅游售货员对游客的服务不到位，当游客进店后，售货员一心想把贵的商品推销出去，根本不考虑游客的真正需要，并且大多商店没有售后服务，把商品卖出去后就不管事了。

### （二）出现这些问题的原因

中国旅游购物市场出现这些问题的根源主要表现在以下几个方面：

一是市场观念偏颇。在旅游观念上重旅游景区的开发建设，轻旅游商品开发；重宾馆、旅游交通的开发，而轻旅游购物的开发，以至于饭店宾馆林立，而旅游商品生产基地却寥寥无几。如西双版纳对旅游业的投资至今已逾 18 亿元人民币，而对旅游购物品的生产投资只有 4176 万元人民币，占整个投资额的 2.32%，造成了一方面旅游淡季宾馆的客房开房率仅在 40%，另一方面却使旅游购物一直滞后，旅游总收入上不去。

二是市场机制不完善。目前我国旅游购物发展不好的很大一部分原因是市场机制发育不完善、不规范，导致产供销脱节，不能以游客的需求作为旅游商品生产及销售的导向，供给与需求脱节、生产与销售脱节，这是旅游购物环节中存在的最为关键的问题。

三是市场管理不到位。中国的旅游商品市场进入门槛低，中小企业可以自由进出；同时很多旅游区采用小摊位、小铺面、小作坊的方式经营。作为中小行业，旅游购物企业间的联系较为松散，业界活动也停留在与公平竞争相关的品质保证或优秀产品表彰活动上，几乎没有行业改善经营环境和商业习惯的努力，因此容易被淘汰。由于市场从业主过于分散，行业自律机制很难建立，给行业管理带来极大的难度，市场处于一种无序的竞争状态，难以形成具有核心竞争力的品牌优势和集团优势，使整个旅游购物业的市场形象难以树立。

## 三、加强我国森林旅游商品开发与流通的途径

### （一）以市场为导向，推进森林旅游商品的开发、生产和销售

在旅游商品的开发上，首先必须分析和掌握旅游者的消费偏好，正确地进行消费群体定位、商品用途定位和市场价格定位。针对不同的旅游消费群体的需求，开发出适应不同层次旅游者需求的多档次、多规格、适销对路的旅游商品。在旅游商品的生产上，也要针对旅游者的消费特点，正确处理好大量生产和单件小批生产、现代新技术加工和传统手工加工、精细产品和一般产品的矛盾，不断突出和提高旅游商品的特色和质量。通常，一般性的旅游纪念品、馈赠礼品、文物复制品及旅游日用品可以采用大量生产；珍藏性强、附加值高的旅游纪念品则宜小批量生产，甚至是单件或限量生产；有的商品可以采用现代高新技术加工，而有的旅游纪念品则应强调传统工艺加工才具有特色和收藏价值。具体各种产品的生产比例，则要视各旅游消费群体的比例而定，以销定产。此外，旅游商品的生产要讲究产品质量，做到质价相符，并且高度重视旅游商品的包装，方便携带和托运。在旅游商品的销售上，要正确处理好旅游购物时间、购物地点、购物方式及购物引导等问题。购物时间上要根据旅游团队的具体情况合理安排购物次数与自由购物时间。购物地点上应修建大型旅游定点商店，店内实行柜台分区，一区一品，并注意根据游客消费心理进行橱窗布置，色调调配，柜台陈列及灯光照明等，营造良好的购物环境，改变目前旅游纪念品销售摊点、店铺形如“杂货店”的状况。

### （二）重视森林旅游资源调查，拓宽开发思路

特色和个性是旅游商品的生命，其内涵则在于旅游商品所体现和蕴涵的地域

特征和民族风格。因此要改变森林旅游区特色旅游纪念品少、产品雷同的格局，就必须对当地的旅游资源进行系统全面的调查。然后结合市场需求，选取具有开发价值的特色旅游资源，作为旅游商品的开发主题，这样才能拓宽开发思路，开发出一批富有当地特色，独具个性的旅游商品。

### （三）加强政府干预力度，营造良好环境

第一，加强对旅游商品开发与产销的集中领导。目前，我国旅游商品的开发和生产涉及轻工、商业、外贸、旅游等多个行业和部门，一直没有统一的组织管理，成了困扰旅游纪念品发展的一大难题。为了有效地解决这一难题，改变多头领导、多头经营的现状，政府相关部门应共同制定旅游商品发展规划，进一步完善旅游商品生产企业的定点标准和管理方法，加强旅游纪念品的集中领导。

第二，加大政府对旅游商品发展的扶持力度。政府的扶持推进主要体现在政策、资金及服务三方面。从政策上，各级政府及相关部门应在国家的政策范围内，积极从工商、税收、价格、贷款等方面对旅游商品的开发产销给予一定的优惠和扶持；从资金上，各级政府应针对目前旅游商品生产企业规模小、资金筹措能力弱的状况，对现有旅游商品生产厂家、产品、设备、技术、职工素质、企业管理现状进行分析、筛选和组合，并为剩下的企业提供资金扶持。从财政支出中划出一定资金建立旅游纪念品开发“风险基金”，促进旅游商品的开发和生产；从服务上，各级政府有关部门应统一思想，提高认识，从旅游商品发展规划、政策指导、信息咨询、科技开发、招商引资、市场培育等方面为旅游商品生产和销售企业提供服务支持。

第三，建立规范的旅游商品流通体系，规范市场，规范商家销售行为，规范进货渠道，建立针对旅游商品市场的有效监督机制。要加强对旅游定点商店和旅游商品销售的执法监督和管理，为旅游商品销售营造一个良好的市场环境。实行“经营考核证”制度，对违规者处以吊销营业执照等处罚。应用法律形式，规定旅游商品生产者披露商品信息，商品中间商明码标价，降低导游对旅游者购物的影响，为旅游者提供多种了解旅游商品信息的渠道，并建立旅游纪念品赔偿制度。

### （四）树立名牌意识，开发驰名品牌

旅游区根据旅游资源调查情况挖掘出特色旅游资源后，应结合具体情况挑选一些作为旅游商品开发的题材。围绕每一题材，依据不同的旅游消费群体的需求，开发多规格、多档次的系列产品。并辅以营销策划，施行品牌战略和商标战略，形成驰名品牌。

## 【思考题】

1. 简述旅游交通中航空运输、水路运输、公路运输、铁路运输的特点。
2. 简述中国旅游交通存在的问题。
3. 森林旅游饭店的类型有哪些？各有什么特点？为什么旅游饭店不能大规模地建设在森林旅游景区内？
4. 简述森林旅行社生态化经营的内涵。
5. 简述森林旅游购物的概念。
6. 中国森林旅游购物市场存在哪些问题，你认为如何解决这些问题？

# 第七章

# 森林旅游市场

广义的森林旅游市场是指在森林旅游产品交换过程中反映的各种经济行为和经济关系的总和。狭义的森林旅游市场是指具有到森林旅游区游憩休闲的需求，希望并能够通过交换来满足这种需求的全部顾客群。森林旅游市场的形成必须具备三个要素：首先是要有森林旅游者，它是森林旅游市场的核心要素，只有森林旅游者的存在，才能产生吃、住、行、游、购、娱等各种需求；其次是参与森林旅游的动机，它是由旅游消费者的生理需求和心理需求引起的，是促使旅游者进行森林旅游活动的动因；最后是具有或可能具有购买森林旅游产品的支付能力，它是森林旅游者实现旅游活动的经济基础。

## 第一节　森林旅游市场环境分析

森林旅游市场环境的分析方法多种多样，应用比较广泛的主要是总体环境分析法和态势分析法。

### 一、总体环境分析法（PEST 分析）

总体环境分析法是一个常用的分析工具。它通过对政治（Political）、经济（Economic）、社会（Social）和技术（Technological）四方面因素的分析，从总体上把握森林旅游市场的宏观环境，并评价这些因素对森林旅游市场战略目标和战略制定的影响，简称为 PEST 分析。PEST 分析主要适用于森林旅游宏观环境的分析。

#### （一）分析内容

**1. 政治环境**

是指影响和制约森林旅游发展的政治要素及其运行状态。主要包括政治形势、森林旅游业所涉及的政治体制、森林旅游企业和政府之间的关系、环境保护法、外交状况、投资环境、森林旅游产业政策和政府其他法律法规等。当政府对森林旅游的态度发生变化或发布对森林旅游业具有约束力的法律、法规时，森林旅游市场战略必须随之做出调整。

2. 经济环境

是指构成森林旅游业生存和发展的社会经济状况以及国家的经济政策。主要包括 GDP 的变化发展趋势、价格变动、居民可支配收入水平、利率水平、通货膨胀程度及趋势、失业率、汇率水平、消费者支出方式（恩格尔系数）以及政府关于森林旅游业的财政预算等。

3. 社会环境

是指森林旅游区或者客源地所处的社会结构、民族特征、社会风格、价值观念、文化传统、公众道德水平、教育水平以及风俗习惯等因素的形成和变动状况。主要包括人口密度、年龄构成、种族结构、收入分布、旅游消费结构和水平、人口流动性、对环境污染的态度、消费习惯、信仰特征、对休闲的态度、社会责任感以及公众舆论（如新闻媒体的导向）等。其中人口密度直接影响着森林旅游市场的容量，年龄构成则决定旅游消费品的种类及推广方式。

4. 技术环境

是指森林旅游业所处环境中的科技要素及与该要素直接相关的各种社会现象的集合。它不仅包括引起森林旅游业革命性变化的发明，还包括与森林旅游业有关的新技术、新工艺、新材料的出现和发展趋势以及应用前景。一般来讲，随着森林生态技术的不断出现，就会形成新的森林旅游消费领域。如随着植物精气、森林空气负离子等技术的应用，出现了负离子吸呼区、静养场等森林旅游项目。同时，新技术可以使旅游区（企业）拥有更强的竞争力，能够创造出更多的市场机会。

### （二）分析方法

在进行 PEST 分析时，首先遴选出过去对森林旅游最为重要的因素，并分析这些因素在未来对竞争者重要性的变化趋势，然后总结、评价和列示出这些重要影响因素，从而确定企业所面临的机会和威胁（见图 7－1）。

## 二、态势分析法（SWOT 分析）

态势分析法是将与研究对象密切相关的各种主要竞争优势（Strength）、竞争劣势（Weakness）、机会（Opportunity）和威胁（Threat）等，通过调查列举出来，并按照矩阵形式排列，然后用系统分析的思想，把各种因素相互匹配起来加

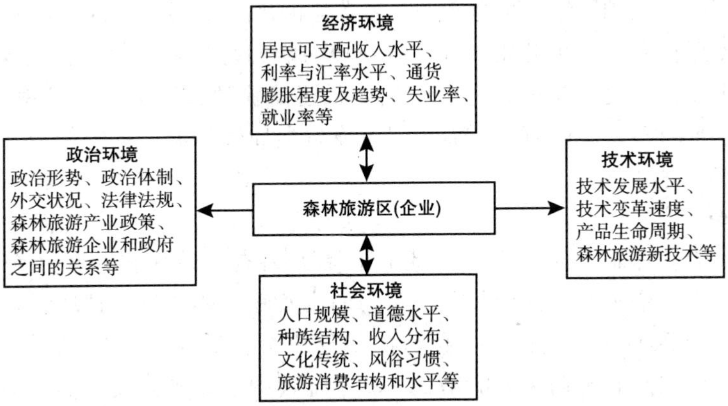


**图7－1　森林旅游市场PEST分析法结构图**

以分析，从中得出一系列相应的结论，简称为SWOT。对于森林旅游区（企业）市场环境而言，SWOT分析实际上是将内部和外部条件各方面内容进行综合与概括，进而分析自身优劣势、面临的机会和威胁的一种方法，其根本目的是把自己和竞争对手的优势、劣势、机会和挑战进行比较，然后决定某个新项目或新投资是否可行。

### （一）分析内容

**1. 竞争优势（S）**

是指森林旅游区（企业）超越竞争对手的能力，或是能提高竞争力的特有因素。主要包括以下几个方面：技术技能优势（领先的旅游创新能力、雄厚的旅游技术实力、完善的环境质量控制体系、丰富的旅游营销经验、周到的游客服务等）；有形资产优势（独特的旅游项目、优秀的生态环境、奇特的珍稀物种、完美的资源结构、较长的适游期、充足的开发资金等）；无形资产优势（过硬的旅游形象、广泛的知名度、良好的市场信用、独特的旅游文化等）；人力资源优势（拥有林学、生态学、旅游学、经济学、管理学等相关学科优秀的职员，并且结构和梯队完整，团结合作意识强）；组织体系优势（完善的组织管理体系、灵敏的信息管理系统、精细的客源开拓系统、强大的资金筹集能力）；竞争能力优势（旅游产品开发周期短、强大的销售网络、灵活的市场环境变化反应能力、迅速应对突发事件的公关能力等）。

**2. 竞争劣势（W）**

是指森林旅游区（企业）缺少或做得不好的部分，或某种会使森林旅游区

（企业）处于劣势的因素。可能导致内部劣势的因素主要有：缺乏有竞争力的有形资产和无形资产；自主开发森林旅游项目的能力逐渐减弱；拥有关键技术或销售网络的主要人才逐步流失；组织管理体系逐渐臃肿、组织运转效率逐渐降低；竞争对手越来越多；新的森林旅游项目开发资金周转不灵；关键领域内竞争能力正在逐步丧失等。

3. 机会（O）

是指影响森林旅游区（企业）战略的重大因素。森林旅游区（企业）管理者应当确认每一个机会，评价每一个机会的成长和发展前景，选取可与森林旅游区（企业）资源匹配、获得竞争优势的最佳机会。潜在的发展机会可能是：经济进一步发展刺激旅游购买力的增长；城市环境的逐渐恶化或人们生活观念的转变刺激森林旅游需求的增长；森林生态技术的发展产生新的旅游产品或者新的旅游业务；森林旅游产品的重新整合或优化；金融资本逐渐看准森林旅游投资效益；管理模式或经营模式转变；国家对森林旅游的政策进行调整等。

4. 威胁（T）

是指存在于森林旅游区（企业）外部环境中，对森林旅游区（企业）的经济利益和市场地位构成威胁的因素。森林旅游区（企业）管理者应当及时确认危及未来利益的因素，做出评价并采取相应的战略行动来抵消或减轻它们所产生的影响。这些因素可能是：新出现的森林旅游区（企业）；汇率的不利变动；经济形势的恶化；外交政策的变动；突发事件（如流行病、森林灾害及其他自然灾害）的发生；资金链断裂；社会消费方式转变；环境资源开发过度、生态保护水平滞后等。

### （二）分析方法

在进行 SWOT 分析时，由于分析所涉及的具体因素、所得到的结果、所形成的对策等，都与时间变量有关，所以具体操作中，可先划分一定时间段分别进行 SWOT 分析，然后对各个阶段分析结果综合汇总，最后进行整个时间段的 SWOT 矩阵分析。具体步骤和方法如下：

1. 分析环境因素

运用各种调查研究方法，分析自身优势、劣势以及可能出现的机会与威胁。然后按照图 7－2 的格式罗列出这些优势、劣势、机会和威胁。优劣势分析主要是着眼于自身的实力及其与竞争对手的比较。机会和威胁分析主要是着眼于外部环境的变化及对自身造成的可能影响。在调查分析时，不仅要考虑到森林旅游区（企业）的历史与现状，而且更要考虑森林旅游区（企业）的未来发展。

| | 优势（S）<br>1. ……<br>2. ……<br>3. …… | 劣势（W）<br>1. ……<br>2. ……<br>3. …… |
|---|---|---|
| 机会（O）<br>1. ……<br>2. ……<br>3. …… | SO 策略<br>优势—机会战略<br>（优势与机会矩阵） | WO 策略<br>弱势—机会战略<br>（弱势与机会矩阵） |
| 威胁（T）<br>1. ……<br>2. ……<br>3. …… | ST 策略<br>优势—威胁战略<br>（优势与威胁矩阵） | WT 策略<br>弱势—威胁战略<br>（弱势与威胁矩阵） |

**图 7－2　森林旅游市场 SWOT 分析清单与矩阵图**

### 2. 构造 SWOT 矩阵

将调查得出的各种因素根据轻重缓急或影响程度等排序方式，构造 SWOT 矩阵，形成 SO、ST、WO、WT 策略，矩阵如图 7－2 所示。

SO 矩阵即优势与机会矩阵（见图 7－3），可以分析自身哪些方面有机会又有优势，哪些方面有机会但没有优势，哪些方面有优势没有机会，哪些方面既没有机会又没有优势。如果某森林旅游项目或产品既有机会又有优势，肯定就要大力发展；如果既没有优势又没有机会，该项目就肯定不能立项；如果有机会没优势，或者有优势没机会，就要大力创造条件去发展。

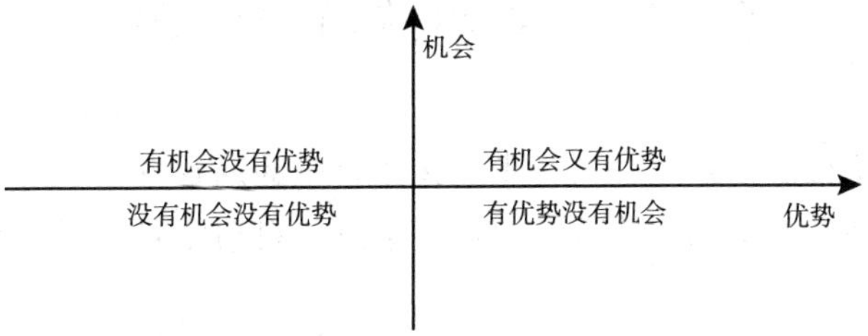


**图 7－3　森林旅游市场机会与优势分析图**

WO 矩阵即弱势与机会矩阵，当通过分析，发现某森林旅游项目或产品既没有机会又处于劣势，就不能进行建设或生产。但在有机会的情况下，就可以利用外部机会弥补内部弱点，从而推动项目或产品的建设与开发。

ST 矩阵即优势与威胁矩阵，可以让森林旅游区（企业）清楚地利用自身优势回避或减轻外部威胁。

WT 矩阵即弱势与威胁矩阵，可以让森林旅游区（企业）减少内部弱点的同时回避外部威胁。

SWOT 矩阵构造过程中，要优先排列对森林旅游区（企业）发展有直接的、重要的、迫切的、久远的影响因素。

3. 确定战略决策

在完成环境因素分析和 SWOT 矩阵的构造后，应运用系统分析的综合分析方法，对 SO、ST、WO、WT 策略进行甄别和选择，将排列与考虑的各种环境因素相互匹配起来加以组合，得出一系列森林旅游区（企业）未来发展的可选择对策。其基本思路是：尽量发挥优势因素，克服或避开弱点因素，利用机会，化解或回避威胁。

做 SWOT 分析有利于森林旅游区（企业）在新项目上马前充分发挥长处避免短处，以趋利避害、化劣势为优势、化挑战为机遇，降低经营和投资风险。与其他的分析方法相比较，SWOT 分析方法的优点是具有显著的结构化和系统性特征，它能用系统的思想将优势、弱点，外部机会、威胁等变化因素相互匹配起来进行综合分析，使得环境分析更加科学全面。但它也有缺点，主要是定性分析成分太多，不免带有一定程度的主观臆断。所以，在使用 SWOT 方法时一定要注意这些局限性，同时，在罗列作为判断依据的事实时，要尽量做到客观、真实、准确，并尽量采用定量的数据来弥补定性分析的不足。

## 第二节　森林旅游市场调查

市场调查是根据特定的任务要求，运用科学的调查方法，有计划、有组织地收集统计资料的过程。它是收集森林旅游信息资料的主要手段，也是森林旅游开发的重要环节。

### 一、调查步骤

市场调查是一项技术性、原则性非常强的工作，必须严格遵循一定的规则稳步进行。其主要实施步骤如下：

#### （一）制定方案

一项森林旅游市场调查往往要组织许多人参加，涉及成百上千的调查对象，为在调查过程中统一认识、统一步骤、统一内容、统一方法，确保信息资料准确、全面、及时，就必须事先制定出一个大家都能遵照执行的科学、周密的工作方案。方案设计主要包括下述几个内容。

**1. 确定调查目的和任务**

明确调查目的和任务是制定调查方案的首要问题。只有确定了调查目的和任务，才能知道要收集哪些资料、要解决哪些问题、达到什么样的要求，才能进一步明确调查范围、调查内容和调查方法。否则取得的资料可能口径范围不一致，无法进行汇总和分析；或者真正需要的资料没有调查到，而不需要的资料反而堆积很多。旅游市场调查侧重于调查价格、营销、促销、广告、管理等方面的战略、战术等问题。客源市场调查侧重于调查流量、流向以及旅游者的心理变化规律，以便进行市场细分。衡量一个调查方案是否科学、标准，主要看方案的设计是否从客观实际出发体现调查目的要求，是否简洁明了地说明调查任务。

**2. 确定调查对象、调查单位和报告单位**

确定调查对象、调查单位和报告单位主要是为了解决向谁调查、由谁提供信息、谁来调查 3 项问题。调查对象是根据调查目的、任务确定调查的范围以及所要调查的总体，它是由性质上相同的若干调查单位组成的。调查单位是所要调查的与森林旅游相关的社会经济现象总体中的组成单位。例如，为了研究某省森林公园森林小木屋的市场情况，这时，该省所有森林公园的森林小木屋就是调查对象，每一个森林公园的森林小木屋就是调查单位。确定调查对象和调查单位时，应严格界定调查对象的含义。要指出调查对象与其他有关现象的界限，以免造成调查登记时由于界限不清而发生的差错。如在进行森林旅游客源市场调查时，就应明确森林旅游者的含义，分清森林旅游者与其他旅游者等概念的界限。报告单位是负责报告调查内容的单位。调查任务决定了报告单位与调查单位是否一致。例如，前面关于某省森林公园森林小木屋的市场情况调查，两者就不一致；如果我们的调查任务是要了解该省森林公园的市场运行情况，则调查单位和报告单位都是每个森林公园，这样调查单位和报告单位才一致。

**3. 设计调查项目和调查问卷**

调查项目是指对调查单位所要调查的主要内容，确定调查项目就是明确要向被调查者了解些什么问题。要完成调查任务，达到预期目的，最重要的是设计的调查项目能正确地反映总体特征，这是调查方案制定的关键所在。调查项目确定以后，要通过调查问卷把需要的信息收集上来。因此问卷设计的水平决定调查的质量。关于问卷的设计将在后面有专门的叙述。

**4. 确定调查时间、完成期限和工作进度**

调查时间是指调查资料所属的时间。如果所要调查的是时间段现象，就要明确规定资料所反映的是调查对象从何时起到何时止的资料。如果所要调查的是时间点现象，就要明确规定统一的标准调查时间点，调查工作完成期限与工作进度（包括收集资料和报送资料整个工作所需要的时间），以保证调查的及时性。在确定调查工作完成期限后，要制定调查工作的进度计划，其目的是使调查工作能及时开展、按时完成。

**5. 确定调查方式和方法**

市场调查可分为全面调查和非全面调查。

全面调查是以市场调查的总体为对象，对其所有单位全部进行调查，即普查，如人口普查。全面调查的最大优点是取得的资料全面而准确。但是，工作量特别大，需要动员较多的人力、物力和财力，所以这种方式在市场调查中很少使用。

非全面调查是在调查对象中选择一部分单位进行调查，可分为重点调查、典型调查和抽样调查三种。重点调查是通过选择一部分重点单位进行调查，达到对全局基本了解的目的。典型调查是根据经验有意识地选择若干具有典型意义的、有代表性的单位进行调查。抽样调查是根据概率分布的原则，从被调查总体中抽出一部分单位作为样本进行调查，以此推断总体的一种方法。重点调查和典型调查虽然都有一定的实际意义，但无法确定其精度和信度，而抽样调查虽然可能产生一些误差，但它花费的时间少、成本低，并且如果能采取概率抽样方式进行调查，就能给出误差和信度，进行科学的推断。所以，在森林旅游规划设计、经营决策中常常采用抽样调查。而抽样调查有简单随机抽样、分层抽样、整群抽样、多阶抽样、系统抽样、二重抽样等方法。不同的调查方式和方法可能会产生不同的调查结果。要根据调查对象和调查任务，采取最合理成本、最合适方式和最恰当的时间来进行调查，从而获得最适用的调查信息。

**6. 确定资料汇总方法**

调查搜集的原始资料大多是零散的，无法深入研究其本质规律，这就要求对大量原始资料进行加工汇总，使之系统化、条理化。目前一般采用计算机处理统计资料。

**7. 确定提交报告的方式**

主要包括调查报告书的形式、份数、基本内容、报告书中图表量的大小等。

**8. 制定组织措施和质量保证措施**

要明确由什么单位组织领导此项调查工作，有哪些组织设置，人员的选择和培训怎么进行，答卷如何进行复查和审核等。

一般来讲，调查方案制定后，还要对其进行检验和评价。因为通常设计的调查方案不是唯一的，需要从多个调查方案中选取最优方案。同时，调查方案的设计也不是一次完成的，而要经过必要的可行性研究，对方案进行试点和修改。要通过查找不足，努力保证调查方案更加接近客观实际。实践中可以采用逻辑分析法、经验判断法、试点调查法等多种方法对调查方案进行检验和评价。

### （二）开展调查

开展调查时要注意把握 3 个问题。一是要精心挑选调查人员并进行访前训练。调查员的素质高低将影响调查结果，因此在条件允许的情况下应挑选诚实、勤劳、心理素质好、语言表达能力强的人员作为调查员，并进行严格的培训，让他们熟悉本次调查的目的和要求，熟悉问卷各个环节和重点信息所在。二是要及时审核调查结果，将非统计性偏差减少到最低限度。导致非统计性偏差的原因主要有：访问者措辞不当，引出不同答案；调查员无经验，应答率低；被访问人不诚实；访问表格设计不佳；选择原始样本错误（如进行森林旅游市场调查时，被访问人无旅游动机）。三是要及时掌握调查工作进度，促使调查工作如期完成。

### （三）处理数据

数据的整理分析包括审核、分类、制表等。审核是为了发现数据存在的各种错误和误差，剔除不可靠、不准确及与调查目的无关的资料，达到去伪存真的目的。分类是为了使数据便于查找和利用，同时方便从中更加容易地寻找规律。制表是通过表格形式反映各种相关因素的经济关系或因果关系，便于更加直观地反映数据内在规律。制表方式可以分为：简单制表，将答案一个一个分类而形成统计表；交叉制表，将两个问题的答案联系起来，以得到更多的信息；多变数间关系分析，将两个以上问题的答案联系起来，进行多因子分析、回归分析、组群分析等。普通调查可以使用 EXCEL 软件对数据进行处理，专业人士可以使用 SPSS、SAS 等软件。

### （四）撰写报告

调查报告的第一部分是引言或调查概要。在这一部分，应开门见山，简洁阐述本次调查的目的、介绍调查方案的概要以及调查的实施过程、访问的样本数、回收率、有效率等。第二部分是调查结果分析。要根据调查统计数据，实事求是地描述调查结果，并根据数据进行合理的推断和预测。第三部分是结论和建议。调查结果一定要有结论，至少要有一个鲜明的倾向性意见，不能模棱两可。同时，还要向调查委托单位提供有价值的建议。最后还可以附上图表、公式等。整个报告应重点突出、内容真实、文字简练、计算与分析步骤清晰明了。

## 二、调查问卷的设计

### （一）问卷的基本结构

#### 1. 开场白和填写说明

主要功能是表达主持调查机构及调查员的身份，说明调查目的及为什么访问受访者，同时简要说明填写要求，以提高调查结果的准确性。

#### 2. 访问主题

问卷的主体部分。将要调查的问题按照一定秩序排列。

#### 3. 受访者个人资料

根据调查需要，选择列出被调查者的性别、年龄、职业、收入、文化程度、联系方式等。

#### 4. 落款

包括致谢语、被调查者和调查员签名、调查时间等。

### （二）问卷的提问方式

提问的方式主要有开放式提问和封闭式提问两种。

#### 1. 开放式提问

调查的问题不列出答案，让被调查者自由回答，不做任何限制。如："您家里有多少人？""您喜欢参与什么森林旅游项目？"开放式问题的优点是设计问题容易，并可以得到被调查者的真实信息。缺点是受被调查者文化水平、态度等因素的影响，有时可能得不到准确的信息。

#### 2. 封闭式提问

问卷设计者预先拟定各种可能的答案，被调查者只能从中作出选择。这种方式的优点是被调查者回答问题容易，所得资料较准确，并且比较方便进行量化统计，因而成为目前进行市场调查的主要提问方式。缺点是问卷设计花费的时间较多，不能得到更多的信息。封闭式提问可以分为三类。

（1）二分式问题。把问题简化成是与否两种答案，由被调查者二选一。如：

"您经常到森林旅游区度假吗？"

□是　　　□不是

（2）复选式问题。对每一问题列举出多个答案，由被调查者作出不定项选择。如：

“您到过哪些森林公园？”

□张家界森林公园　　　　□天目山森林公园

□大熊山森林公园　　　　□流溪河森林公园

（3）声明式问题。如：

“在下列因素中，哪种因素最能促使您产生去森林旅游区度假的动机？请按重要顺序用1、2、3、4标记在方格内。”

□强身健体　　□优美环境　　□价格适宜　　□广告宣传

**（三）问题答案的定量设计**

为使某些问题得到定量的统计结果，在制定问卷时可用“语义差异法”对问题的答案进行设计。语义差异法是用一对反义形容词测试被调查对象的态度。每一对形容词都用几个点的量表分开（通常采用5分制，因此分为对应的5个层次）。如在询问游客对张家界森林景观的看法时，提供给游客的答案有：

A. 很好　　B. 较好　　C. 好　　D. 一般　　E. 不好

或者在询问游客对某森林旅游现象的看法时，提供给游客的答案有：

A. 绝对赞同　　B. 赞同　　C. 中立　　D. 反对　　E. 坚决反对

在进行统计分析时，分别给这5个答案赋予5、4、3、2、1等不同的数值，然后求出各个等级的均值，就可以得出被调查者对具体问题的选择倾向。

**（四）问题的用语技巧**

第一，所问问题必须紧扣主题，同时询问的着眼点要简洁明了。一个问题中不要包含两个以上的提问，以免在数据处理时造成误解。例如问：“××森林浴场是否舒适又有利健康？”可能会得到不同答案。应该问：“你去××森林浴场的主要目的是什么？”

第二，采用平易语句，让被调查者易于回答。例如问：“您有没有感觉森林公园的空气质量比家里好？”

第三，避免直接涉及个人隐私。例如不应问“您今年多少岁？”“您结婚了吗？”而可以巧妙地用“您是哪一年出生的？”“您爱人现在在哪儿？”来代替。

### （五）问题顺序的排列

问题顺序的排列要注意几个事项：重要问题放在重要地方；第一个问题最好能激起被访者的兴趣，并且容易答复；要把容易的问题摆在前面，然后慢慢引入比较难答的问题；问题要一气呵成，同时应注意问题的前后连贯性。私人问题和容易引起对方敏感的问题，应最后提出。

### （六）设计效果的计算

为减少抽样误差，在正式开展调查之前，通常采用多种抽样方法进行试点调查，用来检验哪种方案效果最好，并进行修改完善。我们可以将抽样方案的抽样效果定义为“设计效果”（Design effect），简记为 *Deff*。假定有两个具有相同样本容量的样本，一个是由复杂抽样方法所得到的估计量 $\hat{u}_{复}$，它的均方误差是 $MSE\ (\hat{u}_{复})$；另一个由简单随机抽样方法所得到的估计量 $\hat{u}_{简}$，它的均方误差是 $MSE\ (\hat{u}_{简})$，那么：

$$Deff = MSE(\hat{u}_{复})/MSE(\hat{u}_{简})$$

如果 *Deff* 小于 1，说明复杂抽样的效果优于简单抽样的效果；如果 *Deff* 大于 1，说明简单抽样的效果优于复杂抽样的效果；如果 *Deff* 等于 1，说明两种抽样效果一致。

*Deff* 还可以帮助估计复杂抽样的样本容量。当简单随机抽样样本量为 $n^t$ 时，复杂抽样如果要达到简单抽样同样的效果，则其样本容量为

$$n = n^t \cdot Deff$$

## 第三节　森林旅游市场预测

森林旅游市场预测是在森林旅游市场调查的基础上，针对森林旅游区（企业）的实际需要，运用已有的知识、经验和科学方法，对森林旅游市场的供求趋势、影响因素和变化状况进行分析、判断的活动过程。其主要目的是为了掌握市场的动向和供求变化规律，为决策提供科学的依据。森林旅游市场预测若按照预测的时间来划分，通常有长期预测（5 年以上）、中期预测（1 ~ 5 年）、短期预测（1 个季度 ~ 1 年）。但以上期限并无统一的标准，实践中要根据需要而定。若按照预测方法的性质来划分，有定性预测和定量预测两大类。

## 一、市场预测的总体步骤

第一，确定预测的目标——其目的在于把握整个预测工作的重心。

第二，收集资料——收集与预测对象直接及间接有关的资料。

第三，资料的研判及调整——研判所获资料是否能符合预测所需，若不能符合，则有两种方法可以解决，一种是另外收集适合问题的资料，另一种是对现有资料加以适当的调整。

第四，资料趋势的分析——例如将其绘成历史曲线，或求算其长期趋势等，以明了资料变化的一般特性。

第五，选择预测方法——选择预测方法时应考虑方法的广泛性、准确性、时效性、可用性和经济性。

第六，未来数字的预测。

第七，可能事态假设的检定——即对多方面事实与统计方法假设的检定，以及检定预测结果是否正确。

## 二、定性预测方法

定性预测是指依靠人的直觉、知识、经验和直观材料，对市场做出主观分析判断，粗略地预见未来市场的发展趋势，或者估计出一个概数。因为这种方式所需时间比较短，时效性较强，花费的人力、物力、财力比较少，操作起来比较简便灵活，所以特别适用于缺少数据资料，或者影响因素复杂难以用数字描述，或者对主要影响因素难以进行定量分析等情况。如新开发的森林公园有关市场问题的预测就可以采用定性预测方法。

定性预测通常有个人经验预测法、集体综合预测法、德尔菲法、类比法等。

### （一）个人经验预测法

个人经验预测法是预测者根据所收集的资料，凭借自己的知识和经验对预测目标单独做出符合客观实际的估计与判断。采用这种方法时，预测者一般为森林旅游区（企业）的负责人，如总经理、森林旅游局局长或者森林旅游业务的直接负责人。具体流程是，先由上述负责人把与市场有关的、或者熟悉市场情况的各种主管人员和一些专家、中层领导召集起来，让他们对未来市场发展趋势或某特定项目发表意见、提供情况，并做出判断。然后，负责人综合分析收集到的各种意见，根据个人的思路，集思广益地提出自己的预测结果。

这种方法的优点是简单、及时、节省。其缺点是容易受个人的知识面、知识深度和占有的资料所影响，带有一定的片面性和主观性。对于同一问题的预测，不同的预测者会作出不同的结论。在有些时候，普通个人也会针对某一对象进行判断预测，但是由于缺少集思广益的过程，因此它的主观性会更强。

### （二）集体综合预测法

又称专家会议法，是指邀请内部经营管理人员、业务人员及其他相关人员和一些专家，针对预测的对象，通过对过去和现在的情况分析，共同对未来市场做出的判断和推测意见，最后将预测意见综合起来，采取平均法或者加权平均法进行统计处理，得到预测结果的一种预测方法。具体流程是，先邀请若干名（一般以 10 人左右为宜）能独立思考的业内权威人士参加会议，然后由会议召集人提出议题让专家们充分发表意见，最后由召集人对各种意见进行比较和评价归类，最后确定预测结果。

这种预测方法可以避免单凭个人经验进行预测而产生的主观片面性，比较能反映市场的真实趋向。但是，由于采用的是面对面的预测，相互干扰的可能性比较大，并不能完全反映所有讨论人员的全部意见，甚至有可能受到权威人士意见的左右，容易出现“一边倒”的情况。

### （三）德尔菲法

俗称“背靠背”法，是根据专业人士的知识和经验，采用系统的程序，互不见面的方式，经过多次综合、归纳和反馈，逐步对某一未来问题取得一致意见，最后得出预测结果的一种方法。德尔菲法的预测流程是：

第一，拟定预测主题和预测内容。成立预测组织机构，根据预测任务草拟预测主题，制定专家应答的问题提纲，说明做出定量估计、进行预测的依据及其对判断的影响程度。

第二，挑选专家。选择专家是德尔菲法成功的关键。专家一般指掌握某一特定领域知识和技能的人。人数一般以 10 ~ 15 人为宜，不可太多。专家名单应该高度保密，不能让专家之间进行任何相关问题的讨论。

第三，反复征询专家意见。第一次，预测组织机构用邮政信函、电子邮件等方式与专家直接联系，说明主题和要求。专家根据自己的知识和经验，对预测对象的未来发展趋势提出自己的观点，并说明其依据和理由，以书面答复预测组织机构。第二次，预测组织机构归纳整理第一次预测意见，对不同的预测值分别说明对应专家的意见，但不具体标明哪个专家的意见，然后寄给各位专家，要求专家修改自己原先的预测。第三次，各位专家接到第二次反馈意见后，认真阅读、分析其他专家的各种预测意见及其依据和理由，并进行再次预测，提出自己修改的意见及其依据和理由。如此多次往返，意见逐渐趋向一致。具体修改的次数，必须根据实际需要决定。

第四，作出预测结论。当各位专家的意见基本一致时，预测组织机构通过平均法或者加权平均法对各种意见进行统计处理，最后得出预测结果。

德尔菲法既可以避免由于集体会议面对面讨论带来的缺陷，又可以避免个人一次性判断带来的局限，因此它要比个人经验预测法、集体综合预测法得出的预测方案准确一些。但其缺点是信件往返和整理都需要时间，所以比较费时。

### （四）类比法

类比法是利用相似性原理，对两个森林旅游区（企业）进行比较，找出它们在某一方面的类似点，从而把其中一个旅游区（企业）的其他有关性质，移植到另一对象中去的逻辑方法。也可以说，它是借助同类或相似对象的性质特征来推断预测对象的未来发展趋势的一种预测方法。它适用于新的森林旅游区、旅游项目、旅游产品的开发预测。例如，某国有林场改建为森林公园，由于过去从来没有接待过游客，所以客源流量、客源构成等多种数据缺失，无法进行直接预测分析。根据类比原理，可以寻找一个在地域、资源、政策、经济、社会环境相近并且开发建设相对成熟的森林公园，借助它预测出各种所需数据作为规划、决策的参照。

类比方法是以两个对象都具备某些类似特征为基础的，但两个对象之间的类似不等于说两个对象的联系是必然的，它们还存在着差异性，在预测中不能完全等同。同时，两个相似对象并存的许多属性中，有些是固有属性，有些是偶有属性，所以它的预测结论只有一定程度的可靠性。因此，要提高类比法的可靠程度，就必须尽可能地寻找共有属性多的参照物。

## 三、定量预测方法

定量预测法是指在掌握预测对象有关要素的量化数据的基础上，运用数学方法建立反映有关变量之间关系的数学模型或其他量化模型，从而对未来森林旅游现象做出预测的方法。定量预测一般有因果预测和时序预测两类方法。

### （一）因果预测方法

因果预测方法是根据事物之间的因果关系对变量的未来变化进行预测。在森林旅游社会经济现象中，因果关系大致可分为函数关系、相关关系、因子推演关系等几种不同的类型。利用因果关系进行预测的方法有回归分析法、计量经济学法和投入产出法。这里主要介绍回归分析法。

回归分析就是研究某一个随机变量（因变量）与其他一个或多个变量（自变量）之间的数量变动关系。由回归分析求出的关系式通常称为回归模型。回归分析的工作流程：首先，进行定性分析，选择预测目标的主要影响因素作为数学模型的自变量；其次，收集这些因素的统计资料，并通过 SPSS、SAS 等软件绘制散点图，直观地判断数据变化的趋势，从而为选择最优的数学模型做准备；最后，根据历史数据的变化趋势，建立预测模型。应用最小二乘法等，求出各因素（参变量）之间的相关系数和回归方程，并通过相关系数、标准差、显著性等指标，对预测模型进行相关检验和修正。

根据自变量个数的多少，回归预测可以分为一元回归预测和多元回归预测，凡是求一个变量对另一个变量的回归方程问题叫一元回归；凡是求一个变量对另外几个变量的回归分析问题叫多元回归。根据回归模型是否为线性，回归预测可以分为线性回归预测和非线性回归预测，所谓线性回归预测就是指因变量和自变量之间的关系是直线型的。根据回归预测是否带虚拟变量，回归预测可以分为一般回归预测和虚拟变量回归预测。一般回归预测的自变量都是数量变量，而虚拟变量回归预测的自变量既有数量变量也有品质变量。

### （二）时序预测方法

一些森林旅游现象有时很难找到影响预测目标的主要因素，此时就无法使用回归预测法进行预测，而可考虑使用时序预测方法。时序预测方法又称历史延伸法或趋势外推法，是将预测目标的历史数据按照时间顺序排列成时间序列，运用数学方法建立预测模型，使市场现象的数量向未来延伸，进而预测其未来变化发展趋势的一种方法。这种预测方法的基本思想是用预测对象的过去规律来预测未来规律。

时序预测法的流程：

第一，准备资料。收集、整理市场现象的历史资料，按照时间顺序排列成时间序列，并根据时间序列绘制图形。

第二，分析时间序列特征。影响森林旅游市场现象变动的因素按其特点可分为长期趋势变化、季节变化、循环变化和随机变化四类。

第三，选择预测方法，建立预测模型。时序预测方法主要有确定型时序预测法和随机型时间序列分析法两大类。确定型时序预测法的基本思想是用一个确定的时间函数 $y=f(t)$ 来拟合时间序列，不同的变化采取不同的函数形式来描述，不同变化的叠加采用不同的函数叠加来描述。常用的方法有移动平均法、指数平滑法、差分指数平滑法、自适应过滤法、直线模型预测法、多项式模型预测法、指数曲线模型预测法、修正指数曲线模型预测法、成长曲线预测模型和季节变动预测法等。随机型时间序列分析法的基本思想是通过分析不同时刻变量的相关关系，揭示其相关结构，利用这种相关结构来对时间序列进行预测。建立随机时间序列模型需要较深的数学知识和较多的历史数据，方法复杂，计算量大，但它在短期预测方面精度高，因此得到了越来越广泛的应用。

第四，测算预测误差，确定预测值。

## 第四节　森林旅游市场营销

现代企业营销战略的核心被称为“STP 营销”，即细分市场（Segmenting）、选择目标市场（Targeting）和产品定位（Positioning）。“STP 营销”即目标市场营销能够帮助企业更好地识别市场机会，从而为每个目标市场提供适销对路的产品。

### 一、森林旅游市场细分

森林旅游市场细分就是森林旅游区（企业）在科学调查分析的基础上，利用某些差别因素，把不同需求的森林旅游者划分为若干个客源群体，从中选择适合自己的目标群体的方法。细分后的森林旅游市场都由具有类似需求或类似行为的旅游者群体构成。它是森林旅游区（企业）选择目标市场的前提和基础，在森林旅游营销活动中占有非常重要的地位。值得注意的是，根据森林旅游市场的定义可知，森林旅游市场细分是对有不同森林旅游需求的旅游者进行分类，而不是对产品或行业进行分类。因此，森林旅游市场细分的过程，也就是对森林旅游者的特征进行描述、分析和判断的过程。

旅游者的需求是旅游市场营销活动的基础，不同的旅游者有不同的需求，任何一个森林旅游区由于受资源、环境、服务等因素的影响，都无法满足所有森林旅游者对森林旅游产品的互有差异的整体需要。一般来说，旅游者对各种旅游产品的偏好程度会表现出以下三种类型：

一是同类型，即市场上所有消费者的爱好大致相同，不存在自然细分市场。在这种情况下，不同的旅游区常常提供基本上相同的产品和服务，吸引相同的消费者。

二是分散型，旅游者的爱好很不集中，呈分散状态。在这种情况下，旅游区只能吸引部分消费者，并提供适应这些消费者需要的产品和服务。

三是群集型，市场自然地形成若干细分市场，各消费者群体的爱好有显著的区别。在这种情况下，旅游区只要占据其中一个细分市场，并确定某种经营规划，提供能吸引这个细分市场的各种产品和服务，就能获得成功。

森林旅游市场细分的目的就是要分析旅游者的需求类型，了解他们需求的差异，然后把具有同类森林旅游消费行为的森林旅游者加以聚合，最后制定有针对性的营销策略。所以市场细分并不把整个市场进行分解，它实际上是一个聚集和分解共同作用的复合过程。

参照美国市场营销学家麦卡锡（E. J. McCarthy）提出的市场细分程序，结合森林旅游产品的特点，森林旅游市场细分程序主要包括以下六个步骤：

第一，框定森林旅游市场总体范围。每个森林旅游区或每个森林旅游企业，都有自己的市场范围。产品市场范围应以旅游者的需求而不是产品本身特性来确定。例如，旅行社开展森林旅游组团业务的客源目标市场主要集中在本城市，县级森林公园的目标客源市场可能主要集中在周边地区，省级森林公园的目标客源市场可能主要集中在本省和周边省市，而张家界等著名森林公园的目标客源市场则可能是全球。

第二，讨论、估计游客基本需求。框定市场范围以后，可以采用上节介绍的集体综合法、个人经验法等，从地理、人口、心理、行为等几个方面，粗略预测森林旅游者有哪些基本需求，并将这些需求进行认真记录。

第三，梳理游客的不同需求。对于讨论估计出来的基本需求，不同的旅游者强调的侧重点可能会存在差异。因此，需要依据人口因素进行抽样调查，了解哪些需求对游客来说最重要。然后按照重要性将这些不同需求排序罗列出来。

第四，剔除游客的共同需求。市场细分是在游客需求的差异化分析上进行的，因此，游客的共同需求只能作为制定营销战略的参考，但不能作为市场细分的基础，在进行市场细分时必须剔除共同需求，以特殊需求作为细分标准。

第五，确定细分市场。将各种差异的游客按照相似性原则分别归类，划分为不同的群体或细分市场，并命以名字。如高学历市场、新婚市场、“忙人病”患者市场、会议市场等。也可以按照重要性等级来命名，如一级市场、二级市场、机会市场等。同时，对每一个确定了的分市场做进一步的调查分析，细致了解潜在游客的需求，以对各分市场进行微调或重新定位。

第六，测量细分市场大小。可以根据人口资料或其他社会统计资料测算各分市场的潜在游客数量、旅游频率、旅游购买力等，并对细分市场上旅游竞争状况及发展趋势做出分析。如从民政部门提供的婚姻登记数据可以预测某城市的新婚市场数据，从而为森林旅游区开拓新婚旅游业务提供参考。又如从医疗部门提供的哮喘病、失眠症等统计数据，可以为森林旅游区开发负离子吸呼区项目提供市场数据。

## 二、森林旅游目标市场的选择

目标市场是指营销者在市场细分和经济评价的基础上，准备为某一个或几个细分市场提供产品或服务的特定市场。一般来说，只有具备下列条件的细分市场，才可作为旅游企业的目标市场：首先，细分市场具有一定的规模；其次，细分市场尚未被竞争对手垄断；最后，细分市场与森林旅游区的承载力和经营能力相适应。

可供森林旅游区（企业）选择目标市场的战略有三种：

第一，无差异市场营销策略。无差异营销策略是指将整个旅游市场视为一个目标市场，不再做细分，用一种产品和一套营销组合方案开拓市场。这种策略是以一种旅游产品尽可能适合各种客源群体的共同需求为前提，不考虑旅游者需求的差异性。采用这种战略的优点是可以节省开发建设、市场调研等成本。而其主要的缺点是，在旅游市场竞争日益激烈的情况下，单一产品要以同样的方式广泛销售并能受到所有的旅游者的欢迎几乎是不可能的，不利于经济利润的扩大。

第二，差异性市场营销策略。差异性市场营销是将整个旅游市场划分为若干个细分市场，针对每一细分市场的需求特征，分别开发不同的旅游产品和制定不同的营销组合方案，以满足不同旅游消费者需求的一种策略。差异性营销策略的优点是：产品丰富，针对性强，能满足不同的旅游者需求，促进旅游者增加重复购买的数量和次数。不足之处是：市场调研、促销和渠道管理等成本较高。另外，营销管理的难度增大，可能使旅游区的资源配置不能有效集中，顾此失彼。

第三，集中性市场营销策略。集中性营销策略是指某些规模比较小的森林旅游区（企业）由于受资源、技术或资金的限制，在营销战略上仅选择一个或较少的几个细分市场为目标市场，集中各种资源力量争取在这些细分市场有较大的市场占有率。这一策略特别适合于资源力量有限的中小森林旅游区或企业。它的主要优势是由于营销对象比较集中，对一个或几个特定的分市场有较深的了解，所以比较容易在这一特定市场取得有利地位。但由于实行集中市场营销的目标范围比较狭窄，一旦市场情况突然变坏，如旅游者的偏好发生转移或者出现强有力的竞争者等，森林旅游区（企业）就可能陷入困境。

以上三种目标市场策略各有优缺点，森林旅游区（企业）在确定了目标市场后，究竟采取哪种策略，取决于影响目标市场策略选择的各种因素。比如，当森林旅游区的自然资源、环境资源、人文资源不丰富或特异性不强，人力、财力、信息等资源紧张或缺乏，无力兼顾整体市场或更多的确定细分市场时，适宜采用集中性营销策略；如果森林旅游区各种资源丰富、实力较强，就可以考虑采用差异性市场营销策略。

## 三、森林旅游市场定位

森林旅游市场定位是指为稳定市场、吸引顾客，根据目标市场上的需求和竞争者状况，努力采取行动，为旅游区（企业）及其产品塑造和培养出具有一定特色的市场形象，并通过一定的信息传播途径，把这种形象传达给旅游者，最终在旅游者心理上产生产品认同的过程。森林旅游区（企业）一旦选定了目标市场和差异化策略后，为了使目标顾客能够容易识别其产品和服务，并形成特定印象和看法，就应该进入目标市场营销 STP 的第三个步骤——市场定位。它是目标市场营销 STP 重要的组成部分，关系到旅游区及其旅游产品在市场竞争中占领旅游者心理、树立旅游形象、实现市场营销战略目标等一系列重要问题。

### （一）市场定位的程序

市场定位一般有三个步骤：

第一，明确潜在的竞争优势。要赢得消费者，就必须比竞争者更好地满足旅游者的需求，这是市场定位的关键。因此，森林旅游区（企业）必须首先明确几个方面的问题：其一，竞争者的定位状况是什么？他们向目标市场提供了哪些旅游产品及服务，做得怎么样？在旅游者的心目中形象如何？其二，目标客源群体对森林旅游产品最需要的是什么？他们对森林旅游产品最关心的是些什么问题？他们的需求满足得如何？其三，自己能够为旅游者做什么？自己的这些产品的特色优势是什么？这些优势是否能够满足森林旅游者的需求，并是否能使旅游者对此产生偏好？其四，与竞争对手相比，自己的服务、形象、成本、营销技术等方面有没有优势？自己还有哪些不足？

第二，选择相对的竞争优势。与竞争对手相比，并不是每一种优势都有竞争意义和市场价值，因此森林旅游区（企业）在识别自身的竞争优势之后，还必须结合实际对所有优势进行筛选。对于森林旅游区而言，最有吸引力的主要特征是："最珍稀的物种"、"最奇特的资源"、"最优的观赏价值"、"最好的服务"、"最先进的生态技术"等。森林旅游区可以根据自己的资源配置通过营销方案差异化突出自己的这些特色，并着重围绕这其中的一个特点进行宣传，同时，让这些特点实实在在地展现在旅游者的旅游过程中，使旅游者感觉自己从中得到了价值最大的旅游产品及服务。

第三，准确传播市场定位。选择好竞争优势之后，森林旅游区（企业）就可以开始通过系列宣传促销活动，把市场定位准确传播给旅游者，让旅游者知道、了解、熟悉、认同、喜欢这些市场定位，并在旅游者心目中留下深刻印象。同时，要密切关注目标客源群体对其市场定位认知和理解状态，如果出现偏差、模糊、混乱和误会，要采取紧急措施及时进行纠正。

### （二）森林旅游区形象设计

企业形象战略，又称为企业形象识别系统（Corporate Identity System，简称CIS），是将企业经营理念和精神文化，运用一定方法和途径传达给企业内部与大众，并使其对企业产生一致的认同感或价值观，从而达到形成良好的企业形象和促销产品的设计系统的目的。在旅游界，最先导入CIS并取得成功的企业应首推“广之旅”。近年来深圳、杭州、大连等城市，都在树立自身品牌形象方面进行了尝试。其中深圳的“精彩深圳、欢乐之都”、杭州的“休闲之都”等已产生一定的影响。

CIS系统主要由理念识别（Mind Identity，简称MI）、行为识别（Behavior Identity，简称BI）和视觉识别（Visual Identity，简称VI）三大系统构成。

1. 理念识别系统（MI）

理念识别是森林旅游区（企业）产品设计、开发、管理、研发、营销、服务等经营理念的识别系统。它侧重于旅游区或旅游企业精神文化和理念价值的传播，属于旅游文化的意识形态范畴。进行理念设计前，必须在深入调查资源、环境、员工等情况的基础上，认真分析、把握、了解森林旅游区（企业）的精神内涵，并用准确、简洁、独特的文字表述出来。同时，在正式定稿之前，还要将初稿内容传达给基层员工，听取上上下下的意见和建议，并进行修改和调整。

理念识别系统的具体内容有：经营哲学；经营宗旨；经营目标；旅游区（企业）精神；旅游区（企业）价值观；旅游区（企业）文化；旅游区（企业）信条；市场定位；经营方针；发展战略；组织体制；社会责任。

2. 行为识别系统（BI）

行为识别是指森林旅游区（企业）在内部协调和对外交往中的规范准则。它是旅游区或旅游企业在处理、协调人、事、物的动态运作系统时形成的动态识别形态。对内是建立完善的组织体系、管理规范、员工行为规范等准则，对外是市场开拓、产品研发、公益活动、促销活动、公关活动等过程中的行为准则。实际上，行为识别是旅游区（企业）理念实施的具体行动和做法。

行为识别系统的具体内容对内方面有：组织管理；员工培训；服务态度；服

务标准；接待礼仪；员工福利；工作环境；环保管理措施；安全管理措施；行为规范。对外方面有：市场开拓；产品研发；公共关系；促销活动；公益活动；与经销商、代理商等群体的关系。

3. 视觉识别系统（VI）

视觉识别是以旅游区或旅游企业标志、标准字体、标准色彩为核心展开的视觉传达体系，是将旅游区或旅游企业精神理念、文化特质、服务内容、企业规范等抽象语意转换为具体符号，塑造出独特的旅游形象的过程。它是CIS系统中最外在、最直接、最具有传播力和感染力的部分。

视觉识别系统分为基本要素系统和应用要素系统两大方面。基本要素包括名称、标志、中英文标准字体、标准色、象征图案、吉祥物、宣传口号等及其组合形式，基本要素系统是企业形象的核心部分。实际上，它是以旅游区或旅游企业标志为核心进行的设计整合，是一种系统化的形象归纳和形象的符号化提炼；应用要素包括办公事务用品、建筑及室内外环境、交通工具、旗帜、招牌、标识牌、橱窗、陈列展示、衣着服饰、广告宣传等。

## 【思考题】

1. 简述森林旅游市场环境分析的主要方法。
2. 简述森林旅游市场抽样调查的主要步骤。
3. 简述森林旅游市场定性预测的重要方法。
4. 简述因果预测方法与时序预测方法的内涵与区别。
5. 简述森林旅游市场细分的内涵。
6. 简述森林旅游目标市场选择的内涵及三种主要选择战略。
7. 什么是市场定位，森林旅游市场定位一般遵循哪几个步骤？

## 【案例1】

### 森林旅游区若干市场问题的定量计算实例

以某国家级森林公园1998—2005年的原始客源数据为依据（见表1），测算该森林公园客源市场的季节变动规律，并预测其客源量和旅游经济收益。

表 1　某森林公园 1998—2005 年各月游客人数

| 年＼月 | 1 | 2 | 3 | 4 | 5 | 6 | 7 | 8 | 9 | 10 | 11 | 12 |
|---|---|---|---|---|---|---|---|---|---|---|---|---|
| 1998 | 1120 | 890 | 1560 | 2013 | 2672 | 2564 | 2200 | 2722 | 1856 | 1461 | 870 | 910 |
| 1999 | 984 | 1172 | 2421 | 2103 | 2596 | 2232 | 2739 | 2203 | 1975 | 1652 | 990 | 921 |
| 2000 | 1565 | 1247 | 892 | 1967 | 1475 | 3005 | 2976 | 2612 | 2148 | 1788 | 893 | 762 |
| 2001 | 1192 | 1307 | 762 | 941 | 1369 | 3360 | 5587 | 5047 | 3069 | 2169 | 1147 | 786 |
| 2002 | 1121 | 1507 | 682 | 840 | 1786 | 2473 | 8750 | 7768 | 3786 | 2162 | 785 | 642 |
| 2003 | 1362 | 1209 | 806 | 932 | 1142 | 3643 | 6623 | 10505 | 4727 | 2340 | 1172 | 930 |
| 2004 | 1183 | 1092 | 903 | 1103 | 2819 | 4854 | 12460 | 9510 | 4144 | 1709 | 1284 | 720 |
| 2005 | 1032 | 905 | 782 | 1171 | 3118 | 5995 | 14104 | 8589 | 4963 | 3723 | 982 | 682 |
| 合计 | 9559 | 9329 | 8808 | 11070 | 16977 | 28126 | 55439 | 48956 | 26668 | 17004 | 8087 | 6353 |

## （一）季节指数法在森林旅游区旺季、淡季和平季特征计算中的应用

首先按照季节指数（%）＝历年同季平均数/全时期总平均数的计算方法，求出季节指数，绘制成季节变动图（图 1）。然后将月游客量高于月平均游客量的月定为旺季，低于月平均游客量的定为淡季，相差不大的定为平季。

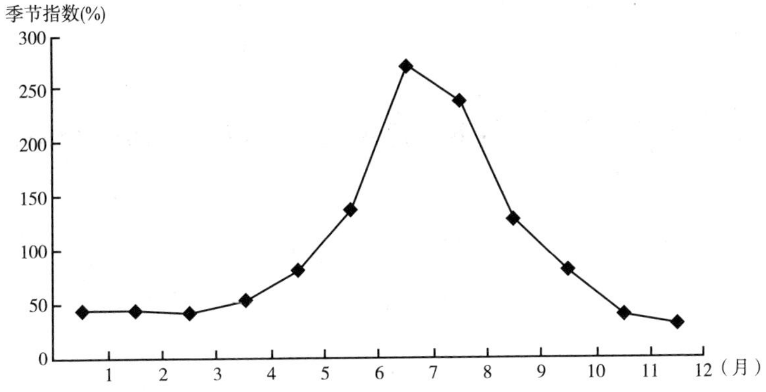


图 1　游客季节变动图

由图 1 可看出该风景区游客的季节变动规律为：

（1）旅游淡季为 1、2、3、4、11、12 月，淡季天数为 181 天，占全年 50%。旅游淡季的人数约低于月平均数的 50%。

（2）旅游平季为 5 月和 10 月，旅游人数接近全年月平均数水平。平季天数为 62 天，占全年 17%。

（3）旅游旺季为6、7、8、9月，高于月平均数130% ~170%。旺季天数为122天，占全年33%。

## （二）灰色模型在森林旅游区客源量预测中的应用

第一，选取GM（1，1）模型：

$$\hat{P}_{(i)}^{(1)} = (P_{(0)}^{(1)} - \frac{u}{a})e^{-at} + \frac{u}{a}$$

式中，$\hat{P}$为预测期游客量；$a$、$u$为待辨认参数。

第二，根据表1整理出该公园1998—2005年每年的游客量（见表2），然后构造模型。

**表2　1998—2005年游客量**

单位：人次

| 年　份 | 1998 | 1999 | 2000 | 2001 | 2002 | 2003 | 2004 | 2005 |
|---|---|---|---|---|---|---|---|---|
| 游客人数 | 20838 | 21988 | 21330 | 26736 | 32302 | 35391 | 41781 | 46046 |

根据表2所列数据，对$P_{(i)}^{(1)}$，$i=1$，2，3，4，5作累加生成得$\hat{P}$，即：

$$i = 1, P_{(1)}^{(0)} = P_{(1)}^{(1)} = 20838;$$
$$i = 2, P_{(2)}^{(1)} = P_{(2)}^{(0)} + P_{(1)}^{(1)} = 42826;$$
$$\cdots$$

依此类推，求得$P_{(3)}^{(1)} \sim P_{(8)}^{(1)}$分别为：64156、90892、123194、158585、200366、246412。

第三，构造数据矩阵。

$$B = \begin{vmatrix} -\frac{1}{2}(P_{(1)}^{(1)} + P_{(2)}^{(1)}) \\ -\frac{1}{2}(P_{(3)}^{(1)} + P_{(2)}^{(1)}) \\ \cdots \\ -\frac{1}{2}(P_{(8)}^{(1)} + P_{(7)}^{(1)}) \end{vmatrix}$$

$$Y_N = \{P_{(2)}^{(0)}, P_{(3)}^{(0)}, P_{(4)}^{(0)} \cdots P_{(8)}^{(0)}\}^T$$
$$= \{42826, 64156, 90892, 123194, 158585, 200366, 246412\}^T$$

第四，构造数据向量。

$$\hat{a} = [a, u]^T = (B^T B)^{-1} B^T Y_N = \begin{Bmatrix} -0.13652519 \\ 62114.52082420 \end{Bmatrix}$$

求出模型参数，即：

$$a = -0.13652519$$
$$u = 62114.5208$$

则该森林公园游客量的灰色预测模型为

$$\hat{P}_{(i)}^{(1)} = 475805.4739e^{0.13652t} + 454967.4739$$

用该模型对2006—2013年游客量预测，计算结果列入表3。

**表3　未来8年游客预测量**

单位：人次

| 年　份 | 2006 | 2007 | 2008 | 2009 | 2010 | 2011 | 2012 | 2013 |
|---|---|---|---|---|---|---|---|---|
| 游客预测数量 | 53008 | 61325 | 70296 | 80579 | 92367 | 105879 | 121366 | 139121 |

## （三）回归分析法在森林旅游区经济收益预测中的应用

根据该森林公园提供的旅游收入数据，绘制成变化趋势图（图2）。

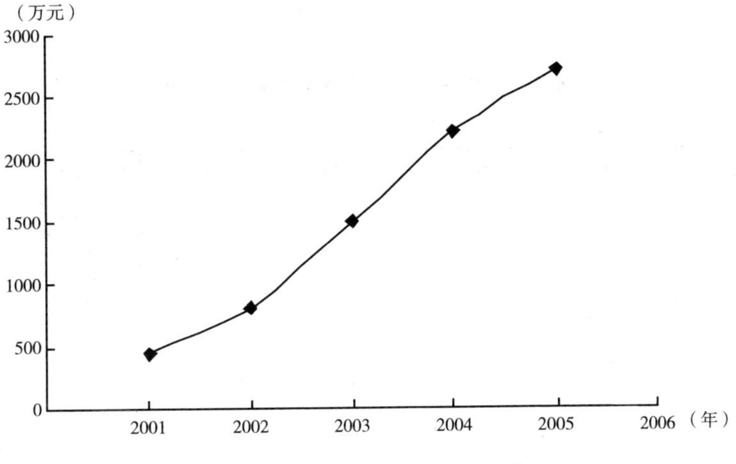


**图2　2001—2005年经济收入变化图**

图2显示，变量 $t$ 与 $I$ 之间为线形关系。故可取回归模型为线性模型，即为：

$$\hat{I} = \hat{a}t + \hat{b}$$

式中，$\hat{I}$ 为预测对象（经济收益）；$t$ 为相关因素（时间序数）；$\hat{a}$ 为回归系数；$\hat{b}$

为常数。

将观测数据代入上式后写成矩阵方程的形式：

$$a = TI_N\text{，其中 } T = \begin{pmatrix} t_1 & 1 \\ \vdots & \vdots \\ t_n & 1 \end{pmatrix},\ I_N = \begin{pmatrix} \hat{I}_1 \\ \vdots \\ \hat{I}_n \end{pmatrix},\ a = \begin{pmatrix} \hat{b} \\ \hat{a} \end{pmatrix}$$

运用最小二乘法估算 $\hat{a}$ 和 $\hat{b}$ 得：$a = \begin{pmatrix} \hat{b} \\ \hat{a} \end{pmatrix} = (T' \quad T)^{-1} T' I_N$

得出：

$$\begin{pmatrix} \hat{b} \\ \hat{a} \end{pmatrix} = \begin{pmatrix} -240 \\ 590 \end{pmatrix}$$

故该森林公园经济收入的回归预测模型为

$$\hat{I}(t) = 590t - 240$$

运用该方程对该森林公园在2006—2017年的经济收益预测，结果列于表4。从该预测结果可以看出，2017年该森林公园旅游收益将是现在的3.4倍。

**表4　2006—2017年旅游经济收入预测值**

单位：万元

| 年　　份 | 2006 | 2007 | 2008 | 2009 | 2010 | 2011 |
|---|---|---|---|---|---|---|
| 预测收入 | 2700 | 3300 | 3890 | 4480 | 5070 | 5660 |
| 年　　份 | 2012 | 2013 | 2014 | 2015 | 2016 | 2017 |
| 预测收入 | 6250 | 6840 | 7430 | 8020 | 8610 | 9200 |

**【案例2】**

## 惠州市森林生态旅游区形象策划

### 一、旅游区性质

根据相关因素的分析，惠州森林生态旅游可确定为：以休闲度假、康体保健、游憩娱乐和登山露营产品为主导，以观光游览、科学考察、红色旅游、宗教朝拜和科普教育产品为辅助，以森林生态旅游为核心，以滨海旅游为补充，主要面向中间层次消费需求，兼顾高层次、低层次消费需求的森林生态旅游区。

## 二、旅游区形象定位

### （一）森林生态旅游区形象定位基础

#### 1. 旅游形象感知现状及诊断

（1）旅游形象感知现状。为了解游客对惠州旅游形象的认知现状，本规划编制组于2004年12月进行了一次问卷调查，采取面访方式。调查选取汤泉省级森林公园、南昆山国家森林公园、罗浮山、惠州西湖和巽寮海湾等旅游景区（点），采取现场简单随机抽样方法展开调查，共计发放问卷164份，回收164份。根据调查结果，统计以下情况。

①游客对惠州旅游的总体印象（见表1）。调查问卷统计结果显示，游客用来形容和描述惠州旅游形象的词汇主要为前三组（见表1）。游客认为惠州“干净、自然、生态、卫生”的占42.3%；认为惠州“优美、漂亮、美丽、秀丽”的占34.6%；认为惠州“舒适、悠闲、适合居住、热情友好”的占26.9%。总之，游客选择的正面词汇高于负面词汇，频率也远较后者高，说明游客对惠州旅游的总体印象良好，在大多数游客心目中惠州是“美丽、卫生、悠闲、生态”的好形象。

**表1 游客对惠州旅游的总体印象统计表**

| 形象描绘词汇组 | 频率(%) | 形象描绘词汇组 | 频率(%) |
|---|---|---|---|
| 干净、自然、生态、卫生 | 42.3 | 客家人、电子产品、珠三角 | 15.3 |
| 优美、漂亮、美丽、秀丽 | 34.6 | 小巧、中等城市、精致 | 11.5 |
| 舒适、悠闲、适合居住、热情友好 | 26.9 | 拥挤、脏乱、治安差、冷漠 | 8.1 |
| 经济发达、投资热地、交通便捷、繁华 | 17.2 | — | — |

②游客对惠州旅游基础设施、管理服务水平的印象。为更具体了解游客对惠州旅游软、硬环境的印象，本规划编制组采用“态度显表法”来进行测度（见表2），并统计出相关得分（见表3）。

调查统计结果显示，游客对惠州旅游交通状况最满意，但同时认为惠州在旅游宣传促销上做得不够，旅游项目也不够丰富。

③游客对惠州最为认同的景区（点）（见表4）。据调查统计，游客对惠州最为

**表 2　游客对惠州旅游基础设施、管理服务水平感知评比量表**

| 评价项目 | 分值 | | | | |
|---|---|---|---|---|---|
| | 1 | 2 | 3 | 4 | 5 |
| 社会治安状况 | 好 | 较　好 | 一　般 | 较　差 | 差 |
| 旅游服务质量 | 好 | 较　好 | 一　般 | 较　差 | 差 |
| 当地居民对旅游者的态度 | 热　情 | 比较热情 | 一　般 | 比较冷漠 | 冷　漠 |
| 规划建设水平 | 好 | 较　好 | 一　般 | 较　差 | 差 |
| 景区景点的卫生状况 | 清　洁 | 比较清洁 | 一　般 | 比较脏乱 | 脏　乱 |
| 旅游交通状况 | 便　捷 | 比较便捷 | 一　般 | 不便捷 | 很不便捷 |
| 旅游服务的价格水平 | 昂　贵 | 价格偏高 | 一　般 | 比较便宜 | 便　宜 |
| 旅游对外宣传 | 宣传很多 | 比较多 | 一　般 | 宣传少 | 缺少宣传 |
| 旅游项目的丰富程度 | 丰　富 | 比较丰富 | 一　般 | 比较欠缺 | 欠　缺 |
| 旅游地的原真性保护 | 好 | 较　好 | 一　般 | 较　差 | 差 |

**表 3　游客对惠州基础设施、管理服务水平感知情况统计表**

| 评价项目 | 平均得分 | 评价项目 | 平均得分 |
|---|---|---|---|
| 社会治安 | 2.67 | 原真性保护 | 2.77 |
| 旅游服务质量 | 2.72 | 旅游交通状况 | 1.87 |
| 当地居民态度 | 2.38 | 旅游服务价格 | 3.15 |
| 规划建设水平 | 2.82 | 旅游宣传 | 3.69 |
| 卫生状况 | 2.79 | 项目丰富度 | 3.26 |

**表 4　游客对惠州最为认同的景区（点）**

| 景点名称 | 获选比例(%) | 景点名称 | 获选比例(%) |
|---|---|---|---|
| 惠州西湖风景名胜区 | 79.5 | 象头山国家级自然保护区 | 15.4 |
| 罗浮山 | 53.8 | 惠东海龟国家级自然保护区 | 12.8 |
| 龙门温泉 | 43.6 | 平海古城 | 7.7 |
| 南昆山国家森林公园 | 33.3 | 桂峰山 | 6.4 |
| 巽寮海湾 | 30.8 | 御景峰省级森林公园 | 3.6 |
| 汤泉省级森林公园 | 28.2 | 其　他 | 6.0 |

认同的景区（点）是惠州西湖风景名胜区，达79.5%，罗浮山、龙门温泉、南昆山国家森林公园和巽寮海湾也均在30%以上。这些景区（点）均是以森林生态旅游资源为主的旅游景区（点）。

④游客获取惠州旅游形象信息的渠道。据调查统计柱状图（图1），游客获取惠州的旅游信息，了解惠州的途径主要为“朋友介绍”（63.8%）、过去在惠州的亲身经历（30.5%）和广播电视（25.4%）。由此说明，游客获取旅游信息和了解惠州的途径主要是人际传播渠道，而大众传播渠道仅局限于广播电视。可见，惠州旅游形象推广和市场营销很不充分。

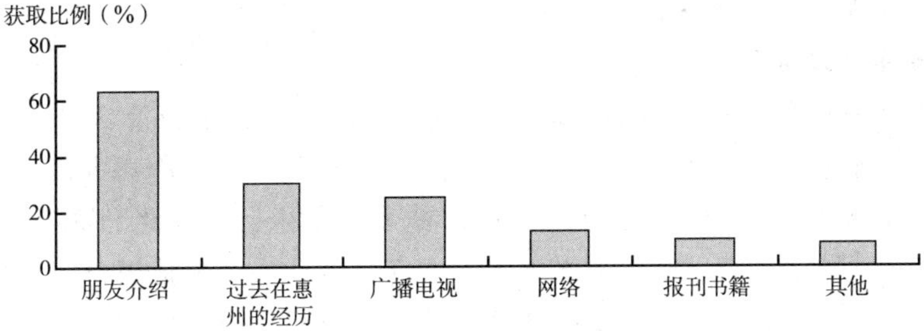


**图1　游客获取惠州旅游信息的途径选择情况图**

（2）旅游形象现状诊断。

①旅游形象知名度不高。惠州旅游在粤港澳有一定知名度，但在内地知名度不够。惠州西湖、罗浮山、龙门温泉、南昆山国家森林公园和巽寮海湾知名度较高，表明这些景区（点）在核心市场已有一定影响，但惠州大多数旅游资源品位很高的景区（点）知名度却很低。

②旅游总体形象正面，但旅游特色认知模糊。

③游客对惠州基础设施和管理服务水平正面认知度不高，反映惠州旅游发展的软、硬环境有待改善。

④旅游形象定位失之偏颇，形象宣传口号没有新意和冲击力。原有的“名山秀水惠州游”的旅游形象概括，未能反映惠州旅游资源和现有旅游产品的特色，表述落俗，冲击力和诉求力不强。

⑤旅游形象信息获取渠道单一，方式简单，效果不佳。

**2. 文脉特征分析**

根据本规划的调查分析可知，惠州市历史悠久，文化底蕴深厚，人文荟萃，是广东省历史文化名城，素有“粤东门户”、“岭南名郡”之美誉；山水相映，森林覆盖率高，自然生态环境优越；旅游资源总量丰富，类型多样，整体品质高，保护好，分布呈大分散、小集中格局，景观要素组合佳；交通便利，区位优越，经济发达，是珠江三角洲经济区的重要区域。

**3. 市场需求分析**

据本规划对惠州旅游客源市场现状的调查，反映生态休闲度假旅游的比重占总游客的68%。从惠州潜在客源市场调查的统计分析发现，游客感兴趣的旅游资源类型，森林占74.1%，海滨占34.5%，湖泊占17.25%。而随着经济的发展、人们收入水平的提高和闲暇时间的延长，生态旅游的需求会越来越旺盛，据世界旅游组织的预测，未来将有50%的旅游者进入森林开展各种旅游活动，森林生态旅游将会成为旅游的热点。

**4. 竞争环境分析**

惠州市位于广东省东南部、珠江三角洲东北端，南临南海大亚湾，北连河源、韶关，东接汕尾，西背东莞、广州，与深圳毗邻。按照所拥有的主要旅游资源类型，惠州与河源、韶关、清远同属以山水、森林生态旅游资源为主的区域，惠州与广州、东莞、深圳和汕尾的旅游资源不同类。在一般的理解上，在旅游开发中，相邻同类资源形成竞争，相邻不同类资源形成互补。河源、韶关、清远与惠州主体旅游资源同类，于惠州旅游开发前后起步，但韶关、河源、清远开发的旅游产品目前以观光旅游产品为主，尽管这三地近年也着意进行森林生态休闲度假产品开发，但三地森林生态休闲度假产品在产品结构中居于次要地位，且与惠州相比距珠三角主要客源地距离较远。但反过来，相邻同类资源区域可进行区域协作，形成良性的竞合关系，可以共同做大广东的森林生态旅游。广州、东莞、深圳旅游开发较早，广州是广东省省会，全省政治、经济、文化中心，国家历史文化名城，是广东旅游开发最早的传统旅游目的地，属以文化旅游产品为主的综合性旅游目的地。东莞工业、商贸发达，环境破坏严重，旅游业在产业结构中的比重很低，是惠州旅游的主要客源地之一。深圳旅游业发达，是全国重点旅游城市、广东省新兴的主要旅游目的地，但深圳旅游以主题公园娱乐旅游产品享誉全国。汕尾是无产阶级革命家彭湃的故里、著名革命根据地，红色旅游资源丰富，汕尾南临南海，海岸线漫长，滨海旅游资源丰富，其与惠州旅游产业发展方向不同。

惠州临近地区在旅游业发展过程中形成了各有特色的旅游形象（见表5）。

可见，惠州旅游资源和旅游产业发展方向与周边临近区域相比，有同有异。惠州森林生态旅游资源丰富、特色突出，在珠三角区域与韶关、河源、清远等地形成“竞合关系”，与广州、东莞、深圳等地形成“互补关系”，发展森林生态

表5　惠州邻近地区旅游形象

| 旅游目的地 | 旅游形象 | 旅游目的地 | 旅游形象 |
| --- | --- | --- | --- |
| 深　圳 | 精彩深圳，欢乐之都 | 东　莞 | 魅力新东莞 |
| 珠　海 | 浪漫之城 | 中　山 | 伟人故里，锦乡中山 |
| 广　州 | 南国花城，激情商都 | 肇　庆 | 广东肇庆——东方日内瓦 |
| 香　港 | 动感之都 | 汕　头 | 海滨邹鲁、美食之乡 |
| 澳　门 | 博彩之都 | 梅　州 | 世界客都 |
| 江　门 | 五邑侨乡 | | |
| 佛　山 | 醒狮佛山 | | |

旅游有鲜明的比较优势，且能形成与周边邻近地区不同的旅游形象。

### （二）森林生态旅游总体形象定位

#### 1. 森林生态旅游总体形象定位

根据惠州旅游区性质、文脉特征、客源市场需求、旅游形象认知现状分析以及与周边邻近区域的旅游形象替代性比较，惠州市森林生态旅游总体形象可定位为：绿海惠州，闲适惠城。

#### 2. 森林生态旅游总体形象宣传口号

根据惠州森林生态旅游总体形象，其宣传口号可做以下表述：

（1）主题形象宣传口号。

①国内其他省市客源市场：绿染南国，惠秀天下——广东惠州

②省内客源市场：岭南人悠然自得的处所——绿色惠州

③海外客源市场：Exoteric Guangdong，Leisurely Huizhou

（2）备用主题形象宣传口号。

①省内客源市场：魅力山水，周末惠州

②国内其他省市客源市场：山水惠州，岭南天堂

#### 3. 森林生态旅游总体形象阐释和使用说明

（1）森林生态旅游总体形象阐释。

①绿海惠州，闲适惠城

惠州市的旅游资源以森林生态旅游资源为主要特色，森林生态旅游是其突出特色；惠州市府所在地惠城秀美的自然环境、闲适的生活方式是惠州休闲度假旅游的集中代表。“绿海”指资源和环境，“闲适”指旅游方式和旅游状态。

②绿染南国，惠秀天下——广东惠州

该主题想象口号针对内地主要客源市场，突出了惠州市森林覆盖率在珠三角地区名列前茅、山美水秀、人杰地灵、活力无限的形象。

③岭南人悠然自得的处所——绿色惠州

该主题形象口号针对以广东省为主的岭南客源市场，强调惠州森林生态条件良好，以休闲度假产品为主的旅游形象。

④魅力山水，周末惠州

该主题形象口号针对以珠三角地区为主的省内客源市场，强调惠州山清水秀，自然生态环境优越，是珠三角地区周末休闲度假的理想场所的旅游形象。

⑤山水惠州，岭南天堂

该主题形象口号针对国内旅游客源市场，强调惠州在岭南地区以山水资源为主，以生态休闲为旅游特色的旅游性质，以“天堂”誉惠州，突出惠州是岭南地区人居和旅游环境优美、生活美好的城市形象。

⑥Exoteric Guangdong，Leisurely Huizhou

该主题形象口号针对海外客源市场，标示了惠州的行政区划概念，便于识别，同时以广东的活力与惠州的休闲形成对照，突出惠州以休闲度假旅游等生态旅游产品为主的旅游形象。

（2）森林生态旅游总体形象定位（及宣传口号）使用说明。

①惠州森林生态旅游总体形象定位体现了惠州旅游资源特色和旅游主题，“绿海惠州，闲适惠城”，为本规划期内不变的总体形象表述，是统领各旅游形象宣传口号的核心。

②主题形象宣传系列口号为本规划期内主要使用的旅游形象宣传口号，备用主题形象宣传系列口号为本规划期内在适当地点和特定时间的替代性主题形象宣传口号。

③各类旅游形象宣传口号均针对特定旅游客源市场，应在旅游形象推广和市场营销中针对不同的客源市场运用相应宣传口号。

**（三）森林生态旅游分区形象定位**

按照资源特色、行政区划等要素，惠州可划分为三个旅游区：北部森林生态旅游区（龙门县、博罗县）、中部环城生态游憩区（惠城区、惠阳区）和东部滨海度假休闲区（惠东县、大亚湾经济技术开发区）。围绕“绿海惠州，闲适惠城”总体旅游形象定位，对一级及二级旅游区的主题形象作出如下定位，见表6。

表6　惠州市各旅游区及旅游景区主题形象

| 一级旅游区 | 二级旅游区 | |
|---|---|---|
| | 旅游区名称 | 主题形象 |
| 北部森林生态旅游区（森林度假　绿色休闲） | 南昆山国家森林公园 | 奇秀天堂顶，悠然南昆山 |
| | 汤泉旅游景区 | 岭南第一泉，休闲高尔夫 |
| | 罗浮山风景区 | 神仙洞府，圣山福地 |
| | 象头山国家级自然保护区 | 北回归线上的森林王国 |
| | 桂峰山生态旅游区 | 感受绿色，享受自然 |
| | 香溪堡旅游区 | 千年古堡，田园风光 |
| 中部环城生态游憩区（湖光山色　休闲惠州） | 西湖风景名胜区 | 惠州西湖比杭州 |
| | 红花湖景区 | 绿水扬声 |
| | 东江西枝江风光带 | 人居天堂，园林惠州 |
| | 墩子市级自然保护区 | 漂在林间 |
| | 惠州林场生态观光区 | 城市绿洲 |
| | 叶挺故居旅游区 | 叶挺故居 |
| 东部低山滨海度假休闲区（天造大亚湾，海赐白金堤——人间瑶池） | 古田省级自然保护区 | 森林野趣，尽在古田 |
| | 莲花山白盆珠景区 | 融入自然，享受温馨 |
| | 环大亚湾度假区 | 感受大海神韵，共度经典时光 |
| | 海龟国家级自然保护区 | 海防要塞，海龟乐园 |
| | 南山旅游区 | 古村风貌，乡村之旅 |
| | 平海古城 | 岭南文化的“活化石” |
| | 九龙峰旅游区 | 九龙仙山 |
| | 高潭红色旅游景区 | 东江红都 |
| | 御景峰省级森林公园 | 岭南梅海 |

## 三、森林生态旅游形象系统设计

### （一）理念感知形象设计

#### 1. 理念感知形象揭示

旅游地的理念感知形象是形象策划设计区域历史文化特征和居民行为方式的总结和提炼。根据惠州市文脉特征，其理念感知形象可概括为：努力工作，享受生活；既要专业，也要生活。

#### 2. 理念感知形象说明

惠州良好的自然生态环境和优越的地理区位条件，造就了惠州人“努力工作，享受生活”的行为方式，也形成惠州有别于广东其他地区的人文特征。这种理念感知形象也是惠州旅游的特有氛围和旅游开发的指向标。

### （二）人地感知形象设计

#### 1. 视觉景观形象设计、建设和管理

（1）旅游区景观。惠州拥有众多的旅游资源，旅游景观是惠州旅游业发展的基础，要按照“科学规划、严格保护、合理开发、永续利用”的原则开发和利用。旅游区内的建设活动要与主题相融合，森林度假区要体现出森林的意象。合理规划，建筑形式可参考森林别墅、山地民居等的建筑形式，注意使用功能和景观功能合理结合，尽量选用当地的建筑材料，控制建筑的高度，使建筑与环境相协调。景区内的雕塑、垃圾箱等建筑小品的形象，优先采用“木桩”、“蘑菇”等能体现森林特色的造型，护栏、步行道、指示牌应选用石材或木材制作，避免粗制滥造。大亚湾滨海旅游区在建设上也要以“生态”为原则，合理规划，统筹布局。

（2）中心城镇景观。对于惠州市区、龙门县城、惠东县城以及一些重要景区依托的城镇，在建设上应突出生态性、休闲性和文化性，适应惠州“生态休闲”的主题。对街道、广场、购物中心建筑立面统一规划设计，积极发展面广量多的中小公园，增加城市绿地面积和文化氛围，增加景观照明建设，同时限制周围企业和家庭废水、废气以及生活垃圾的任意排放。

对于惠州市区来说，要加强惠州西湖、下埔滨江公园、中山公园、市民乐园、东坪中心绿地等园林休闲设施的建设。展现惠州园林风光，不但要使休闲旅游区发挥优美的自然景观优势，而且要挖掘其深邃的历史文化内涵，突出观赏性、艺术性、休闲娱乐性的特色，树立融观光、休闲为一体的大型都市园林游览区形象。

惠州市区是惠州旅游重要的游客集散地，还要加强交通形象建设。交通形象主要包括街道形象、广场形象、旅游导引系统形象。努力使街道布局合理，人车分流通畅，街路标志和导引系统规范明确。对于惠州市所有的街道均按我国城市街路命名标准命名，并用中英文标注，在交通干线、车站、旅游景点等处建立醒目导示牌。

#### 2. 视觉符号识别系统设计

视觉符号识别系统是体现旅游地形象定位和理念形象的视觉符号要素体系，是旅游者感知旅游地的重要因素。旅游形象视觉符号识别系统是一套复杂的体系，既要把握旅游地旅游主题和特征，又要在此基础上对其相关要素进行艺术设计。此项工作一般由旅游规划策划人员和艺术设计人员共同完成。本规划仅对惠州旅游形象视觉符号识别系统设计提出概念性意见，供专业设计参考。

(1) 视觉符号识别系统设计原则。

①把握惠州旅游森林生态主题，突出惠州森林生态休闲旅游产品的主导地位，体现“绿海惠州，闲适惠城”的总体旅游形象定位。

②在视觉符号设计要素的选择和组合上应力求清新、明快、简洁、安宁，体现“绿色”和“闲适”的主题。

(2) 视觉符号识别系统设计范畴。

①基本要素设计范畴。视觉符号识别系统的基本要素是惠州旅游形象视觉符号识别系统设计的基本元素，惠州旅游形象系统视觉因素设计应以此为基准。惠州旅游视觉符号识别系统设计要素及基本要求见表7。

**表7　惠州旅游视觉符号识别系统基本要素**

| 要　素 | 设　计　基　点 |
|---|---|
| 标　徽 | ①体现“绿色”,反映“闲适”基调<br>②简洁、明快、朴实、有现代感<br>③颜色不超过三种 |
| 标准色 | 绿　色 |
| 标准字 | 活泼、隽秀 |
| 象征物、吉祥物 | 云豹(国家一级保护动物) |
| | 荔枝(苏轼在惠州有“罗浮山下四时春,卢橘杨梅次第新。日啖荔枝三百颗,不辞长做岭南人”一诗) |
| 象征人物(形象大使) | 选择国内知名高尔夫球运动员作为形象大使 |

②应用要素。应用要素是基本要素的应用范畴。视觉符号识别基本要素应在旅游设施、旅游形象推广和市场营销中广泛应用（见表8）。

**表8　惠州旅游视觉符号识别系统应用要素**

| 范　畴 | 要　素 |
|---|---|
| 旅游服务设施和基础 | 服务、管理人员服饰和标牌、管理人员名片、办公室信笺信封、车辆、用具 |
| 形象推广和市场营销 | 宣传展板、户外广告、电视广告、印刷媒体广告 |
| 交通站(点) | 指示牌 |
| 旅游景区(点)指示系统 | 门景区、景区解说系统 |
| 旅游购物品 | 在惠州旅游购物品包装和商标上体现 |

**3. 听觉形象设计**

（1）饭店、旅行社、景区（点）讲解等服务用语应运用普通话。

（2）表演场所应运用广州白话。

（3）饭店、娱乐等场所应用轻音乐。

**4. 味觉形象设计**

（1）推出惠州系列特色美食，发展惠州餐饮业。

（2）大力开发惠州本地特色旅游食品。

### （三）人际感知形象设计

**1. 管理服务形象设计**

惠州旅游行政管理、企业管理和服务形象应定位为：规范、高效率、热情、周到、细致、诚信。

**2. 居民形象设计**

通过政府引导和制定乡规民约，维护和强化惠州居民现有的形象：淳朴好客、乐观开朗、闲适休闲、文明进取。

**3. 游客形象设计**

控制游客数量，合理分布游线；颁布游客规定，规范游客行为；维护游客秩序，保护景区环境。

# 第八章

# 森林旅游资源保护

森林旅游环境与森林旅游资源保护是伴随着大众化旅游的发展和全球性生态环境的恶化、生物多样性的锐减，在森林旅游区生态环境开始变得脆弱的情况下，逐渐提出来的。同时，人们也逐渐认识到，保护旅游目的地良好的生态环境和旅游资源，是保持其旅游吸引力的重要因素之一。因此，森林旅游环境和森林旅游资源保护是人们基于旅游业的可持续发展，对森林旅游区综合运用各种现代科学手段和技术，采取各种预防行动或补救行动的总称。对一个具体的森林旅游区而言，需要采取保护措施的对象是那些完全没有受到破坏或者破坏较轻的生态系统和旅游资源，也包括受到干扰但所形成的旅游环境相对稳定、自然演替速率很慢的生态系统和旅游资源。

## 第一节　旅游活动对森林旅游环境的影响

由旅游而引起的对旅游区的影响后果称为游憩干扰。Lucas（1976）指出："影响"（impact）是一个不确定性质的名词。当与生态结合时才解释为、客观描述旅游使用对环境的影响。一种影响可能为正或负。游客的增多，在为森林旅游区带来一定的经济、生态和社会效益的同时，也对环境产生一定的冲击，如不及时加以妥善的调控和管理，这些冲击带来的破坏将会不可逆转。因此旅游活动对旅游目的地环境的影响也越来越受到关注。

### 一、旅游活动对森林旅游区自然环境的影响

旅游活动对森林旅游区影响的主要途径：

第一，旅游区开发建设活动。旅游区的基础设施建设，如旅游道路、宾馆、饭店、停车场、通信设施、水电设施等的建设，难免要清挖和平整土地、移动和损伤植物。同时，开发建设带来的建筑废弃物，如泥土、石块、混凝土块、碎

块、废木材、废管道及电器废料等，如果没有及时进行处理，就会对生态环境产生不良影响。

第二，旅游企业经营活动。住宿餐饮业、娱乐业等产生的污染主要有固体废弃物、污水和废气等。常见的废弃物主要有食物废渣、普通废弃物（如塑料袋、饮料瓶、易拉罐等）、危险废弃物（如电池等）等；污水包括饭店生产服务性污水（如洗涤用水等）以及人类生理排泄物；废气主要来源于煤气灶、锅炉燃烧及交通工具尾气排放等。

第三，旅游者的游憩活动。不管游憩活动事先安排得多么周密，还是可能产生各种各样不良的环境影响。这部分影响主要由游憩活动的流动性以及游憩者文化素质的差异性造成。常见的森林游憩活动主要有登山、野营、烧烤、徒步旅行、野生动物观察、森林浴，以及掠取性游憩活动，如捕鱼、采花、摘果、垂钓等，这些活动对生态环境的冲击主要体现在对动植物的破坏和干扰，方式为践踏、车辆噪声干扰、采摘、用火等。

### （一）旅游活动对森林旅游区大气质量的影响

相对于一般旅游形式而言，森林旅游要求旅游区应具有空气清新、湿润、清洁、绿化率高等特点，能为广大游客提供一个集观光、休闲、疗养、保健于一身的优良环境。但旅游活动的加剧会增加空气中含菌、含尘量，废气、废水的增多也会彻底改变空气质量。在那些只有通过公路运输才能到达的森林旅游区，由于汽车排放尾气过多会导致空气污染。这些问题随着旅游业的进一步发展变得越来越严峻。我们在对张家界国家森林公园大气质量的研究中发现，张家界国家森林公园随着旅游业的发展，公园接待区的大气质量呈逐渐恶化的趋势。1984 年，锣鼓塔的大气质量指数为 0.4，表明在旅游开发之初接待区的空气还相当清洁；进入 20 世纪 80 年代中后期，锣鼓塔的接待设施建设进入白热化阶段，仅 1986—1990 年 5 年间，锣鼓塔新增宾馆酒楼 17 处，大量接待设施的增加导致公园接待区用煤量剧增，废气排放量亦随之猛增，空气污染由此加重；到 1997 年，接待区的空气质量指数达到 3.0，表明公园接待区大气已受到严重污染；1998 年，受长江流域大洪水的冲击，公园游客数量有所下降，接待区用煤量减少，废气排放量随之减少，大气污染程度有所减轻，但仍为重污染水平；1999 年，公园管理处采取强制措施，勒令接待区的宾馆酒楼改变燃料结构，部分宾馆酒楼改烧煤为烧油，由此使公园空气的质量开始好转，虽然接待区的大气质量仍为重污染，但较之 1998 年，污染指数降低了 0.2。

### （二）旅游活动对森林旅游区植被的影响

植被是旅游者选择旅游场地时最重要的条件之一，也很容易遭到旅游者践踏，或旅游设施建设的破坏。旅游影响植被的主要因素是践踏、采集、燃烧和污染。植被一经损伤和破坏，旅游区的植被面积、草地密度与植物多样性都会减少，物种结构和群落的年龄结构也会发生改变。大多数植被类型都具有三个重要而又明显的层次：即地被层、灌木与幼树层、成熟林林冠层。下面分别探讨对三个层次的影响。

1. 对地被物层的影响

地被物受践踏、火烧和折断枝叶等直接破坏的影响，也受土壤压实和其他变化而引起植被变化的间接影响。践踏影响的最终结果是植被数量减少，往往使某种植被消失。

2. 对灌木和幼树的影响

灌木和幼树的多数影响来自交通工具或有意地伐除。幼龄乔木植物因土壤压实和机械损伤受到的伤害比成龄木要大得多，而幼苗则会被踏死。但某些林型在森林生物地理群落旅游消退的开始阶段，能在一定程度上刺激更新过程，如松树和云杉在更新过程中由于人为活动破坏了妨碍幼苗出土的活地被物和枯枝落叶层而得到加速，但随着地表的压实和机械损伤，幼苗数量会迅速减少。

3. 对成熟林的影响

旅游区成熟林主要受机械损伤影响，有些是因旅游者欠考虑而造成的，如折断树枝、树干上钉钉、砍树引起伤疤、剥皮引火和砍帐篷杆以及薪材等。还应考虑由经营而引起的种种影响，如砍光沿小径和野营地上的树木，以及除掉对人有危害的树等。树木在受伤的情况下，特别是云杉、冷杉腐朽的可能性特别高。有些数据说明树木死亡和活力不断减退都与旅游有关。而值得注意的一个事实是，旅游使用超过 60 年的地方，上层木过早死亡并不是一个严重问题。而旅游引起树木活力减退或死亡往往发生在土壤瘠薄或干旱的地方，或树皮薄特别容易感染病腐的地方。

此外，除了上述旅游活动影响之外，森林植被还可能受到一些不可抗逆的自然灾害的破坏，如冰雪、冻害、雷击等。

### （三）旅游活动对森林旅游区动物的影响

旅游者对动物的直接危害是通过狩猎使得生物种群数量不断下降。甚至造成物种灭绝，如西双版纳蝴蝶标本制作与出售，张家界的黄腹锦鸡、流溪河的野猪、鼎湖山的白鸽等，如果不加以调控则会造成生态失衡。除此之外，更严重的是旅游活动改变或破坏了动物原来栖息的环境，影响动物的繁衍、迁移等习惯。各种动物对人类的干扰的容忍和适应力不太相同，例如某些候鸟如果在筑巢地区遭到干扰或惊吓，常会弃巢而飞离至远方，甚至在越冬处表现出干扰症状，即使该处并无旅游影响；而某些动物则能容忍适度的干扰，并且逐渐适应，例如松鼠、猴子等便会学着以游客丢弃物的垃圾作为部分食物来源。

旅游对大动物的影响是直接的、也是严重的，不论有意捕杀或无意干扰。干扰可能减低动物的繁殖再生能力。较小动物格外易受栖息地变换的影响。如对土壤影响，由于有机质损失导致昆虫因缺少食物而转移，以及砍去树枝损伤穴居鸟巢。另外，旅游经营部门为了吸引更多的游客，任意人为引进动物种类，如猴类等，干扰了当地固有的生态系统平衡。这些外来物种的引入，侵犯了当地物种的生态位，引起生态系统的紊乱，有的甚至造成某些濒危珍稀动物种类的灭绝，导致自然界生物多样性的减少。这方面的损失是不可挽回的。

旅游活动对动物的影响如图 8－1 所示。

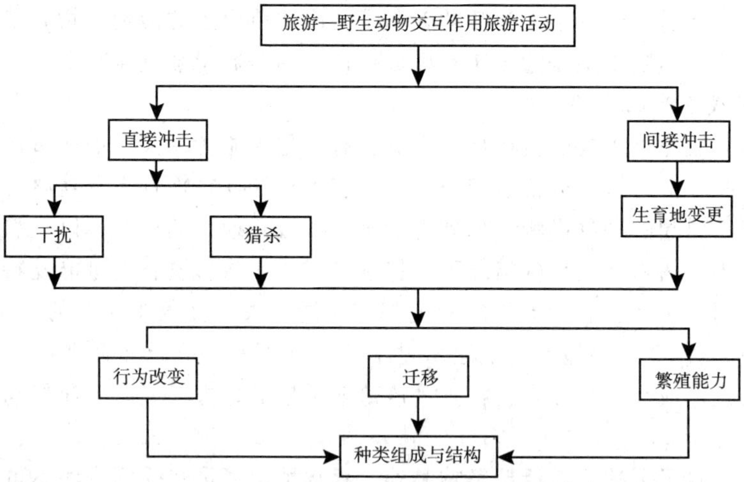


**图 8－1　旅游活动对野生动物冲击的相互作用（Wall & Wright 1977）**

### （四）旅游活动对森林旅游区土壤的影响

随着植被的减少以及游憩者的频繁踩踏，土壤裸露面积增加，土壤板结程度增加，水分渗透减少，地面径流增加，导致水土严重流失。据调查，在步道和游径的沿线产生的土壤问题尤为突出。

Dune（1984）把土壤板结紧实看做是游憩活动对林地土壤最显著的影响，认为游人的践踏降低了土壤大孔隙的数量，从而减少空气和水分到小孔隙的流动，反过来限制植物根系的生长。Manning（1979）提出一个旅游对土壤影响的概念化循环（见图 8－2）。当影响出现时，第一步，枯枝落叶（0 层）减少或除去，由于践踏、表土冲刷以及为了美观和防火安全而除去地表枯枝落叶层。第二步，有机质降低合并成矿质土，这种情况有些地方会发生，而另一些地方并不一定会发生。此外，一些表面粉屑状有机质随水分渗入土中，累积在暗条带中（Monti & Mackinstosh 1979），这样反而会增加有机质。第三步，压实土壤总是会发生的。因为有机质损失而增加了由践踏、车辆行走的压力而引起土壤压实的敏感度。这种情况任何地方都会发生。压实使土壤颗粒更紧密，因而减少了土壤间隙中毛细孔空间。土壤团粒结构破坏后，土壤挤压在一起结果使总孔隙度和大孔隙度都降低了。但是，对微孔隙的空间没有很大影响。随着大孔隙度减少这一事实进行循环的第四步，对土壤的“健康”有十分重要的含义。因为大孔隙是空气和水分自由活动的主要通道。大孔隙减少会严重地阻碍土壤的通气性和渗透性，增加地表径流。第五步，土壤侵蚀将增加，特别是陡坡和土壤易剥离的地方，侵蚀剥蚀严重的土壤剖面，会冲走更多的有机质使土壤更加恶化。这是一种没有终点的连续循环。

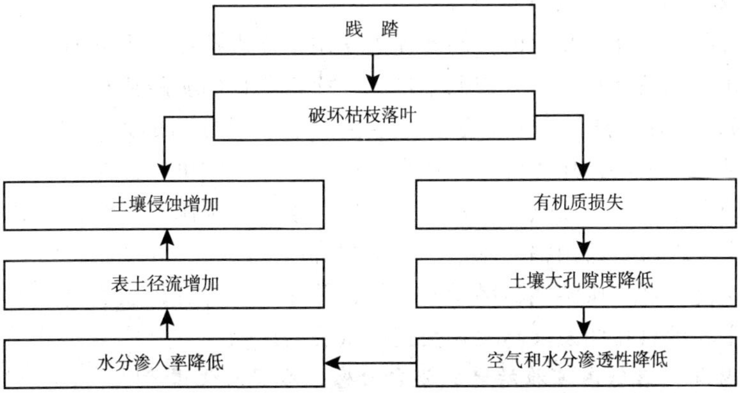


**图 8－2　旅游对土壤的影响**

#### （五）旅游活动对森林旅游区水体的影响

许多旅游区由于未安装排污及污水处理设备，生活污水直接排入地下或附近的湖泊、河流、海边，使地下水、湖泊、河流、海水受到了污染。另外，有一些对水体表面的污染可能是由于摩托艇、游艇等水上运输工具的燃油和清理船底污垢引起的。在封闭的港湾、湖泊，由于自然水循环较慢，这一问题更显突出。国外资料表明，每个泳者会给水里带入6.5g磷、70g氮，这在一定程度上也使水体成分含量产生变化，从而导致水体内生物成分的变化。

### 二、旅游活动对森林旅游区社会环境的影响

《可持续发展宪章》指出，旅游具有两重性，一方面促进经济和文化的发展，另一方面加剧了环境的损耗和地方特色的消失。这也明确地指出了旅游的发展必然会带来一定的社会损失。就森林旅游的内涵而言，森林旅游的主体是森林旅游者，因此旅游不仅仅是一种经济活动，它应该还是一种人的社会文化活动。各国政府及其地方政府往往忽视了旅游作为社会文化活动的一面。旅游者的蜂拥而至给旅游区社会结构、道德观念、生活方式、疾病传播、文化发展等造成的强烈冲击，已经威胁到旅游区的可持续发展。如果漠然视之，只顾追求经济效益，那么旅游区的社会问题就会愈演愈烈，最终导致旅游资源毁坏，失去旅游价值。

#### （一）积极影响

##### 1. 森林旅游是文化交流的纽带

森林旅游业对社会文化的推动和促进作用主要表现在三个方面。第一，旅游是人类求知的一条途径，是人们洞察世界、探索奥秘的实践活动。中国古代名言“读万卷书，行万里路”，也说明了旅游在增进学识方面的地位和作用。第二，旅游实践是文化艺术创作的源泉。古今旅游史上的无数事实证明，旅游实践给许多文学大师和艺术巨匠提供了丰富多彩的创作素材和源源不断的创作灵感，才使他们创作出千古流传的画幅、乐曲、文章和诗篇。第三，许多旅游活动本身就是一种学术交流。这些旅游能传播学术思想，并通过参与者相互的交流借鉴而提高其学术水平，给科技的发展与文化交流以重要的影响。

##### 2. 森林旅游能够激发旅游者民族自豪感，珍视文化遗产

旅游者对异地文化中的风俗习惯、民间艺术和历史遗迹有着天然的关爱之情，受利益与价值的驱动，旅游经营和管理者也乐意对既具有文化价值又具有旅游价值的事物进行拯救，令那些濒于绝迹的文化遗产得到挖掘、保护和弘扬。比

如，一些少数民族地区常见的蜡染、根雕、土布印花，能让旅游者如获至宝，这就使当地居民意识到这些物品的价值，在态度上开始重视起来，从而使一些几近失传的古老传统工艺得以流传。

3. 森林旅游能改善目的地居民的生存条件

据一些学者对我国长白山进行的调查，74% 的被调查者认为旅游将为他们提供更多的就业机会，分别有 85%、45%、60%、50% 的被调查者认为旅游改善了公路、购物、娱乐机会和服务设施等方面的条件。另据对河北野三坡的调查，自 1984 年当地发展旅游以来，当地居民 5 年内基本脱贫，经济意识也大为增强。旅游不但为目的地居民创造了就业机会，增加了他们的经济收入，也改善了他们的生存环境。同时经济与生存环境的改善，在某种程度上对家庭成员间的关系也有积极作用。

4. 森林旅游能扩大就业机会

旅游业是一个综合性服务行业，能为社会提供大量的就业机会。旅游业是劳动密集型行业，技术构成较低，创造就业机会所需的资金也较少。一般来说，旅游行业每百万元固定资产可容纳就业人员 250 人，而资金密集型行业每百万元固定资产只能容纳 90 人。另外，旅游业的发展还能给与旅游有关的行业提供社会就业机会。据统计，每 100 项正式旅游服务工作，需要有 48 项间接辅助性工作相配合。

### （二）消极影响

尽管森林旅游者与森林旅游区之间的交流和影响是相互的，但事实上，森林旅游者对旅游区社会的影响远大于他们接受到的旅游区社会的影响。这是因为旅游者与旅游区居民的接触是一种短暂而相对肤浅的经历，而且接触的范围有限，他们通常接触的主要是旅游企业的工作人员和数量有限的当地居民，语言的障碍使旅游者难以同当地居民大量地接触。而对于旅游区居民而言，他们同旅游者接触却是长期不断的，他们接触的不是某个旅游者，而是不同时期前来旅游的旅游者群体。因而，旅游者对旅游区所带来的思想与文化影响是一种潜移默化的影响，这种影响必然带来诸多消极的负面效应。具体表现在以下几方面：

1. 不良的“示范效应”

旅游区居民通过对旅游者行为的观察，逐渐在思想行为上发生了消极变化，他们开始对自己传统的生活方式感到厌倦，故而先是在装束打扮和娱乐方面盲目仿效，而后发展到有意识地追求，最后导致出现了色情、赌博、投机诈骗、走私等不良社会现象和犯罪行为，影响旅游区的社会秩序。

2. 影响居民的生活环境

旅游者涌入旅游地，如果不懂得节俭，大肆占用当地居民的生活设施，使得森林旅游区更加拥挤，道路、车辆、通信等设施使用紧张，一些消费品的价格上涨，造成供应压力，产生通货膨胀。这难免会激发当地居民的不满或怨恨，同时有些居民会被迫改变他们的职业和工作，个别的还要迁居，从而造成旅游者与当地居民间人际关系的紧张。

3. 传统艺术、工艺的歪曲

旅游者带来的异地文化，不可避免地对旅游区文化产生一定的冲击，久而久之使旅游区的传统文化商品因过度地追求经济效益而受到了歪曲并失去了原有的价值。旅游业的发展使对传统艺术的需求迅速扩大，部分传统艺术艺人放弃了对艺术追求精益求精的传统，而去追求产品的数量，或去迎合旅游者的口味，因而导致艺术水平降低和民族与地方风格的削弱，一些并不具备艺术修养的人只是为了赚钱而粗制滥造的东西就更不必说了。

4. 消费观念扭曲

部分旅游者在旅游过程中的消费，比日常的消费要高，另外也有少数旅游者在平日里朴素节俭，在旅游区却显得出手阔绰。而当地居民往往对此缺乏了解，误以为旅游者都很富，因而会不甘心自己的处境，并羡慕和向往旅游者及其所在的社会。当环境适宜时，这种情绪可以变为促进社会进步的动力，但有时更可能刺激当地居民对自身处境的不满情绪，使某些人趋于消沉，甚至为追求享乐而采取犯罪行动获取金钱，最终陷入犯罪的深渊。

5. 民俗文化与民族风情的同化

森林旅游活动作为森林旅游者的一种休闲活动，是在森林旅游区特定的社会环境中发生和进行的，当森林旅游者对旅游地的文化感到新鲜好奇而下意识地深入接触了解的同时，也会潜意识地表现出自己本国、本民族或本地区的文化行为，自觉或不自觉地影响旅游地社会，森林旅游区居民亦会有意识或无意识地接受这一影响。

对旅游开发在社会文化方面所产生的影响，我们应当辩证地来认识。首先，应当清楚，这并不一定是旅游开发和旅游发展的必然后果。旅游只是为它们提供了“土壤”，是一种诱因，只要我们采取有力措施，对旅游给以正确的引导和政策控制，就可以将消极影响减少到最低限度。其次，我们还应当认识到一个国家或地区的社会文化需要得到外来文化的促进才能不断完善和发展，旅游所带来的积极作用是主要的，而消极作用则是次要的，我们不能因噎废食而反对发展旅游。

# 第二节　森林旅游资源保护

旅游资源保护最初源于人们对游客游憩冲击的发现。很长一段时间，旅游业被人们誉为“无烟工业”，备受推崇。随着经济的发展和社会生活水平的提高，游客数量不断增长，旅游区的生态环境逐渐退化，特色文化逐步消失，人们才意识到，旅游活动会对旅游资源（自然旅游资源、人文旅游资源和旅游经济环境）和资源产生一定的冲击，如不及时加以妥善的调控和管理，这些冲击带来的破坏将会不可逆转。

## 一、森林旅游资源保护的必要性与紧迫性

### （一）森林旅游资源保护的必要性

森林是地球生物圈中能动性最大的生物系统，在整个自然界物质循环、能量交换及保护环境，维护自然生态平衡过程中起着重要作用。森林的形成过程既是一个适应环境的过程，又是一个改善环境、维护自然生态平衡的过程。森林除了能涵养水源、保持水土、防风固沙、调节气候、净化大气、美化环境、生产木材和林副产品外；在繁衍物种、动物栖息等方面有着不可替代的作用；还能为人类提供优美舒适、有利于人类健康长寿的生态环境，是人类休闲、度假、旅游的最佳去处，是人类理想的生存环境。因此，保护森林、保护森林环境、保护森林旅游资源、保护生物多样性、维护自然生态平衡就是保护人类自己。

### （二）森林旅游资源保护的紧迫性

旅游资源的保护对于旅游业的可持续发展有着十分重要的意义。在环境污染和破坏日益严重的今天，人类的生存正面临着严峻的挑战，环境问题已成为全球性问题，已受到全世界的关注。旅游环境的保护、旅游资源的永续利用和旅游产业的可持续发展已成为建设资源节约型、环境友好型社会的核心问题。

在人类社会发展中，由于森林的砍伐速度大大超过其生长速度，造成世界上几个古代文明的摇篮大都已变为林木稀少之地，甚至沦为半荒漠或荒漠。由于森林的破坏，使原有的生态系统平衡失调，生物多样性锐减，导致气候变劣、降雨量减少、自然灾害频繁、传染病增加、癌症病人增多，严重损害了人类健康，对

人类生存环境造成了严重威胁。因此，保护森林、保护森林环境、保护森林旅游资源、保护人类生存环境已迫在眉睫。

## 二、森林环境旅游资源保护

森林旅游区境内的各种自然资源，是旅游区旅游开发的物质基础。保护好这些资源不仅是为了当代人的需要，而且是造福子孙后代的大事。为防止因旅游开发造成资源的破坏，应根据国家《森林法》、《水法》、《基本建设项目环境保护管理办法》、《风景名胜区保护条例》、《自然保护区条例》、《环境保护条例》等有关法律、规定、条例，并采用相关科学技术进行保护。

第一，要加强旅游区大气资源的保护。改变燃料结构，开发清洁能源，不准使用以煤为燃料的锅炉，居民不许以煤为生活燃料。在有条件的森林旅游区，应大力开发和应用天然气、液化气，开发利用地热、太阳能、潮汐能、生物能等新能源，并提高烟气净化技术科技含量，加快除尘设备更新改造；严格控制尾气超标的机动车辆进入旅游区；在森林旅游区附近严格限制建设大气排放污染严重的工厂；在停车场、公路两边栽植能吸毒、净化空气的树种，扩大绿化面积、提高环境质量。

第二，要加强旅游区水资源的保护。生活污水、厕所污水不准排入溪流之中，必须处理合格后排放；不准将垃圾、纸屑、果皮、塑料袋、食品等杂物丢入溪河之中，污染水质；发展区域性水污染防治系统，包括制定区域性水质管理规划，合理利用自然净化能力，实行排放污染物的总量控制；综合考虑水资源规划、水体用途、经济投资和自然净化能力，运用系统工程的方法，选择适当的污水处理措施，发展效率高、能耗小的新处理技术；利用土壤—微生物—植物组成的生态系统对废水中的污染物进行一系列物理的、化学的和生物的净化过程，使废水的水质得到净化和改善；并通过系统的营养物质和水分的循环利用，使绿色植物生长繁殖，从而实现废水的资源化、无害化和稳定化。

第三，要加强旅游区森林植物和野生动物的保护。组织专人保护，严防盗卖野生动植物；在森林旅游区内采集标本、野生药材和其他林副产品，必须经管理机构同意，并应限制数量，在指定区域内进行；由于旅游公路影响动物活动，要开辟生物通道，在通道上覆土栽种植物，仿自然群落营造生物通道，保持生态环境的完整性，利于生物物种的流通、保护；对野生动物的繁殖地、栖息地带要实行专门保护，划定范围竖立警示牌；加强沿游道两侧的控制和管理，防止游客践踏；在影响较严重的路段和结点设立临时栅栏，人为控制游人入内，使影响区能自然恢复或人工更新；加强对森林旅游景区内商业经营者的管理，避免商贩的拉客叫卖使游客产生拥挤或围聚而加剧结点形成和游道两侧的践踏。改变传统的宣传导向，促进各游道的均衡利用，减轻重点游道的压力。

第四，要做好固体污染物的处理。在游道、广场等一切公共场所，根据需要，在适当的位置设立分类垃圾箱（如一箱四袋，即一箱中有玻璃、金属制品、塑料制品、杂物四个袋）；组织清洁队，清理垃圾，并将垃圾按环保部门指定的地点进行分类处理；采用卫生填埋法，将垃圾放置在相对封闭的系统中，配备完善的地下水收集系统、污水收集处理系统、环境监测系统、沼气收集系统等，安全处理各种旅游垃圾。

第五，要加强旅游区病虫害的防治，加强动植物检疫工作。对于从外地引种或从外地购买的种子、苗木、动物等，都要按规定进行严格的检疫，防止病虫害的发生和传播；适地适树，培育健苗、健树，建立可持续发展的人工林经营模式，提高人工林防灾控灾的自控能力；营造混交林，实施近天然林经营模式，使林分中各种生物间相互制约作用增强，森林生态环境趋于稳定；建立森林病虫害的监测预报体系，确定病虫害的管理防治指标，及时防范，减少危害和损失，将森林病虫害控制在经济允许水平之下。

第六，要加强森林防火。以森林旅游区工作人员为主建立一支兼职的防火扑火队伍，定时或不定时地进行扑火技术培训，使之成为一支训练有素、集结迅速、出动及时、能打硬仗的扑火队伍；加强基础设施建设，设立防火瞭望网和防火通信网，消灭瞭望死角，提高瞭望控制能力。

第七，加强旅游道路、旅游建筑物建设前期工作。在自然条件恶劣，地形、地质条件复杂，新构造运动活跃，地震活动频繁地区修建旅游道路、旅游建筑物，一定要慎之又慎。应采用航测、遥感、地质判释、GPS 等综合勘察设计手段，加强基础资料的收集和调查工作；在方案比选中要综合考虑生态环境保护、水土保持、地质灾害等影响因素，特别注意设计方案实施的可能性；新建旅游道路、旅游建筑物工程应避免设计高陡边坡、深挖路堑等。对岩石破碎、易于发生石块崩落的路段，应及时封闭坡面并设置牢固的坡面防护系统，确保安全。

## 三、森林景观旅游资源保护

### （一）潜在森林旅游资源保护的管理对策

潜在森林旅游资源是森林旅游业进一步发展的后备军，对这类森林旅游资源来说，保护是首位的。为避免潜在森林旅游资源未用先衰，保护管理对策有三：一是进行森林旅游资源研究，尽量超前认识未来有旅游价值的资源，以明确保护对象；二是进行森林旅游资源的普查，摸清家底，根据旅游市场需求及开发经济技术条件确定其开发顺序，明确保护范畴；三是加强文物及森林生态环境等的保护工作，为森林旅游业的持续发展“留得青山在”。

### （二）开发利用中的森林旅游资源保护

1. 把森林旅游资源开发提高到系统的高度来认识

人、资源和环境相互影响，共同作用，构成庞大的生态系统。森林旅游资源开发应从系统的、整体的观点出发来考虑问题，把森林旅游资源开发与森林旅游资源及环境的保护提到系统的高度来认识。

2. 森林旅游资源开发必须遵循生态学原则

森林旅游资源存在于自然和社会生态系统中，只有与环境协调的森林旅游资源才具有吸引游客的魅力，故森林旅游资源的开发必须遵循生态学原则。首先，在森林旅游资源开发中要注意适度开发，开发那些不影响或少影响生态环境的旅游项目。如自然保护区和森林公园的开发应以生态旅游开发为主，以保护自然系统的平衡，尤其是在脆弱生态带的森林旅游资源开发更应把生态系统平衡和环境保护放到首位来考虑。其次，要注意旅游资源的开发与其周围社会生态环境相协调，以保持其原汁原味的气氛环境，保护吸引游客的魅力。否则，森林旅游资源开发的过程便是旅游资源的破坏过程。

3. 森林旅游资源开发需要保护专业知识及人才

各地森林旅游资源开发中重开发轻保护而造成旅游资源及环境破坏的一个重要原因，就是在具体规划和开发中缺乏保护专业知识和人才，即使有了保护意识，也因缺乏保护专业知识而“好心做坏事”，造成对森林旅游资源及环境的无意破坏。这就使得在森林旅游资源规划开发中，应有专业人才来规划和实施旅游资源及环境保护的具体细节，真正把森林旅游资源保护落到实处。

### （三）保护森林旅游资源的对策

绝大多数森林旅游资源，一旦破坏，短期内难以恢复，是不可逆的。森林旅游区内有许多文化底蕴深厚、文化价值和旅游价值都很高的宗教建筑、古建筑，有的已衰败和破坏，甚至不复存在，需要采用维修和重建的方法恢复其风采；对已遭破坏的森林，应积极采取植树造林等生态建设措施，使其尽快恢复森林生态环境；对于森林旅游区内的珍贵文物旅游资源，应设法尽量减少其自然风化的衰减速度。具体做法是：

- 禁止乱砍滥伐，加强病虫害防治，加强森林火险预测预报，加强抚育管理，提高森林经营水平，维护森林生态系统平衡。

• 对已旅游开发的游憩保健林，应在森林经营过程中，通过择伐、卫生伐等措施，适当进行树种更替，增加植物精气成分多、相对含量高的保健树种和形态美丽、色彩丰富的观赏树种的比例；增加针阔混交林和阔叶混交林的比例，充分发挥森林的保健功能，提高森林的抗逆性。

• 对名贵、珍稀、濒危树种和古树名木需每木挂牌，标示其树种名称、树龄、生物学特性、生态学特性等；必要时需分片护以铁丝网或单株设置栅栏，予以重点保护。

• 对已遭破坏的森林环境，应科学规划、合理选择造林树种、加强幼林抚育和森林经营，尽快恢复森林环境，恢复森林生态系统的多样性、物种多样性和遗传多样性。

• 对森林旅游区内已遭损坏的文物、古建筑等人文旅游资源，遵循“修旧如故”原则，进行维修或重建，恢复其原有风貌。

## 第三节　森林生态道德培育

生态环境的破坏，绝大部分是现代人有意识或者无意识的破坏行为造成的。因此，加强森林生态环境的保护，关键在于人的生态道德意识。随着森林旅游的进一步发展，有关部门应及早在意识形态领域开展森林生态道德教育，规范森林旅游行为，为生态环境建设提供道德与行为支持。

### 一、生态道德的内涵

传统的社会道德调节与维持的是人与人、人与社会的矛盾和关系，是人们社会关系、社会行为的准则。它是由社会经济关系决定的上层建筑中的社会意识形态。生态道德是调节和维持人与人、人与社会、人与自然三者之间矛盾和关系的行为规范，它是由地球生物圈生态关系决定的意识形态。

生态道德是森林旅游区社会主义精神文明建设的重要组成部分之一，是评价当代人素质高低的一个重要标志；同时，它是当代人类实现人与环境、资源共存、互动的一种深层次文明要求。

#### （一）生态道德的主体构成

森林旅游区生态道德的主体包括与森林旅游区有关的三类人群：森林旅游

者、森林旅游从业者和森林旅游区居民。

### 1. 森林旅游者

森林旅游者是森林旅游区各种资源的使用者。森林旅游者的生态道德素质直接关系到森林旅游区旅游资源的可持续发展。市场经济条件下，森林旅游区提供的各项服务项目都是根据森林旅游者的需求而定的。当森林旅游者蜂拥而至的时候，如果他们的道德素质不高，会给旅游区原本平稳的社会带来很大负面影响，引起社会结构的变化和旅游资源的过度开发。

### 2. 森林旅游从业者

森林旅游从业者包括森林旅游开发者、从事森林旅游业的经营者、森林旅游行政主管部门人员，以及森林旅游科研教学人员等所有从事森林旅游职业的人员。森林旅游从业人员的生态道德意识也影响着旅游区的可持续发展。因为森林旅游从业人员是决定向旅游者提供哪些旅游项目的人。如果森林旅游从业人员的生态道德素质不高，为森林旅游者提供一些破坏生态平衡的服务项目以取悦旅游者，追求经济利益的最大化，如为森林旅游者提供野味、在森林旅游区内建设没有任何环保措施的餐厅、开辟阻碍动植物生存的游道等，都会极大地损伤旅游区脆弱的生态系统。另外，旅游规划者、投资者以及旅游行政主管部门的生态道德素质问题更为重要，森林旅游区为旅游者能提供什么、不能提供什么，规划者、投资者以及旅游行政主管部门必须首先自己清楚，然后引导其他从业人员树立生态思想。中国各大旅游区的生态问题都与投资者的理念、行政部门领导的决策与监督有很大的关系。

### 3. 森林旅游区居民

森林旅游区居民的生态道德素质也很重要。他们中间一部分从事旅游行业工作，也有一部分没有从事旅游工作。他们使用森林旅游区资源的各种行为习惯直接影响到森林旅游区的自然平衡与社会平衡。森林旅游行业中需要中等文化程度人员占绝大多数，而且其收入高于社会上其他行业，特别是在发展中国家尤其明显，这样必诱使部分本地青年为追逐经济利益放弃继续接受高等教育的机会而从事旅游行业，致使当地居民的文化素质得不到提高，因此当地居民的生态道德意识也不可能得到提高。另外，旅游的接待服务中，对女性的需求量大，使原来从事农业生产、主持家务的妇女走上工作岗位。这样会引起家庭结构的变化，破坏家庭原有的生活方式，进而有可能导致家庭的破裂。

总之，森林旅游者、森林旅游从业者、森林旅游区居民组建成了森林旅游区社会结构的主体，森林旅游区社会结构也如同生态系统存在着动态平衡问题。随着森林旅游业的发展，森林旅游区逐渐产生了代表不同利益的社会群体，如旅游区政府、当地居民、森林旅游企业等。当各种社会群体在某些利益上发生冲突的时候，或者当受到外来因素的冲击与干扰的时候，当地社会群体也会同生态系统一样发生变化，而生态道德则是将这种变化调节到原来稳定状态的主要途径之一。

### （二）生态道德关系中的核心问题

道德是受经济基础决定并为一定的经济基础服务的，因此道德是历史的、发展的。生态道德是现代旅游社会关系中的一种崭新的生态伦理观念，有着全新的道德内涵。它把森林旅游者、森林旅游从业者及森林旅游区居民的道德关系扩展到人之外的各种非人存在物对象上来，从伦理道德的角度来研究人与森林旅游区自然环境的关系，从整体上协调人与自然环境的关系。因此，森林旅游生态道德要解决的核心问题是人与森林旅游区自然环境的关系问题。生态道德概念的延伸也必须紧紧围绕这一核心。

马克思很早就揭示了人与自然的关系。他认为人与自然的关系是“人的能动和人的受动”①。也就是说，人对自然的关系首先是能动的，即通过实践对自然界进行改造，使自然发生有利于人类生存和发展的变化。但这种能动不是“人类中心论”所主张的把人当做自然的主宰，而是“受动”的，受自然物质条件和自然必然性制约，因为人在物质上依靠这些自然物质才能生活。但这种“受动”又不是“生态中心论”主张的那样要求人类无条件服从自然界，而是按照物种的尺度、遵循自然发展规律改造自然。所以说，人与自然的关系是“人的能动和人的受动”，是能动和受动的统一，改造和适应的统一。但这种统一又不同于“生态和谐论”所主张的二元道德主体论，而是强调在人与自然的关系中，人对自然的改造总是处于主导方面，在适应中改造，在改造中适应。

所以从“人的能动和人的受动”概念中能引申出判断生态道德的标准来，即“人的行为凡是有利于人与自然进化的就是道德的，反之就是不道德的”。只有理解了马克思关于人与自然的关系论断，才能正确掌握生态道德内涵，这是现代旅游生态道德的哲学理论基础。

### （三）生态道德的特性

与传统社会道德相比，生态道德具有如下特性：

一是整体性。生态道德约束的不仅仅是人与人之间的关系，它把道德的对象

① 马克思．1844年经济学—哲学手稿（单行本）．北京：人民出版社，1979．

范围由人与社会扩大到整个生物圈和自然系统，所以具有整体性。

二是广泛性。生态道德不分国度、不分地域，也不分社会制度、阶级、集团、民族、宗教等，所以具有广泛性。

三是人为性。生态道德的主体依然是人，对全人类行为进行调节，所以具有人为性。

四是持续性。少数人违反生态道德将危害整个人类生存的空间，并且这种危害具有跨越时空的持续性特点，所以具有持续性。

## 二、生态道德的内容

生态道德虽然是一种全新的道德理念，但其构建主要处于前期理论的探讨和研究阶段，尚未形成完整的理论体系和可以推广应用的可操作系统。

但总体来说，生态道德的主要内容包括两大体系：一个是生态道德行为体系，另一个是生态科学知识体系。两大体系相互支撑，构成社会与个人的生态道德体系。因为有了正确的生态科学知识，才会有正确的生态道德行为。即使森林旅游区各种社会群体能够良好地约束自己的生态道德行为，但如果没有正确的生态科学知识（即为生态科盲），或许会在很多事情中弄巧成拙，甚至造成不可挽回的危害。马克思说："不以伟大的自然规律为依据的人类计划，只会带来灾难。"人的科学素质是最根本的，现实生活对环境所造成的破坏绝大多数出于对自然环境的无知。因此，为了培养人们的生态道德，首先要把现代科学和生态环境知识作为教育的基础内容，以此来提高人们环境科学的素养。但同时，即使有了正确的生态科学知识，如果没有正确的生态道德行为，也会给旅游区生态系统带来严重的破坏。

## 三、森林生态道德的培养途径

### （一）学校教育途径

《公民道德建设实施纲要》指出：社会公德是全体公民在社会交往和公共生活中应该遵循的行为准则，涵盖了人与人、人与社会、人与自然之间的关系……要大力倡导以文明礼貌、助人为乐、爱护公物、保护环境、遵纪守法为主要内容的社会公德，鼓励人们在社会上做一个好公民。学校是实施道德教育的主要阵地，因此将生态道德教育落实于学校各项活动之中，是当前素质教育的核心问题之一。

学校生态道德教育的目的是通过系统教学、教育的有机渗透，使学生了解大自然，树立生态正义感、义务感、良知感、善恶感，确立生态观念、生态危机意识，培养学生尊重自然、爱护自然的生态道德品质。

### （二）社会宣传途径

随着科技的发展和人们生活方式的改变，当今社会已经进入信息时代，而各种传媒是传播信息的主要途径之一，所以传媒在公民生态道德思想的宣传中有着极其重要的作用。通过社会传媒机构宣传能增强人们的生态意识和环保观念，促使人们在旅游活动中注重旅游活动的生态化原则，讲求效益、节约资源、文明游览、规范经营和减少废物排放，从而起到改善旅游环境、促进旅游经济建设与资源环境协调发展的作用。

社会宣传途径除了利用电视广告、路牌广告、报纸等以外，还有为旅游者、旅游从业人员和旅游区居民提供有关生态方面的电影、电视、艺术表演、图片展览等，同时也可以组织一些有关生态的公益活动。社会传媒要联系实际，宣传保护生态环境（如植树造林等）行为的重要意义，要报道保护自然生态环境的先进经验和好人好事，揭露和批评破坏生态环境的坏人坏事，让人们自觉摆正人与自然的关系。

### （三）政府引导途径

政府是旅游区旅游资产与资源的所有者，同时对本地区的资产与资源及其使用者进行管理，以使这些资源得到有效配置。政府有这种所有者、管理者及两者兼任等多重身份的特点，使其利益结构表现出复杂性。同时，道德价值观念作为社会意识形态，其形成和产生会受到三个因素的制约，即社会结构和社会运作模式、人们已有的道德价值观念、政府提倡的主流道德价值观念。在人的生态道德价值观念形成的三因素交互作用的过程中，政府起着至关重要的作用。

政府要以实事求是的态度，对生态道德价值观念建设进行理论总结。一方面要用生态科学思想研究当前社会的生态道德价值观念问题，另一方面要明确把握提升和巩固生态道德这一主流道德的社会地位和作用，再者要明确划分道德价值观念类别——社会人文生态精神文化和生态科学理性工具文化，并有针对性地分别发展。对于社会人文生态精神文化，要在评价、吸收传统道德时加以扬弃和创造性的转化，使之成为现代社会的道德价值准则。同时要有意识地吸取与当代社会相适应的道德价值观念，如引导社会建立绿色和适度消费观念，大力宣传和引导人们购买那些生产和使用中对环境和人体健康无害、符合环保要求的绿色产品，培育绿色消费的情感和市场。

### （四）法律约束途径

生态道德社会的形成如同法治社会的形成，最基本的基础要件为亚里士多德所勾勒的“良法+普遍守法”的框架，他认为：“法治应包含两重意义：已成立的法律获得普遍的服从，而大家所服从的法律又应该本身是制定得良好的法律。”全国人大已经通过了野生动物保护法、森林法、环境保护法、海洋环境保护法、大气污染防治法、固体废物污染环境防治法、环境噪声污染防治法、海洋环境保护法、水污染防治法、环境影响评价法、放射性污染防治法等法律，同时在刑法中增加了惩处破坏环境的内容，这些法律已经成为构建社会生态道德约束体系的主要部件。

## 【思考题】

1. 旅游活动对森林旅游区植被有哪些影响？
2. 旅游活动对森林旅游区动物有哪些影响？
3. 简述旅游活动对森林旅游区土壤的影响。
4. 旅游活动对森林旅游区社会有哪些积极影响？
5. 简述旅游活动对森林旅游区社会的消极影响。
6. 简述森林生态道德的培育途径。

## 【案例】

### “每日限量”：旅游业坚守“保护第一”①

在2006年“十一”黄金周的旅游高潮迭起中，“游客限量”成为越来越多旅游景点景区管理者的新“术语”，并开始逐步得到消费者的理解。

在黄金周期间，九寨沟每日限量2.8万人。这是九寨沟管理局组织环境专家节前对九寨沟的游客日容量进行科学测算后，对“每日限量入沟”人数做出的结论。在长假期间，九寨沟是通过网上购票方式控制入沟人数的。当门票超过上

① 摘自新华网记者钱春弦2006年10月3日的报道。

限时，九寨沟将停止接待游客。此举的目的是为了避免因游客过多而对景物产生破坏，保护不可再生的自然遗产。实行游客限量进入之后，仅门票收入一项，高峰期每天就减少百万元。

2006年9月，西湖、千岛湖、天目山等著名旅游区，也开始实施旅游容量控制措施。杭州市旅游委员会公布的《杭州市旅游业“十一五”发展规划》也提出今后杭州旅游业将重视生态建设，走可持续发展之路，以营造舒适的国际旅游环境。

此外，庐山景区从2006年起，把接待游客数量控制在每年180万人次以内，每天平均不超过5000人次，以维持生态平衡，实现可持续发展。

旅游管理学者刘小为说：“在北京故宫、西藏布达拉宫等人类历史文化遗产景点，‘每日限量’一开始可能让一些远道而来者失望。但是更好的信息服务、预售情况发布等，将逐步缓解这一问题，而且淡季政策会使客流分布更加科学合理。”

国家旅游局局长邵琪伟说，中国在生态旅游发展中应始终坚持“保护第一、开发服从保护、开发促进保护”原则，强调生态旅游的生态保护功能、生态教育功能和科学普及功能。

# 第九章

# 森林旅游规划

2002年，联合国环境小组和世界旅游组织在加拿大魁北克市举行世界生态旅游高峰会。会议强调不论何时或何地，如果对自然与乡村地区的旅游没有适当规划、开发和管理，将可能造成自然景观恶化、威胁野生动物和生物多样性、污染海洋和海岸、水质恶化、贫穷、迫使当地居民与原住民的迁徙，以及传统文化的消失等。根据世界旅游组织预测，今后中国旅游业将以7%左右的年增长率迅速发展。到2020年，中国有可能成为世界上最大的旅游目的地，年接待游客1.37亿人次，占世界旅游市场份额的8%。中国旅游发展的高态势必定对森林旅游规划提出相应的高要求。

## 第一节　森林旅游规划概述

森林旅游规划的任务是帮助政府确定森林旅游区未来发展目标，改善森林旅游环境，调控森林旅游地域内人口规模、土地使用、资源使用、环境保护和各项开发与建设行为，并对森林旅游发展进行的综合协调和具体安排。它是开发建设森林旅游区和管理森林旅游区的基本依据，是保证森林旅游区土地合理和开发活动协调进行的前提条件，是实现旅游区经济和社会发展目标的重要手段。

### 一、森林旅游规划的定义和分类

《中华人民共和国城市规划法》将我国城市规划分为总体规划和详细规划两大类。参照国家旅游局《旅游规划通则》关于旅游规划的分类，森林旅游规划可分为森林旅游业发展规划和森林旅游区规划两大类（见图9-1）。

森林旅游业发展规划是以森林旅游资源的调查、评价为基础，根据森林旅游业的历史、现状和市场要素的变化所制定的目标体系，以及为实现目标体系在特定的发展条件下对森林旅游发展的要素所做的安排。如果按照规划的范围和管理

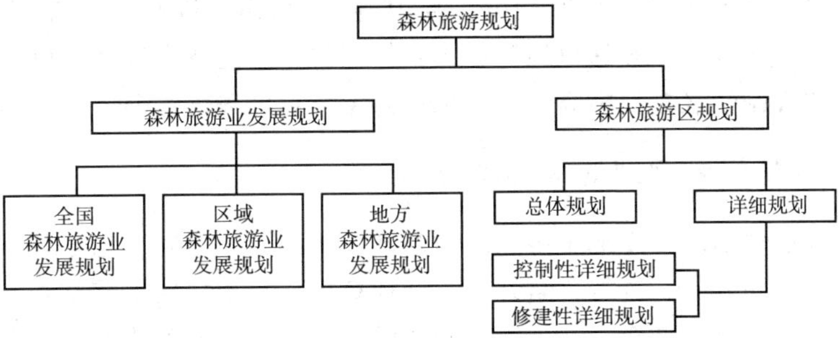


**图 9-1　森林旅游规划的类型**

层次来划分，森林旅游业发展规划还可分为全国森林旅游业发展规划、区域森林旅游业发展规划（如长江流域森林旅游业发展规划）和地方森林旅游业发展规划（如省级森林旅游业发展规划、地市级森林旅游业发展规划和县级森林旅游业发展规划）。如果按照规划期限来划分，森林旅游业发展规划包括近期发展规划（3～5 年）、中期发展规划（5～10 年）和远期发展规划（10～20 年）三个类型。

森林旅游区规划是指为了保护、开发、利用和经营管理森林旅游区，使其发挥多种功能和作用而进行的各项旅游要素的统筹部署和具体安排。如果按照规划层次来划分，森林旅游区规划可分为总体规划、详细规划两大类型。详细规划又可分为控制性详细规划、修建性详细规划等。

总体规划主要解决森林旅游区的性质、发展目标、原则、规模、容量、发展形态、战略部署等重大问题，统筹安排森林旅游各项建设用地，合理配置旅游区各项基础工程设施，保证森林旅游区每个阶段发展目标、发展途径、发展程序的优化和布局结构的科学性，引导旅游区的合理发展。总体规划是森林旅游区规划综合性、整体性和法制性的集中体现。详细规划的任务是以总体规划为依据，详细规定建设用地的各项控制指标和规划管理要求，或直接对建设项目做出具体的安排和规划设计。因此，总体规划是制定详细规划的依据，而详细规划则是总体规划的深化和补充。

控制性详细规划主要确定森林旅游区土地使用的具体空间组织、功能分类、兼容范围及开发强度，对森林旅游区的开发与再开发活动实施引导，防止单个开发建设活动对森林旅游区整体产生不良影响。它既是编制修建性详细规划的主要指导性条件，又是森林旅游区规划管理、土地开发的重要技术依据。修建性详细规划是控制性详细规划的深化和具体化，主要是对森林旅游区近期建设范围内的造林、建筑、市政工程（如水、电、环卫等）、公用事业设施（如邮电通信）、园林绿化、游乐设施、环保设施等做出具体布置，选定技术经济指标，确定各项建设用地的控制性坐标和标高，为各项旅游工程设计提供依据。

## 二、森林旅游规划的指导思想

森林旅游规划应以森林旅游资源为基础，以市场为导向，充分利用森林旅游资源，在保护的基础上进行科学开发、合理布局，为人们提供游览观光、休闲度假、保健疗养、科学教育、文化娱乐的场所，逐步提高经济效益、生态效益和社会效益，实现森林旅游区的可持续发展，促进人与自然和谐相处。

森林旅游规划应注重森林旅游区远景目标的整体设计，重视景观环境等硬件设施的建设，强调景区管理软件的建设，对阶段性建设思路做出科学的安排，以便实现生态旅游观光产品与康体运动产品、度假产品的衔接与融合。规划追求的效果目标应使其具有科学性、新颖性和可操作性，确保森林旅游区具有较强的竞争差异性、难以替代性。

## 三、森林旅游规划编制的原则

现代森林旅游规划应适应现代社会发展的潮流，同时要求具备必要的超前意识，以满足一定时期内人们对环境质量的不同需求。因此，森林旅游规划遵循以下基本原则：

科学性。森林旅游规划应以林学、生态学、环境学、森林医学、旅游学、经济学及系统工程理论为指导。

原真性。森林旅游开发建设应依山就势，充分运用自然韵律和森林野趣，保持大自然的粗犷和原真，尽量减少人工雕琢。

前瞻性。森林旅游规划应坚持适度超前的原则，坚持“高起点，高标准，高效益”。吸收国内外的先进理念，采用先进手段，科学引导森林旅游业发展。

实用性。森林旅游规划应以森林旅游资源为基础（森林旅游资源包括生态环境资源和景观资源），因地制宜，与时俱进，注重实效，可操作性强。

文化性。弘扬生态文化是开展森林旅游的重要目的之一，要把生态文化建设作为森林旅游总体规划的重要内容贯彻始终，根据森林公园的不同特点，明确生态文化建设的主要方向、建设重点和功能布局。

协调性。森林旅游是大旅游的一部分，森林旅游规划要与当地政府的相关规划相衔接，正确处理保护与开发、近期与远期、整体与局部的关系，促进森林旅游业与地方经济的协调发展。

# 第二节　森林旅游规划的主要内容

国内外关于旅游规划的主要内容并没有统一的认识。美国学者 Gann 曾于 1979 年提出旅游规划应由旅游吸引物、服务与设施、交通、信息与引导、旅游者五个基本要素组成。世界旅游组织 1999 年为四川省所编制的旅游发展总体规划采用“远期规划、近中期实施计划、土地使用规划及预可行性评估”的体例，其主要内容包括旅游资源、市场需求、交通条件、旅游设施、从业人员、旅游营销、旅游机构的基本情况。实际上，旅游规划的主要内容应根据规划的目的来确定。

## 一、森林旅游业发展规划的主要内容

### （一）森林旅游业发展规划的主要任务

明确森林旅游业在旅游发展或国民经济中的地位、作用，确定森林旅游业发展的总体战略目标、发展规模、要素结构和功能分区，合理配置森林旅游区各项基础设施，科学安排森林旅游业的发展速度和旅游产品的开发时序，处理好远期发展与近期建设的关系，指导协调森林旅游的健康发展。

### （二）森林旅游业发展规划的主要内容

- 全面分析规划区森林旅游业发展背景、现状；
- 科学分析评价规划区森林旅游资源现状；
- 调查分析规划区森林旅游客源市场，合理进行客源市场细分和目标市场定位，预测规划期内客源市场需求总量及其他相关结构特征；
- 分析评价规划区森林旅游发展条件，综合评价其优势、劣势、机遇和挑战；
- 提出森林旅游业发展战略目标、指导方针、主题形象及依据；
- 对森林旅游发展区域进行合理布局，并明确各功能区域旅游产品开发的方向、特色与主要内容；
- 提出森林旅游业发展的重点项目，并对其空间及时序做出安排；
- 提出森林旅游产业结构调整的要点和森林旅游产业发展支持体系建设要点；

- 对环境容量进行估算，并对各旅游发展区域的游客流量进行预测；
- 提出森林旅游环境保护与可持续发展的措施；
- 提出森林旅游发展的保障体系建设措施；
- 对规划区进行经济效益、社会效益、生态效益分析。

森林旅游发展规划成果包括规划文本、规划图表及附件。规划图表包括规划总图、区位与对外关系分析图、功能分区图、森林旅游资源分布图、旅游客源市场分析图、旅游产业发展规划图等。附件包括规划说明和基础资料等。

## 二、森林旅游区规划的主要内容

### （一）森林旅游区总体规划的主要内容

森林旅游区在开发、建设之前，原则上应当编制总体规划（小型旅游区可直接编制控制性详细规划）。森林旅游区总体规划的任务是调查、分析森林旅游区的森林旅游资源和客源市场情况，合理安排各项旅游建设用地，划定空间布局，安排基础设施建设项目，提出开发措施，对旅游区远景发展做出轮廓性的规划，对近期发展布局和主要建设项目做出具体安排，并进行旅游区形象策划，指导森林旅游区合理发展。总体规划的期限一般为10～15年，宜与国民经济发展规划期一致，可分为近期（3～5年）、中期（5～10年）和远期（10～15年）等不同规划分期。主要内容有：

其一，对旅游资源的数量、品位、组合、集中程度，客源地人口的数量、可支配收入水平、出游率，交通状况与可进入性（包括公路、铁路、水路、航线、机场、码头、车站等），周边旅游资源的状况、开发状况、与森林公园的关联度，当地政府和居民对旅游业的支持程度、旅游开发的优惠政策和诚信度等开发条件进行分析。

其二，根据森林旅游区的旅游资源的性质与特点、客源情况、自然条件和社会经济状况，确定森林公园的主要产品类型、开发方向及时序。

其三，根据旅游资源的赋存、对游客的吸引力和旅游市场需求规律，确定森林旅游区的旅游市场范围（如可将其分为国内旅游市场、海外旅游市场；海外市场又分为外国人旅游市场、香港同胞旅游市场、澳门同胞旅游市场、台湾同胞旅游市场）、等级（如一级旅游市场、二级旅游市场、三级旅游市场）、目标人群以及市场细分等。

其四，根据森林旅游区的地理背景、资源和旅游产品特色以及游客潜在需求，从理念上、视觉上、行为上塑造统一、鲜明、易识的旅游形象。

其五，进行交通规划、供电规划、给排水工程规划、供热规划、通信网络工程规划、广播电视规划、燃气规划、医疗救护规划、公共厕所规划等基础工程规划。

其六，进行景点建设规划。景点建设规划的原则是依山就势，充分利用自然韵律，适当辅以人工景点建设。例如，利用优越的森林环境建立森林浴场、负离子吸呼区、静养场、平衡神经调节场、康体休闲设施、森林小木屋、森林医院等。开辟科普教育场所，开发科学考察线路，建立野生动物救护中心、野外拓展基地、花圃、苗圃、药圃和药膳堂，科学合理组织旅游线路，选择建立观兽观鸟、观天象等观景地，恢复名胜古迹和宗教活动场所，开发民俗风情，开发特色旅游产品、商品和纪念品等。

其七，进行接待设施规划。接待设施包括宾馆、饭店、招待所、餐饮店、医院、救护站、购物场所、娱乐场所等建筑。

其八，进行森林景观规划。应根据需要，因地制宜、合理布局、统筹安排，有计划地营造和改造。

其九，进行生态文化规划，如加强森林（自然）博物馆、标本馆、游客中心、科普教育基地（中心）、科普长廊、解说步道，以及宣传科普的标识、标牌、解说牌等生态文化基础设施建设，整理规范各类资源和景区景点的导游词、解说词。

其十，进行保护工程规划，包括环境保护规划、生物资源保护规划、景点保护规划和防灾规划。

其十一，进行环境容量测算，并开展游览线路规划。

其十二，进行土地利用规划。

其十三，进行机构设置与人员编制规划。

其十四，进行投资估算及效益分析。

森林旅游区总体规划的成果要求有：规划文本、图件及附件。图件包括规划总图、区位图、综合现状图、客源市场分析图、旅游资源评价图、功能分区图、道路交通规划图、其他专业规划图等。图纸比例可根据功能需要与可能确定。

### （二）森林旅游区控制性详细规划的主要内容

森林旅游区控制性详细规划的任务：以总体规划为依据，详细确定规划区内建设用地的各项控制指标和其他规划管理要求，为规划区内一切开发建设活动提供指导。其具体控制内容为

其一，土地使用性质及其兼容范围的控制。详细划定所规划范围内各类不同

性质用地的界线。规定各类用地内适建、不适建或者允许有条件地建设的建筑类型。

其二，土地使用强度的控制。详细确定最小地块规模，进行建筑控制，包括确定建筑高度、建筑密度、建筑后退红线、建筑间距、容积率、绿地率等控制指标，并根据各类用地的性质增加其他必要的控制指标。

其三，道路交通及其设施的控制。详细划定交通出入口方位、停车泊位、交通工具类型、标准等，确定各级道路的红线位置、控制点坐标和标高。

其四，建筑特色与环境景观的控制。提出对各地块的建筑体量、尺度、色彩、风格等要求。

其五，工程管线及其设施的控制。

其六，经济估算。

森林旅游区控制性详细规划的成果要求包括：规划文本、图件及附件。图件包括旅游区综合现状图，各地块的控制性详细规划图，各项工程管线规划图等。图纸比例一般为1∶1000～1∶2000。

### （三）森林旅游区修建性详细规划的主要内容

修建性详细规划是对控制性详细规划的深化和具体化。其主要任务是在总体规划或控制性详细规划的基础上，对植物景观、房屋建筑、市政工程、公用事业设施、旅游设施、服务设施等做出具体布置，选定技术经济指标，提出建筑与环境空间和艺术处理要求，确定各项旅游用地的控制性坐标和标高，为各项工程设计和施工提供依据。其核心是空间环境形象设计，包括整体构思、环境景观和细部构造与小品设计等。修建性详细规划有时也被称为扩大初步设计（简称“扩初设计”）。

森林旅游区修建性详细规划的主要内容有：

其一，通过分析建设条件和综合技术经济论证，对旅游用地功能加以空间组织和分区。

其二，建筑的空间布局设计。

其三，交通、道路、停车场系统的规划设计。

其四，绿地系统与植物景观规划设计。

其五，旅游服务设施及附属设施系统规划设计。

其六，工程管线系统规划设计。

其七，竖向规划设计。

其八，环境保护和环境卫生系统规划设计。

其九，估算工程量、估算拆迁量、估算造价，分析投资效益。

修建性详细规划的成果包括：规划文本、图件和附件。图件应有总体规划平面图，总体竖向设计平面图（俗称土方地形图），总体绿化设计平面图（或林相图），鸟瞰或透视效果图，建筑小品的平、立、剖面图（要标注主要尺寸）。在地形特别复杂的地段，应该绘制详细的剖面图。在剖面图中，必须标明几个主要空间地面的标高（路面标高、地坪标高、室内地坪标高）、湖面标高（水面标高、池底标高）。具体来说，应有植物景观设计图、保护工程设计图、道路交通设计图、给水工程设计图、排水工程设计图、供电工程设计图、供热工程设计图、通信工程设计图、广播电视工程设计图、燃气工程设计图、旅游服务设施工程设计图等。图纸比例一般为1∶500～1∶2000。

总之，修建性详细规划的深度越深，施工图的设计就越容易。

# 第三节　森林旅游规划中几个技术性问题

## 一、环境容量的计算问题

环境容量是指在一定的条件下，一定的空间和时间范围内所能容纳的游客数量，确定环境容量是阐述旅游者数量与环境之间适度的量的关系，它是确定森林旅游用地规模、接待设施规模、市政设施规模、投资规模等的依据。

### （一）环境容量调查与表达方法

以景区或游道为单位，测量游道的长度和景点间距离；记录在各景点间游览行走所需的时间及在景点观景和途中所需的时间，以游客数量最多的人群的游览速度和观景时间为标准记录统计。然后将各旅游点的容量加起来，就可得出该旅游区的总环境容量。

环境容量可以用瞬时容量、日游人容量、年游人容量三个层次来表示。

瞬时容量（有的称一次性游人容量），单位以“人/次”表示。

日游人容量，单位以“人次/日”表示。

年游人容量，单位以“人次/年”表示。

### （二）环境容量的计算公式

目前普遍采用的有3种计算方法，即游道法、面积法、卡口法。

**1. 游道法（又叫线路法）**

游道法分为完全游道法和不完全游道法两种。完全游道法即进出口不在同一位置；不完全游道法即进出口在同一位置，游客至终点必须按原路返回。

完全游道法的计算公式是：

$$C = A \times D \div B$$

式中，$C$ 为环境日容量；$A$ 为游道长度；$B$ 为游客占用合理的游道长度；$D$ 为周转率（$D$ = 景区开放时间 ÷ 游完全游道所需时间）。

不完全游道法的计算公式是：

$$C = A \times D \div (B + B \times E \div F)$$

式中，$F$ 为游完全游道所需时间；$E$ 为沿游道返回所需时间。

**2. 面积法**

$$C = A \times D \div a$$

式中，$C$ 为环境日容量；$A$ 为可游览面积；$a$ 为个人应占面积；$D$ 为周转率。

关于 $a$ 的计算标准，国内外并无统一的认识。表 9 - 1 为国外城市公园的人均面积指标。

**表 9 - 1　国外城市公园的人均面积指标**

单位：$m^2$/人

| 国家名 | 城市名 | 公园人均面积 | 国家名 | 城市名 | 公园人均面积 |
|---|---|---|---|---|---|
| 英　国 | 伦　敦 | 30.4 | 美　国 | 纽　约 | 19.2 |
| 意大利 | 罗　马 | 11.4 | 加拿大 | 渥太华 | 25.4 |
| 法　国 | 巴　黎 | 12.2 | 波　兰 | 华　沙 | 25.3 |
| 瑞　士 | 日内瓦 | 15.1 | 瑞　典 | 斯德哥尔摩 | 80.3 |
| 新西兰 | 奥克兰 | 49.1 | 新加坡 | 新加坡 | 7.2 |

《公园设计规范》规定的指标为：市、区级公园游客人均占有公园面积以 $60m^2$ 为宜，居住区公园、带状公园和居住小区游园以人均 $30m^2$ 为宜；近期公共绿地人均指标低的城市，游客人均占有公园面积可酌情降低，但最低游客人均占有公园的陆地面积不得低于 $15m^2$。风景名胜公园游客人均占有公园面积宜大于 $100m^2$。水面和坡度大于 50% 的陡坡山地面积之和超过总面积 50% 的公园，游人人均占有公园面积应适当增加，其指标应符合表 9 - 2 的规定。

表 9－2　水面和坡度面积较大的公园人均占有面积指标

| 水面和坡度面积占总面积比例（%） | 0～50 | 60 | 70 | 80 |
|---|---|---|---|---|
| 近期游人占有公园面积（$m^2$/人） | ≥30 | ≥40 | ≥50 | ≥75 |
| 远期游人占有公园面积（$m^2$/人） | ≥60 | ≥75 | ≥100 | ≥150 |

《风景名胜区规划规范》标准如下：

主要景点：50～100$m^2$/人（景点面积）；
一般景点：100～400$m^2$/人（景点面积）；
浴场海域：10～20$m^2$/人（海拔 0～－2m 以内水面）；
浴场沙滩：5～10$m^2$/人（海拔 0～＋2m 以内沙滩）。

3. 卡口法

$$C = D \times \text{每批人数} \times \text{景点数}$$

式中，$C$ 为环境日容量；$D$ 为日游客批数。

其中，$D = t_1 \div t_3$

$t_1 = H - t_2$

式中，$t_1$ 为每天游览时间；$t_2$ 为游完全园所需时间；$t_3$ 为两批游客相距时间；$H$ 为每天开放时间。

### （三）旅游床位的计算方法

旅游床位是游览设施的调控指标，应严格限定其规模和标准，做到定性、定量、定位、定用地范围。其计算方法为

$$\text{床位数} = \text{平均停留天数} \times \text{年住宿人数} / \text{年旅游天数} \times \text{床位利用率}$$

## 二、森林旅游区道路设计

### （一）道路宽度与坡度设计要点

参照《公园设计规范》（CJJ 48－1992）相关规定，森林旅游区道路设计宽度如表 9－3 所示。其中，主路纵坡宜小于 8%，横坡宜小于 3%，粒料路面横坡宜小于 4%，纵、横坡不得同时无坡度。山岳型森林旅游区的内部

道路纵坡应小于12%，超过12%应做防滑处理。主园路不宜设梯道，必须设梯道时，纵坡宜小于36%；支路和小路的纵坡宜小于18%；纵坡超过15%的路段，路面应做防滑处理；纵坡超过18%，宜按台阶、梯道设计，台阶踏步数不得少于2级，坡度大于58%的梯道应做防滑处理，并设置护栏设施；经常通行机动车的道路宽度应大于4m，转弯半径不得小于12m；通往孤岛、山顶等卡口的路段，宜设通行复线；必须沿原路返回的，宜适当放宽路面。应根据路段行程及通行难易程度，适当设置供游人短暂休憩的场所及护栏设施。

**表9-3　森林旅游区内部道路宽度参照表**

单位：m

| 道路级别 | 陆地面积($hm^2$) | | | |
|---|---|---|---|---|
| | <2 | 2~10 | 10~50 | >50 |
| 主　路 | 2.0~3.5 | 2.5~4.5 | 3.5~5.0 | 5.0~7.0 |
| 支　路 | 1.2~2.0 | 2.0~3.5 | 2.0~3.5 | 3.5~5.0 |
| 小　路 | 0.9~1.2 | 0.9~2.0 | 1.2~2.0 | 1.2~3.0 |

### （二）道路选线要点

森林旅游区内部的道路规划，原则上只在原有道路上进行改造，一般不新建道路，以降低道路对物种的干扰。如果由于旅游需要必须修建道路时，应遵循以下规则：

第一，平原地区森林旅游区道路的选线。平面线形应采用较高的技术指标，尽量避免采用长直线或小偏角，但不应为避免长直线而随意转弯。在避让局部障碍物时要注意线形的连续、舒顺；纵面线形应结合桥涵、通道、交叉等构造物的布局，合理确定路基设计高度，纵坡不应频繁起伏，也不宜过于平缓。

第二，微丘地区森林旅游区道路的选线。平面线形应充分利用地形处理好平、纵线形的组合。不应迁就微小地形，造成线形曲折，也不宜采用长直线，造成纵面线形起伏。

第三，重丘地区森林旅游区道路的选线。重丘区选线活动余地较大，应综合考虑平、纵、横三者的关系，恰当地掌握标准，提高线形质量。路线应随地形的变化布设，在确定线路平、纵面线位的同时，应注意横向填挖的平衡。横坡较缓的地段，可采用半填半挖或填多于挖的路基；横坡较陡的地段，可采用全挖或挖多于填的路基。同时还应注意纵向土、石方平衡，以减少废方和借方。冲沟比较发育的地段，最好采用绕越方案。

第四，山岭地区森林旅游区道路的选线。山岭地区路线一般以顺山沿河布设为宜，实在没有其他替代方案时才横越山岭。对于沿河（溪）线，应选择在地形宽坦，有阶地可利用，支沟较少、沟长较短，水文及地质条件良好的一岸。在积雪和冰冻地区，道路应选在阳坡和迎风的一岸。除汽车专用公路外，一般公路可选在村镇较多、人口较密的一岸，以方便群众。应慎重选择跨河桥位，处理好桥位与桥头路线的关系。线路一般以低线位为主，但必须做好洪水位的调查，以保证路基稳定和安全。临河陡崖地段，抬高路线线位时，应注意纵面高低过渡的均匀；当采用低线位时，应注意废方堵河、改变水流方向和抬高水位的影响。通过水库地区时，应考虑水库坍岸、基底沉陷的影响，以确保路基稳定；越岭路线选线时，应综合地质、气候、地形等条件，从可能通过的垭口中选择标高较低和两侧利于展线的垭口。垭口两侧展线方案应首先考虑自然展线，不得已时方可采用回头展线。回头展线应尽量利用山谷（主沟、侧沟）、支脉（山嘴、山脊）和平缓山坡等有利地形，并应尽量避免在一个山坡上布设较多和相距很近的回头曲线。越岭路线的纵坡应力求均匀，平均纵坡及纵坡长度应严格遵守《公路工程技术标准》（JTJ 01－1988）的规定；当路线走向与分水岭方向一致，且分水岭平面不迂回曲折，各垭口间的高差也不悬殊时，可采用山脊线。当分水岭方向顺直、起伏不大时，每个垭口均可暂定为控制点。当地形复杂，起伏较大且较频繁，各垭口高低悬殊时，宜以低垭口作为控制点，突出的高垭口可以舍去。在有支脉横隔时，对相距不远、并排的几个垭口，应选择其中一个与前后联系条件较好的垭口作为控制垭口。如需将路线设在两侧山坡时，应选择坡面较整齐，横坡较缓，地质、水文情况良好，积雪、冰冻和支脉分布较少的一侧。

## 三、给水规划设计

### （一）规划用水量标准

参照《风景名胜区规划规范》关于风景区用水量的计算标准，森林旅游区的用水量标准如表 9－4 所示。

表9－4 旅游区的供水量计算标准

单位：L/床·日

| 类 别 | 简易宿点 | 一般旅馆 | 中级旅馆 | 高级旅馆 | 豪华旅馆 | 居 民 | 散 客(L/人·日) |
|---|---|---|---|---|---|---|---|
| 供 水 | 50～100 | 100～200 | 200～400 | 400～500 | ＞500 | 60～150 | 10～30* |

### （二）水源的选择

森林旅游区的水源一般取自市政供水。如果不能由市政网管集中供水时，应按照国家标准《生活饮用水卫生标准》（GB 5749）、《生活饮用水水源水质标准》（CJ 3020）、《城市污水再生利用 城杂用水水质》（GB 18920－2002）、《景观娱乐用水水质标准》（GB12941－1991）选择水源。

水源地应设在水量、水质有保证和易于实施水源环境保护的地段。选用地表水为水源时，水源地应位于水体功能区划规定的取水段或水质符合相应标准的河段。饮用水水源地应位于旅游区的上游；选用地下水水源时，水源地应设在不易受污染的富水地段。开采地下水应以水文地质勘察报告为依据，其取水量应小于允许开采量。当水源为高浊度江河时，水源地选在浊度相对较低的河段或有条件设置避砂峰调蓄设施的河段，并应符合国家现行标准《高浊度给水设计规范》（CJJ 40）的规定；当水源为感潮江河时，水源地区应选在氯离子含量符合有关标准规定的河段或有条件设置避咸潮调蓄设施的河段；当水源为湖泊或水库时，水源地应选在藻类含量较低、水位较深和水域开阔的位置，并应符合国家现行标准《含藻水给水处理设计规范》（CJJ 32）的规定。

缺乏淡水资源的沿海或海岛森林旅游区宜将海水直接或经处理后作为水源，其水质应符合相应标准的规定。

### （三）给水系统规划

森林旅游区给水系统应满足旅游区的水量、水质、水压及旅游区消防、安全给水的要求，并应按旅游区的地形、规划布局、技术经济等因素经综合评价后确定。规划旅游区给水系统时，应合理利用已建给水工程设施，并进行统一规划。

第一，给水系统中的工程设施不应设置在易发生滑坡、泥石流、塌陷等不良地质地区及洪水淹没和内涝低洼地区。地表水取水构筑物应设置在河岸及河床稳定的地段。工程设施的防洪及排涝等级不应低于旅游区所在城市设防的相应等级。

第二，规划长距离输水管线时，输水管不宜少于两根。当其中一根发生事故时，另一根管线的事故给水量不应小于正常给水量的70%。但当旅游区为多水源给水或具备应急水源、安全水池等条件时，可采用单管输水。

第三，给水系统主要工程设施供电等级应为一级负荷。

第四，给水系统中的调蓄水量一般为给水规模的10%～20%。

第五，给水系统的抗震要求应按国家现行标准《室外给水排水和煤气热力工程抗震设计规范》（TJ 32）及现行国家标准《室外给水排水工程设施抗震鉴定标准》（GBJ 43）执行。

### （四）输配水管线的规划

第一，旅游区应采用管道或暗渠输送原水，当采用明渠时，应采取保护水质和防止水量流失的措施。

第二，输水管（渠）的根数及管径（尺寸）应满足规划给水规模和近期建设的要求，一般沿现有或规划道路铺设，尽量缩短线路长度，减少跨越障碍次数。管线不能破坏环境景观。

第三，输水管和配水干管穿越铁路、公路、河流、山体时，应选择经济合理线路。

第四，当配水系统中需设置加压泵站时，其位置宜选用水集中地区。泵站周围应设置宽度不小于10m的绿化地带，其外形建筑应做环境艺术处理。

## 四、排水规划设计

### （一）排水系统的体制

旅游区内污水主要包括生活污水、雨水、融雪水和其他废水。在规划排水系统时，应采用分流制排水系统，将生活污水和雨水、融雪水分别用污水排水系统和雨水排水系统排放。

### （二）污水设计流量的确定

森林旅游区污水设计流量，应按下列公式计算：

$$Q = Q_d + Q_s$$

式中，$Q$为总设计流量（L/s）；$Q_d$为设计综合生活污水量（L/s）；$Q_s$为雨水设计流量（L/s）。

如果在地下水位较高的地区，还应考虑地下水渗入量，其量宜实测确定。

1. 综合生活污水量计算公式

$$Q_d = \frac{n \times N \times Kz}{24 \times 3600}$$

式中，$n$ 为游客综合生活污水定额；$N$ 为设计游客容量；$Kz$ 为生活污水量总变化系数。其中，综合生活污水定额应根据当地采用的用水定额，结合建筑内部给排水设施水平和排水系统普及程度等因素确定。可按当地相关用水定额的 80% ~ 90% 采用。生活污水量总变化系数可按当地实际综合生活污水量变化资料采用，没有实测资料时，可按表 9 – 5 采用。

表 9 – 5　综合生活污水量总变化系数

| 平均日流量（L/s） | 5 | 15 | 40 | 70 | 100 | 200 | 500 | ≥1000 |
|---|---|---|---|---|---|---|---|---|
| 总变化系数 | 2.3 | 2.0 | 1.8 | 1.7 | 1.6 | 1.5 | 1.4 | 1.3 |

注：当污水平均日流量为中间数值时，变化系数用内插法求得。

2. 雨水设计流量计算公式

$$Q_s = q\Psi F$$

式中，$Q_s$ 为雨水设计流量（L/s）；$q$ 为设计暴雨强度（$L/s \cdot hm^2$）；$\Psi$ 为径流系数；$F$ 为汇水面积（$hm^2$）。

（1）径流系数可按表 9 – 6 采用，汇水面积的平均径流系数按地面种类加权平均计算；区域综合径流系数，可按表 9 – 7 采用。

表 9 – 6　径流系数

| 地　面　种　类 | $\Psi$ |
|---|---|
| 各种屋面、混凝土和沥青路面 | 0.85 ~ 0.95 |
| 大块石铺砌路面和沥青表面处理的碎石路面 | 0.55 ~ 0.65 |
| 级配碎石路面 | 0.40 ~ 0.50 |
| 干砌砖石和碎石路面 | 0.35 ~ 0.45 |
| 非铺砌土路面 | 0.25 ~ 0.35 |
| 公园或绿地 | 0.10 ~ 0.20 |

**表 9－7　综合径流系数**

| 区 域 情 况 | $\Psi$ |
|---|---|
| 城市建筑密集区 | 0 .60～0.85 |
| 城市建筑较密集区 | 0.45～0.6 |
| 城市建筑稀疏区 | 0.20～0.45 |

（2）设计暴雨强度应按下列公式计算：

$$q = \frac{167A_1(1 + C\lg P)}{(t + b)^n}$$

式中，$q$ 为设计暴雨强度（L/s · $hm^2$）；$t$ 为降雨历时（min）；$P$ 为设计重现期（a）；$A_1$、$C$、$n$、$b$ 为参数，根据统计方法进行计算确定。

雨水管渠的设计重现期，应根据汇水地区性质、地形特点和气候特征等因素确定。在同一排水系统中可采用同一重现期或不同重现期。重现期一般选用0.5～3a，重要干道、重要地区或短期积水即能引起较严重后果的地区，一般选用3～5a，并应与道路设计协调。特别重要地区和次要地区可酌情增减。

雨水管渠的降雨历时，应按下列公式计算：

$$t = t_1 + mt_2$$

式中，$t$ 为降雨历时（min）；$t_1$ 为地面集水时间（min），视距离长短、地形坡度和地面铺盖情况而定，一般采用5～15min；$m$ 为折减系数，暗管折减系数$m=2$，明渠折减系数 $m=1.2$，在陡坡地区，暗管折减系数 $m=1.2～2$；$t_2$ 为管渠内雨水流行时间（min）。

**（三）管渠铺设**

第一，管渠平面位置和高程，应根据地形、土质、地下水位、道路情况原有的和规划的地下设施以及施工条件等因素综合考虑确定。排水干管应布置在排水区域内地势较低或便于雨污水汇集的地带。排水管宜沿城市道路敷设，并与道路中心线平行，宜设在快车道以外。截流干管宜沿受纳水体岸边布置。管渠高程设计除考虑地形坡度外，还应考虑与其他地下设施的关系以及接户管的连接方便。

第二，在地形平坦地区，埋设深度或出水口深度受限制时，可采用渠道（明渠或盖板渠）排除雨水。盖板渠宜就地取材，构造宜方便维护，渠壁可与路侧石联合砌筑。明渠和盖板渠的底宽，不宜小于0.3m。无铺砌的明渠边坡，应根据不同的地质按表9－8采用；用砖石或混凝土块铺砌的明渠可采用1∶0.75～1∶1的边坡。

**表9－8　明渠边坡表**

| 地　质 | 边　坡 | 地　质 | 边　坡 |
|---|---|---|---|
| 粉　砂 | 1∶3～1∶3.5 | 半岩性土 | 1∶0.5～1∶1 |
| 松散的细砂、中砂和粗砂 | 1∶2～1∶2.5 | 风化岩石 | 1∶0.25～1∶0.5 |
| 密实的细砂、中砂、粗砂或黏质粉土 | 1∶1.5～1∶2 | 岩　石 | 1∶0.1～1∶0.25 |
| 粉质黏土或黏土砾石或卵石 | 1∶1.25～1∶1.5 | | |

第三，污水管道、合流管道与生活给水管道相交时，应敷设在生活给水管道的下面；再生水管道与生活给水管道、合流管道和污水管道相交时，应敷设在生活给水管道下面，宜敷设在合流管道和污水管道的上面；排水管渠损坏时，不应影响附近建筑物、构筑物的基础，不应污染生活饮用水。

## 五、供电规划设计

### （一）用电量的估算标准

参照《风景名胜区规划规范》的相关要求，旅游区的用电量计算标准如表9－9所示。

**表9－9　旅游区的用电量计算标准**

单位：w/床

| 类　别 | 简易宿点 | 一般旅馆 | 中级旅馆 | 高级旅馆 | 豪华旅馆 | 居　民 |
|---|---|---|---|---|---|---|
| 供　电 | 50～100 | 100～200 | 200～400 | 400～500 | ＞1000 | 100～500 |

### （二）电源供给点的选择

森林旅游区的电力来源，通常有以下几种选择方案：

第一，借用就近现有的变压器，但必须注意该变压器的多余容量是否能满足旅游区的需要，同时，变压器的地点不能与旅游区相隔太长。一般中小型的森林旅游区采用这种方法获得电源。

第二，利用附近的高压电力网，自己安装变压器。可以在用电负荷较集中的景点建立 10/0.4kV 变电所或室外箱式变电所，按供电能力需要配置变压器及相关设备。

第三，如果森林旅游区离现有电源太远，或者旅游区本身的水力发电资源非常丰富，可自行设立小型发电站或发电机组。

### （三）电网规划

第一，电网规划的程序为：在负荷规划成果的基础上，作出负荷分布图，划分供电区，再结合电源容量和位置，作出不同电压等级线路配置和变电站布局的电网规划方案。

第二，电网规划在技术上应坚持“小容量、密布点、短半径”的原则，要满足安全、可靠、经济、灵活等方面的要求。

第三，电网规划的电压等级为 10kV、35（66）kV、110kV，相邻电压的级差不宜小于2。10kV 线路供电半径应控制在 15km 以内，35kV 线路长度应控制在 30km 以内。配电线路一般采用 10kV 电压。

第四，遵循建设节约型社会的要求，电网规划应采用配电网自动化技术。该技术能提高线路的平均负荷承载力，在满足正常供电的同时，节约新增线路的投资，降低线路损耗 20% 左右，增加旅游区的经济效益。

第五，配电线路不能影响周围建筑、景观和交通，尽量采用地下埋设方法，同时避开积水区和山洪或潮水起落地带。大型游乐场所、大型宾馆等一些动力设施应有专门的动力供电线路，并有相应的措施保证安全。

## 【思考题】

1. 简述森林旅游规划的概念，森林旅游规划有哪些类型？
2. 森林旅游规划的指导思想有哪些？
3. 简述编制森林旅游规划的原则。
4. 简述森林旅游总体规划的主要内容。
5. 什么是环境容量，请列举 3 种环境容量的计算方法。

# 第十章

# 森林旅游区经营与管理

管理是创新，任何一种管理理念和方法都只能适用于特定的社会经济环境，而不断变化的社会经济环境使传统的管理模式逐渐暴露出很多问题，它不仅无助于企业竞争力的提高，甚至成为一种制约力量。可持续管理是一个动态的、不断演进的概念，它强调人与自然的协调发展，其基本目标依然是“发展”，只不过它是一种“在营利的同时不破坏自然资源”的发展，是确保长时期发展的现代化管理理念，因而它一经提出就得到全球的积极响应并迅速取得共识。

## 第一节　森林旅游区质量管理

随着全球竞争的不断加剧，质量管理越来越成为所有组织管理工作的重点。森林旅游区质量管理是以质量为中心，以全员参与为基础，目的在于通过让旅游者满意、自然生态环境及社会受益而达到长期成功的管理途径。

### 一、森林旅游区质量管理的原则

#### （一）以旅游者为中心

旅游者是每一个森林旅游区存在的基础，旅游者的要求是第一位的，因此，森林旅游区应理解旅游者当前的和未来的需求，并把它转化为质量要求，在整个组织内采取有效措施使其实现，并争取超越旅游者期望。这个指导思想不仅旅游区最高管理者要明确，还要在全体职工中贯彻。

#### （二）领导作用

旅游区最高管理者具有决策和领导本旅游区的关键作用。旅游区最高管理者必须将本旅游区的宗旨、方向和内部环境统一起来，并创造使员工能够充分参与实现森林旅游区目标的环境。为了营造一个良好的环境，最高管理者应建立质量方针和质量目标，确保关注旅游者要求，确保建立和实施一个有效的质量管理体系，确保随时将组织运行的结果与目标比较，根据情况决定实现质量方针、目标的措施，并决定持续改进的途径。

**（三）全员参与**

森林旅游区的各级人员是森林旅游区组织之本，只有他们的充分参与，才能使他们的才干为组织带来最大的收益。森林旅游区的质量管理不仅需要最高管理者的正确领导，还有赖于全员的参与。所以要对职工进行质量意识、职业道德、以顾客为中心的意识和敬业精神的教育，还要激发他们的积极性和责任感。

**（四）过程方法**

将相关的旅游资源和旅游活动作为过程进行管理，可以更高效地得到期望的结果。过程方法的原则不仅适用于某些简单的过程，也适用于由许多过程构成的过程网络。在应用质量管理体系时，ISO 9000（2000 版）标准建立了一个过程模式。这个模式把管理职责，资源管理，产品实现、测量、分析和改进作为体系的主要过程，以顾客要求为输入，提供给顾客的产品为输出，通过信息反馈来测定顾客满意度，评价质量管理体系的业绩。

**（五）持续改进**

持续改进是旅游区的一个永恒的目标。在质量管理体系中，改进主要是指旅游产品质量、过程及体系有效性和效率的提高。持续改进包括：了解现状；建立目标；寻找、评价和实施解决办法；测量、验证和分析结果，把更改纳入文件等活动。

**（六）基于事实的决策方法**

对数据和信息的逻辑分析或直觉判断是有效决策的基础。以事实为依据做决策，可防止决策失误。在对信息和资料做科学分析时，统计技术是最重要的工具之一。统计技术可用来测量、分析与说明产品和过程的变异性，统计技术可以为持续改进的决策提供依据。

以上六项原则是森林旅游区在质量管理方面的总体原则，这些原则需要通过具体的活动得到体现。其应用可分为质量保证和质量管理两个层面。对于质量保证而言，主要目的是取得旅游者足够的信任以表明森林旅游区能够满足质量要求。因而所开展的活动主要涉及测定旅游者的质量要求、设定质量方针和目标、建立并实施文件化的质量体系，最终确保质量目标的实现；对于质量管理而言，主要考虑作为一个组织经营管理的重要组成部分，怎样提高效率和效益，怎样保证实现经营目标，从而确保森林旅游区的生存，促进森林旅游区的可持续发展。

## 二、森林旅游区（点）质量管理评价指标

国家旅游局提出的《旅游区（点）质量等级的划分与评定》（GB/T 17775 - 1999）将我国旅游区（点）质量等级划分为五级，从高到低依次为5A、4A、3A、2A、1A，其评价指标主要有12个（见图10 - 1）。森林旅游区（点）的质量管理评价可以参照这个体系执行。

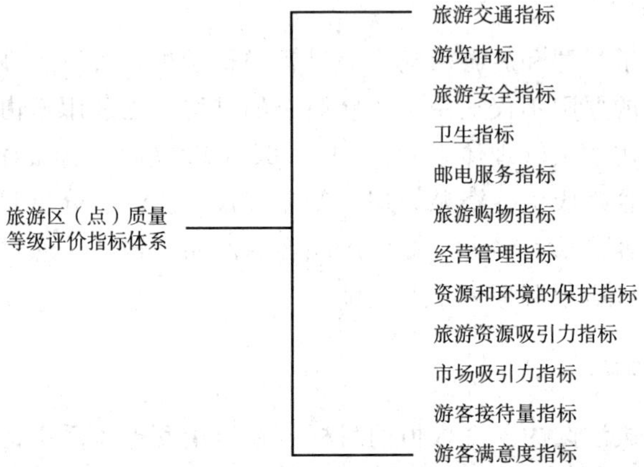


**图10 - 1　旅游区（点）质量等级评价指标体系**

下面以5A级旅游区（点）质量标准的各指标的内容。

### （一）旅游交通管理

可进入性好。交通设施完善，进出便捷。或具有一级公路或高等级航道、航线直达；或具有旅游专线交通工具。

有与景观环境相协调的专用停车场或船舶码头。且管理完善，布局合理，容量能充分满足游客接待量要求。场地平整坚实、绿化美观或水域畅通、清洁。标志规范、醒目、美观。

区内游览（参观）路线或航道布局合理、顺畅，与观赏内容联结度高，兴

奋感强。路面特色突出，或航道水体清澈。

区内应使用清洁能源的交通工具。

### （二）游览管理

游客中心位置合理，规模适度，设施齐全，功能体现充分。咨询服务人员配备齐全，业务熟练，服务热情。

各种引导标识（包括导游全景图、导览图、标识牌、景物介绍牌等）造型特色突出，艺术感和文化气息浓厚，能烘托总体环境。标识牌和景物介绍牌设置合理。

公众信息资料（如研究论著、科普读物、综合画册、音像制品、导游图和导游材料等）特色突出，品种齐全，内容丰富、文字优美，制作精美，适时更新。

导游员（讲解员）持证上岗，人数及语种能满足游客需要。普通话达标率100%。导游员（讲解员）均应具大专以上文化程度，其中本科以上不少于30%。

导游（讲解）词科学、准确、有文采。导游服务具有针对性，强调个性化，服务质量达到GB/T 15971中的相关要求。

公共信息图形符号的设置合理，设计精美，特色突出，有艺术感和文化气息，符合GB/T 10001.1的规定。

游客公共休息设施布局合理，数量充足，设计精美，特色突出，有艺术感和文化气息。

### （三）旅游安全管理

认真执行公安、交通、劳动、质量监督、旅游等有关部门制定和颁布的安全法规。建立完善的安全保卫制度，工作全面落实。

消防、防盗、救护等设备齐全、完好、有效。交通、机电、游览、娱乐等设备完好，运行正常，无安全隐患。游乐园达到GB/T 16767规定的安全和服务标准。危险地段标志明显，防护设施齐备、有效，特殊地段有专人看守。

建立紧急救援机制，设立医务室，并配备专职医务人员。设有突发事件处理预案，应急处理能力强，事故处理及时、妥当，档案记录准确、齐全。

### （四）卫生管理

环境整洁。无污水污物。无乱建、乱堆、乱放现象。建筑物及各种设施设备无剥落，无污垢。空气清新，无异味。

各类场所全部达到 GB 9664 规定的卫生标准。餐饮场所达到 GB 16153 规定的卫生标准；游泳场所达到 GB 9667 规定的卫生标准。

公共厕所布局合理，数量能满足需要，标识醒目美观。建筑造型景观化。所有厕所具备水冲、盥洗、通风设备并保持完好或使用免水冲生态厕所。厕所设专人服务，洁具洁净、无污垢、无堵塞。室内整洁，有文化气息。

垃圾箱布局合理，标识明显，造型美观独特，与环境相协调。垃圾箱分类设置。垃圾清扫及时，日产日清。

食品卫生符合国家规定，餐饮服务配备消毒设施，禁止使用对环境造成污染的一次性餐具。

### （五）邮电服务与管理

提供邮政及邮政纪念服务。

通信设施布局合理。出入口及游人集中场所设有公用电话，具备国际、国内直拨功能。

公用电话亭与环境相协调，标志美观醒目。

通信方便，线路畅通，服务亲切，收费合理。

能接收手机信号。

### （六）旅游购物管理

购物场所布局合理，建筑造型、色彩、材质有特色，与环境协调。

对购物场所进行集中管理，环境整洁，秩序良好，无围追兜售、强买强卖现象。

对商品从业人员有统一管理措施和手段。

旅游商品种类丰富，本地区及本旅游区特色突出。

### （七）经营管理

管理体制健全，经营机制有效。

旅游质量、旅游安全、旅游统计等各项经营管理制度健全有效，贯彻措施得力，定期监督检查，有完整的书面记录和总结。

管理人员配备合理，中高级以上管理人员均具备大专以上文化程度。

具有独特的产品形象、良好的质量形象、鲜明的视觉形象和文明的员工形象；确立自身的品牌标志，并全面、恰当地使用。

有正式批准的旅游总体规划。开发建设项目符合规划要求。

培训机构、制度明确，人员、经费落实。业务培训全面，效果良好。上岗人员培训合格率达100%。

投诉制度健全，人员落实、设备专用。投诉处理及时、妥善，档案记录完整。

为特定人群（老年人、儿童、残疾人等）配备旅游工具、用品，提供特殊服务。

### （八）资源和环境的保护管理

空气质量达到GB 3095一级标准。

噪声质量达到GB 3096一类标准。

地面水环境质量达到GB 3838的规定。

污水排放达到GB 8978的规定。

自然景观和文物古迹保护手段科学，措施先进，能有效预防自然和人为破坏，保持自然景观和文物古迹的真实性和完整性。

科学管理游客容量。

建筑布局合理，建筑物体量、高度、色彩、造型与景观相协调；出入口主体建筑格调突出，并烘托景观及环境。周边建筑物与景观格调协调，或具有一定的缓冲区域。

环境氛围优良。绿化覆盖率高，植物与景观配置得当，景观与环境美化措施多样，效果好。

区内各项设施设备符合国家关于环境保护的要求，不造成环境污染和其他公害，不破坏旅游资源和游览气氛。

## 三、森林旅游区管理水平评估方法

还可以对森林旅游区管理水平进行定量综合评价。其方法可采用1994年薛达元等发表的自然保护区管理水平评价标准（见表10－1）进行评价。

**表10－1　管理水平评价标准**

| 质量等级标准 | 总分值 | 质量等级标准 | 总分值 |
|---|---|---|---|
| Ⅰ级　管理很好 | 86～100分 | Ⅳ级　管理较差 | 36～50分 |
| Ⅱ级　管理较好 | 71～85分 | Ⅴ级　管理差 | 35分以下 |
| Ⅲ级　管理一般 | 51～70分 | | |

根据上述标准，逐项赋分，结果列入表 10－2 中。

**表 10－2　森林旅游区管理水平评价**

| 评价指标 | 标准赋分值 | 实得分值 | 评价指标 | 标准赋分值 | 实得分值 |
|---|---|---|---|---|---|
| A　管理条件 | 30 | | C　科研基础 | 21 | |
| A1　机构设置与人员配备 | 10 | | C1　本底资源调查 | 7 | |
| A2　基础设施 | 10 | | C2　专题科学研究 | 7 | |
| A3　经费状况 | 10 | | C3　科技力量 | 7 | |
| B　管理措施 | 21 | | D　管理成效 | 28 | |
| B1　管理目标和发展规划 | 7 | | D1　资源保护现状 | 7 | |
| B2　法规建设 | 7 | | D2　自养能力 | 7 | |
| B3　管理计划 | 7 | | D3　日常管理秩序 | 7 | |
| | | | D4　与当地群众关系 | 7 | |

然后将上述评分代入公式：

$$R_{总分} = \sum_{i=1}^{3} A_i + \sum_{i=1}^{3} B_i + \sum_{i=1}^{3} C_i + \sum_{i=1}^{4} D_i$$

最后得出的总分就是管理水平分。

## 第二节　森林旅游区综合管理信息系统

现代信息技术的飞速发展，计算机和相关软件的不断进步，旅游业对信息交流的迫切需要等因素的综合作用，促进了森林旅游区综合管理信息系统的产生和发展。森林旅游区综合信息系统也就是把多媒体信息系统技术和 ISO 9000（2000 版）质量管理标准应用于森林旅游业，用它们来辅助森林旅游管理，从而建立一个全方位的现代管理体系。根据服务对象的不同，森林旅游区综合管理信息系统可分为两类：一类是面向游客的森林旅游区综合信息系统，它主要回答游客在森林旅游过程中关心的各种问题及森林旅游区域背景等方面的问题，游客可以在系统中查询、检索所需的各种信息；另一类是面向森林旅游管理部门的森林旅游区综合管理信息系统，它主要是为旅游管理部门、旅游公司、旅行社、饭店、宾馆、风景区管理部门等服务，以便他们有效地管理森林旅游业、合理地调整经营策略，获得更大的社会、经济及生态效益。所有这些构成了今后区域森林旅游研究中的一个新的努力方向。在未来的森林旅游业里，离开了森林旅游区综合信息系统，或许就谈不上森林旅游的现代化经营和管理。

从旅游资源的角度出发，一个完善的森林旅游区综合管理信息系统应包括六个部分的内容：森林旅游发展规划地理信息系统、森林旅游产业信息数据库、森林旅游环境数据库、森林旅游业数据定期采集制度、森林旅游业生态监测评估系统和游客信息与即时管理系统。现将各部分内容简述如下。

## 一、森林旅游发展规划地理信息系统

森林旅游发展规划地理信息系统主要由以下几个部分组成：

### （一）发展规划部分

包括森林旅游区发展规划、总体规划、各旅游景区详细规划等。这部分可以提供投资、地理、特色等信息。

### （二）景区景观部分

包括介绍各景区景点的特色、景观、民俗等文字、图片资料。

### （三）经济发展部分

包括与各景区景点发展有关的人文信息，工农商业经济统计信息，当地建设发展的信息等。

### （四）生态环境部分

包括各景区地质地貌、气象、森林、土壤、植被、动物、水等生态环境信息。

### （五）旅游产业部分

包括各级管理部门、人才、设施、游客、经济投入、产出等信息。

## 二、森林旅游产业信息数据库

森林旅游产业信息数据库主要管理与旅游产业有关的各种资料与统计数据，为各级管理部门提供旅游产业发展状况的信息，作为现代化管理、科学化管理的依据。

对于全国而言，森林旅游产业信息数据库可以分为国家级、省级、地州市级和景区四级结构，通过计算机联网构成一个层次结构，实现信息共享，为各行业的行政管理、经济管理和技术服务管理提供一条“信息高速公路”。对于省、市或具体森林旅游区而言，可以建立更具体的层次架构。

森林旅游产业信息库应包括以下几个方面的内容：

#### （一）单位信息库

包括各级旅游单位、部门的人员、设施、资源等信息。

#### （二）旅游状况信息库

包括游客、经济状况以及国内外客源、团队、从业单位等信息。

#### （三）人才信息库

包括各级管理、技术、旅游从业人员的数量、素质、培训等信息。

#### （四）基础建设数据库

各景区景点的投资、建设和工程的计划与进程信息，包括了投资来源、数量、工程的内容、起止日期以及进展状况。

#### （五）相关产业信息库

包括各种旅游产业状况、与其相关的服务行业、交通行业、教育行业以及当地社区经济状况等信息。

### 三、森林旅游生态环境数据库

森林旅游生态环境数据库（简称生态数据库）主要管理各景区景点的生态环境信息，用于生态环境的监测和生态效益的评估。

森林旅游生态数据库应建立以监测部门为中心的星形分布结构。基本工作方式是监测部门收集各景区的生态环境信息，然后结合遥感等先进手段分析、评估，最后将结果以评估报告和专题信息的形式发布到各级管理部门，以保证旅游业的可持续发展。

生态环境是一个复杂的系统，生态数据库是一个典型的地理信息系统，它包括以下部分：

### （一）基础信息库

包括各景区的地质、地貌、土壤、山系、水文、交通、城镇、人口等信息。

### （二）动植物信息库

包括土地利用状况、植被信息、森林资源信息、动物信息、珍稀濒危动植物信息和生物多样性信息。

### （三）环境因子信息库

包括大气、地表水、气候、空气负离子、空气细菌含量指标等信息。

### （四）人文信息库

包括当地历史、文化、宗教、民俗习俗、风土人情等资料。

### （五）专题信息库

包括卫星图像、地貌、景观、气候等各种专题图像、评估结果等资料。

保护生态环境是森林旅游业发展的前提。由于森林生态环境的复杂性，必须把采用先进手段作为主要技术路线，建立一支高水平的技术服务队伍，配置设置先进的生态监测分析中心。

## 四、森林旅游业数据定期采集系统

为了实现对森林旅游业的现代化管理，使森林旅游区综合信息系统中的信息及时可靠，必须建立起相应的定期采集制度，并通过计算机网络即时上报。定期采集制度内容包括：

- 各景区、景点所在地政府提供的当地社区经济（包括生产、资源、经济等）的统计资料；
- 旅游系统提供的相关行业信息（包括客源、客流、线路、设施等）的统计资料；
- 统计系统提供的社会经济统计资料；
- 教育与科研系统提供的每年相关专业的招生人数、毕业人数、去向等人才培养信息和旅游业发展与保护的研究成果等信息。

为了保证定期采集制度的实施，各级管理部门应该设专人负责，并将其纳入日常管理工作内容中去。

## 五、森林旅游业生态监测评估系统

森林旅游业在促进社区经济发展的同时，在一定程度上使生态环境受到破坏。因此，平衡经济发展和生态保护这对矛盾是森林旅游业可持续发展的主要内容。可以通过建立森林旅游业生态监测评估体系及时准确地了解各景区的生态状况，从而为各级部门的管理提供依据。该体系包括以下几个方面：

- 卫星遥感与传统手段相结合的定期监测系统。主要用于大范围生态状况信息的调查。

- 生态环境评价指标体系。针对森林旅游区的特点制定对景区景点生态环境进行综合评价的指标体系。

- 定期评估制度。依靠专家定期对景区景点的生态环境做出的评估，提供指导性意见。

## 六、游客信息与即时管理系统

像很多旅游区，尤其是参与项目非常多的主题公园，一旦游客爆满，就存在某些项目如过山车、碰碰车等项目前面排起长队，导致游客在旅游期间既玩不了什么项目，又影响游乐心情，同时还造成旅游资源浪费的情况。可以采用先进的计算机网络技术、通信技术、数据库技术、IC 卡技术，形成一个完整的动态实时的人—机系统，对游客进行即时管理。如把旅游区门票做成“智能 IC 卡”。游客刷卡进入公园闸口时，计算机立即给该游客配置一个序列号。在公园各个角落尤其是每个游乐项目旁设置若干“液晶读卡机”，游客在参与某个项目前，只需刷一下卡，读卡机立即根据序列号和当时各旅游项目的使用现状为旅游者生成一个最佳游乐顺序，如计算机系统建议先玩过山车，再玩摩天轮，再玩海盗船等，这样就不会很拥挤。计算机为某个游客生成一个最佳游乐顺序后，就提示该游客的第一个项目在哪里，如何走，前面还有几个人等候。如果每个项目都是爆满，需要等待 10 分钟以上，计算机就提醒该游客到公园里一些非参与性项目去参观、休息。如，建议游客去展览厅参观，去购物区购物，去风景优美的地方观景等。如果游客因个人原因没有按照系统配置的方式去游玩，或者耽误了时间，则系统可再次为该游客配置一个线路。

即时管理系统还可以成为游客跟踪管理系统。智能 IC 卡在游客刷卡进入公园闸口时就为游客配置一个序列号，该序列号将成为该游客的终身识别号，游客可以回家后登录网站，填写相关信息，留下联系方式。如果以后再进入该旅游区，凭序列号可以得到相关优惠。旅游区可以根据这个方式掌握自己的固定客源。

上述六个部分相辅相成、密切相关，共同构成一个完整的旅游区综合管理信息系统。开发森林旅游资源、发展森林旅游业，是一个长期的、动态变化的过程。在这一过程中只有建立起科学规范的开发规划技术体系、不断完善森林旅游区综合管理信息系统和培育良好的环境条件，才能使森林旅游业健康、稳定、持续地发展。

## 第三节　森林旅游区解说管理

旅游解说系统是指一个通过优化组合各种特殊表达方式和媒介传播方式，将与旅游相关的特定信息送达旅游者或潜在旅游者，帮助他们了解相关事物的性质和特点，并达到服务和教育的基本目的的系统。当前，我国旅游景点景区缺乏规范的解说规划和设计，普遍存在着信息内容不充分、主题不突出、文字错漏、语言呆板、设施缺乏艺术性、书写和语言不规范，景区导游词和标语标牌的英译错误等问题。同时，由于我国导游人员解说的整体质量水平不高，很多讲解员在讲解过程中很难抓住旅游区的主要特色，很难将主要旅游资源准确地介绍给旅游者。特别是森林旅游区的很多讲解人员林学、生态学知识缺乏，对植物、动物、环境相关学科知识知之甚少，不能将森林旅游区丰富的森林生态资源特色向游客解说透彻。因此，加强森林旅游景点景区的环境解说系统建设，提高讲解员解说水平，成为森林旅游区管理的重要任务之一。

### 一、解说系统的空间管理

#### （一）交通导引解说系统

交通导引解说系统主要分布于旅游者进入和中转的交通枢纽、节点和交通沿线。包括车行标识导向系统和人行标识导向系统两大部分。

旅游区车行标识导向系统的设计应符合国家交通标识规范，尽量采用国家或国际通用标识符号和色彩，主要分为三级。一级，在旅游区外部交通道路两旁设置旅游区形象标识，明确指示旅游区的方向和距离。二级，分布于旅游区主干道以及南北东西主要入口。二级车行导向牌主要指示旅游区内部道路、主要景区及方向。三级，分布于各景区内道路等，三级车行导向牌指示分区内主要建筑、主要旅游景点及方向。停车场标牌采用国际通用标志，并显示车位情况。系统标志形状、规格、颜色符合现行《道路交通标志和标线》（GB 5768），并结合视觉设计系统，展现旅游区统一、明确、个性化的形象。警告、禁令等标志牌放置于显著无遮挡位置。

人行标识导向系统是旅游区对外传达信息的主要途径，其功能不仅是标示旅游区各建筑物、景点的存在，而且具有公众引导和广告宣传的功能，主要分为五级。一级：主入口。一级导向牌信息密集，上面应有旅游区地图、分区图、旅游区建设大事记、导向信息，放于人流密集区域和旅游区主入口处。二级：规划路与分区内道路等。二级双面导向牌有地图和信息导向信息，指示清晰、明了、连续，安置于各分区十字路口。并标注消防等特殊设施的方位。三级：建筑物和主要景点前指示标牌，标识景点、建筑内部单位及建筑物介绍。四级：旅游建筑物、旅游接待设施内部标识。一般包括建筑物总索引或平面图、各楼层索引或平面图、楼内公共服务设施标识、出入口标识、公告栏等。五级：包括建筑物、旅游接待设施内各个具体功能房间的标识牌和户外的一些具体标识牌，是最后一级导向，如门牌、窗口牌、设施牌、树名牌、草地牌。其中窗口牌是主要针对住宿、购物、娱乐、餐饮等空间内部的功能性指示牌，设施牌主要指的是公共服务设施中的标牌，如报亭、书店、超市、洗手间、传真等。

### （二）接待设施解说系统

接待设施解说系统主要分布于旅游者入住、到访的各类旅行社、宾馆、饭店、餐饮设施、旅游购物、娱乐等场所。它也有旅游区内和旅游区外之分，隶属关系也非常复杂，因此该系统的建设需有关部门协调参与。

旅游区接待设施解说系统的总体布局思路重点在三个方面。一是印制游客手册。存放在包括游客入住、到访的各类旅行社、宾馆、饭店、餐饮设施、旅游购物、娱乐等场所，免费发给游客，供游客自由取阅。二是规范旅游饭店解说。旅游饭店要按照 GB/T 10001 和 GB/T 15566 相关标准的规定，采用统一规范的图形符号，以便向不同国籍游客提供准确明了的服务信息。大厅内一般要设置英语标注的宾馆楼层平面图，便于客人了解宾馆的结构和布局；大厅的前台、旅游服务台、行李保管处有大量的中英文、英文免费资料以及牌示。客房内要有较完善的英文解说服务。要能通过信息网络、计算机终端向游客提供相关信息。此外上述设施的“解说”也要包含加注英文。直接与外国客人接触的工作人员要都能够用外语与旅游者进行日常对话。三是规范内部物业解说。在旅游区内部的物业管理方面，要在相关区域将“员工宿舍请勿入”、“小心路滑”、“小心您的财物”等标语提示告知游客，对附设设施的使用方法、位置、预订等要配制简要说明。

### （三）景观游览解说系统

景观游览解说系统一般由软件部分和硬件部分构成，软件部分指导游员、解说员、咨询服务等具有能动性的解说形式，硬件部分也即自导式解说系统，有导游图、导游画册、牌示、录像带、幻灯片、语音解说等多种表现形式。一般认为只有导游员才具备旅游解说功能，实际上游客一经进入景区，景区就应该给游客提供最佳游览服务，让游客“读懂”景区。

可以在以下几个方面加强旅游区景观游览解说系统硬件建设，提高旅游管理的水平。一是建立多语种、智能化、移动交互式的无线导游解说系统。游客既能通过接收器接受自动语音解说服务，也能接受导游的人工解说服务。二是在旅游区主要入口处和景区内主要景点的入口处设立全景示意图和导游示意图。全景示意图包括旅游景区的总体结构和景区、道路、服务设施（餐厅、厕所等）的分布，有平面图、鸟瞰图、简介文字等表现形式。也可设置在景区内主要游径旁。导游示意图主要标明园内游览线路，以及指出旅游者所在位置，帮助旅游者快速定位，并获取自己需要的信息。所有文字都用双语解说。三是设立珍稀植物、空气负离子区、大气环境优越区、自然标志地、断层景观、节理景观、褶曲景观、地层剖面、峡谷段落、垂直自然地带、特色岸滩、光环现象观察地、云雾多发地、野生动物栖息地等特有资源的解说牌示。四是在旅游景区内适当设置生态环保教育引导解说牌，教育旅游者开展文明旅游，自觉保护生态环境。

### （四）游客中心解说系统

与接待设施解说系统不同的是，游客中心解说系统是景区管理机构在旅游景区入口、中心广场、交通站场等地设立的专门机构，称为游客中心（Visitor Center）。它的隶属关系单一，由旅游景区内部建设和管理。主要为游客提供细致入微的解说服务，通过丰富的信息展示使游客知道到该旅游区最值得看什么、怎样去看，使游客感受到家的温馨。游客中心解说系统的总体布局思路重点在四个方面：

一是设立问讯处，通过与游客面对面交流、热线电话交流、互联网交流等多种形式，为游客提供全方位的问讯服务。游客有什么需求，如吃饭、住宿、交通等，游客中心问讯处的工作人员全都应提供答复。问讯处应根据国际游客的来源配备多语言人才。设立24小时投诉受理服务，确保每件投诉都在规定时间内处结，努力使广大游客高兴而来、满意而去。

二是设立导游接洽室和接待室。配备熟悉旅游景区内的历史文化、森林生态景观、风俗民情、土特产品等内容的专职导游。导游员实行挂牌服务，导游员的基本情况、编号全在显示板上明示，游客需要何种语言的导游一看便知。

三是设立旅游资料存列室。存放旅游景区沙盘、景区挂图、旅游资源分布图、导游线路图以及旅游特色产品等，定时开放。其本身也是一项旅游项目。其中，景区沙盘采用声光同步解说技术。同时，开发多媒体展示系统，向游人展现景区看点等。

四是设立电子资料自助查询系统，方便游客自由查询风景线路和其他资料；设立醒目的电子天气预报显示屏，为游客选择游览线路、确定游览时间等提供翔实的气候信息；免费向游客提供可供随身携带的旅游印刷物，方便游客从印刷物上获取解说信息。

### （五）景区外辅助解说系统

景区外辅助解说就是在旅游景区以外建立宣传和说明系统，作为旅游景区内解说系统的补充，以增加公众对景区景点的了解。目前大多数游客还不习惯于在出游前做仔细的出游准备、收集相应旅游资料，出游决策带有很大随机性，但是通过媒体传播（如电视广告等）行业协作，可以使景区景点成为游客满足好奇心的目的地。特别是对于距离旅游景区景点二三百公里以内的周边地区游客，具有更强的旅游吸引力。

景区外辅助解说系统的总体布局思路重点在四个方面：一是积极通过传统宣传媒体开展宣传解说；二是建立和完善旅游解说网站，注重解说内容的及时更新；三是积极通过旅游交易会、旅游推介会等形式开展宣传解说；四是根据实际情况，在景区临近城市适当位置设立大型解说牌，并在这些城市建立公交、出租车载解说系统，在旅游者入住和到访的各类宾馆、旅馆、餐饮设施、旅游购物等场所建立接待设施中的解说系统，如在宾馆存放免费的宣传手册供入住客人索取等。

### （六）可携性解说系统

可携性解说系统是为方便游客将景区解说物随身携带而设计的。它是游客将景区印象在自己周边范围内广泛传播的鲜活载体，对景区形象、营销等有着重要的意义。因此在设计可携性解说系统时，主要应在解说物的使用价值、鉴赏价值、收藏价值三大价值上下工夫，使之成为旅游景区除旅游资源之外又一重要特色吸引物。

旅游区可携性解说系统的总体布局思路重点在两个方面：

一是创新门票形式，提高门票解说能力。目前的门票主要有纸质门票、电子门票两大类。其中，电子门票又有磁条式电子门票、条码式电子门票、多媒体光盘式电子门票、IC芯片式电子门票、数码指纹式电子门票、RFID式电子门票等类型。要着重在门票的鉴赏、收藏、使用价值上下工夫。如上海大观园先后推出了30余款样式不同的门票，就其中的金陵十二钗系列门票而言，票面采用风格鲜明的剪纸艺术，充分展示大观园的红楼文化，现在已经成为了收藏者的抢手货。又如浙江衢州全国重点文物保护单位南宗孔氏家庙的门票，挑选《论语》部分文字做成宽4cm、厚6cm的小书本，线装直排，印制清晰，可以供游客不时拿出翻阅。如果在景区商店外加30元购得一只精致小木盒，拥有了这张门票，就等于拥有了一套木函装仿古袖珍艺术品，因此具有很高的收藏、使用价值。

二是规范可携性解说物的内容。旅游解说手册是一种重要的游客自助信息支持方式，在文字内容上一般要回答这样一些问题：诸如这里有什么可看的、可做的；怎样找到你想看的东西；游客正在看的是什么，在旅游区内应怎样做等。如《服务指南》要对主要景区、景点、游览线路、游客服务中心、卫生间、投诉点、报警点、主要宾馆饭店的位置做标注，旅游者一册在手，便可尽游旅游区美景。同时，还要宣传旅游景区的法规，使旅游者尊重当地居民的道德、文化和社会秩序等，避免本地民俗文化受到同化、社会治安受到影响。因为旅游景区本地居民同外来旅游者的接触是长期不断的，旅游者所带来的思想与文化对本地社会的影响是一种潜移默化的影响，这种影响可能带来诸多消极的负效应。如传统文化丧失和变异，伪文化形态的充斥，色情、犯罪、赌博和社会伦理失范等。这些都要在接待设施解说系统里加以预防。

## 二、解说载体的管理

解说物作为旅游景区的一个视觉亮点，在具备完整的解说功能的前提下，在造型设计、版面设计、材料应用等方面均应注重与环境的协调性，充分展现建筑、环境的文化特点，提升整体形象。

### （一）硬件材料

载体和信息物的设计要充分考虑以人为本的原则，不要选用强反光材料，载体尽量选用光滑的圆角和弧边。同时，还要综合考虑湿度、降水量、温差、气压等因素，确保解说物的使用寿命，降低维护成本。首先，通过确定解说物的使用距离，设计解说物高度和体量。在对外部空间的研究中，距离是一个非常重要的影响因素。载体的高度、信息物的最佳阅读高度的设计不但要考虑普通身高的人观看方便，还要考虑儿童和残疾人的使用；车辆通行的道路，要考虑车上旅游者的观看高度。其次，合理选择载体的制作材料和对信息物的处理方式。解说物载体的固定方法有墙面固定式、地面固定式和悬挂式等多种，可根据具体情况来确定。解说物载体结构一定要坚固，受力要合理，必要时需进行强度验算，保证安全性和可靠性，墙面固定式和悬挂式一定要采用轻型材料。再次，标识导向系统的材料的选择应考虑材料的耐久性、安全性、便利性和易维护性等因素。通用导向标识一般可采用模块结构，既可节约成本，又方便补充更换内容。

### （二）文字设计

文字设计要注意清晰、醒目、明确和简洁。字体要大小适中，与环境协调。一般来说，以粗壮的黑体字最为常用，因为黑体字笔画粗细一致，间架方正、明确，具有很强的视觉冲击力，在一定的运动速度和距离内易于识别；宋体字次之，它的结构清晰有力，笔画有起伏，有文化韵味，但缺点是横竖笔画的不均匀在一定程度上会造成视觉不清。

解说信息要采用中英双语，消除境外旅游者的心理反差。解说的信息内容要标准规范，尤其是英语解说信息物，内容更要准确，地名的英文译名应参照国家规范采用汉语拼音拼写，而旅游景点名称的英文译名应采用直译。一般采用中文在上、英文在下的方式排列。为使旅游景区的设计布局充分体现对盲人的人文关怀，可在旅游景区建立盲文解说系统，为盲人配置盲人导游图，为重要景点的文字解说加上盲文。同时在旅游景区内道路、扶杆、憩亭、厕所等地均应专门设计供盲人使用的无障碍设施。如在设置盲文植物标牌时，设计中、英、盲三种文字，刻写到有半人高矮、如小琴台般大小的大理石标牌上，方便盲人伸手摸到。

### （三）语音

语音作为人类最自然、最便捷、最人性化和最有效的交流方式，已融入到互联网、电信服务、手机、电脑、车载 GPS、玩具等应用领域。电子解说系统涉及的语音解说中，普通话、粤语和外语要发音正确、吐字正确、语速适当，根据需要分出轻重缓急，分清抑扬顿挫，表达出解说词的思想感情。纯语音解说要求“声情并茂”、“悦耳动听”，多媒体解说要求“声画和谐”、“赏心悦目”。

### （四）视觉设计

解说系统的重要功能之一是提升环境形象，在环境适应性的基础上开展个性化造型设计，用合理完善的工艺设计确保设计方案的完美实现。色彩、质感、造型等要与自然景观协调。以尊重区域中具有独特风格的建筑物及构筑物对色彩的要求。配合整体环境的质感来取用料；造型方面考虑人机工学，确立适宜的尺度，符合人性的需求，做到一目了然，在不干扰使用功能的前提下表现空间意义与文化内涵。

## 三、提高森林旅游区解说服务水平的途径

### （一）加快旅游解说系统的电子化、数字化步伐

当前，电子化、数字化的趋势已经涉及社会生活的绝大部分方面。旅游区应把握时代特征：顺应时代要求、紧跟时代步伐、站在时代前列，加快旅游解说系统的电子化、数字化建设，把旅游解说系统的电子化、数字化建设作为拓展服务空间、提高服务水平、增强竞争力的战略目标来抓。

### （二）加强对解说系统的日常管理和维护

要根据各种标牌、标志、展示物进行经常性的维护和修缮。及时更新电子解说系统、网络解说系统、书面解说材料信息，使各种解说物保持最佳的状态，为游客提供优质服务。

### （三）把解说人才的培养和引进摆在突出位置

要建设高品位、高质量的旅游解说系统，关键是要造就和聚集一支高素质的解说人才队伍。旅游企业要贯彻“事业留人，感情留人，待遇留人”的原则，真正做到关心解说人才、爱护解说人才、理解解说人才、信赖解说人才，形成一个“拴心留人”的良好环境。要加强以“新理论、新信息、新技术、新办法”为主要内容的现有在职解说人员的继续教育，充分挖掘各种教育资源，扩大和完善继续教育网络，鼓励他们通过函授、自学、长短期培训等方式学习先进解说知识，全面提高解说人员队伍的整体素质。

### （四）建立旅游解说系统监测体系

由于景区、资源以及游客都处于不断变化和发展之中，因此旅游解说系统的目标、内容、媒体等都要随之改变。要采用现代科学技术手段和问卷调查、访问调查、座谈会等多种形式对旅游解说系统进行有效监测与管理，尽早发现不足之处。

### （五）加强与内部相关群体的协调

旅游解说系统本身就是一个复杂的系统，包括内部复杂的组织结构、工作、人力、权力、联系等。而复杂多变的环境对解说系统运行会产生很大影响，所以应根据环境的变化不断协调内部机制，以适应于公共环境。如与解说相关的人员有导游、各购物商店的售货员、宾馆饭店的服务人员、本地居民等，他们与旅游区管理部门存在一定的人事关系、薪水关系、劳务关系、交叉业务供给关系等，这些都需要进行综合协调。

## 【思考题】

1. 简述森林旅游区质量管理的原则。
2. 森林旅游区质量管理的评价指标有哪些？
3. 如何建设森林旅游区综合管理信息系统？
4. 什么是森林旅游区解说系统，主要包括哪些要素？
5. 简述提高森林旅游区解说服务水平的途径。

## 【案例】

### 旅游目的地管理的着力点①

目的地管理的关键是整个旅游工作都要以打造最富吸引力的旅游目的地为核心，而不是片面追求旅游行业自身或其中某一个方面的快速发展。具体而言，应重点做好以下几个方面：

第一是大规划。旅游活动的快速发展，要求目的地不仅要提供高品位的旅游产品和服务，而且要提供保证旅游活动高质量开展所必需的各类公共物品与服务，如舒适的交通条件、优美的环境质量、发达的商业服务、良好的社会环境、便捷的信息咨询等。建设旅游目的地实际上就是要建设一个相对完整、相互联动的旅游接待、服务体系，而不是支离破碎的旅游景点或设施。因此在编制旅游规

① 杨军．旅游管理创新：从行业管理到目的地管理［N］．中国旅游报，2006－02－15．

划时，要充分考虑到相关要素，站在目的地的角度，而不是旅游业的角度来编制旅游规划。在规划内容上要涵盖旅游活动全部要素，对其进行统筹安排和优化整合。用大规划来协同各相关领域的行动，动员各方面力量，指导、协调和组织目的地的开发与建设，促进目的地的发展。

第二是大法规。法规是管理的前提。要改变以往制定单一的行业、部门法规的做法，通过综合性的法规与制度安排来实施综合性的管理，使目的地管理在法制的框架下有序进行。如将仅仅针对旅行社的法规、制度拓展为针对整个旅游市场的法规、制度，将票务代理、订房中心、网上预订等新业态也纳入相关法规、制度的调整范围。

第三是大管理。职能大小决定管理范围。目的地管理要求我们必须将与旅游目的地建设与发展相关的要素全部纳入旅游管理的范畴，实施“全要素”管理。因此，要转变以往旅游管理部门单一的旅游行业管理职能，建立真正具有综合管理与协调职能的目的地旅游管理机构，增强旅游管理机构的综合协调职能，使旅游管理机构不仅能够对旅游产业进行管理，而且能够对旅游产业以外的相关要素，如城市的游憩设施、旅游功能、市容环境等进行有效干预，协调、动员各相关要素充分发挥各自效能，共同促进旅游发展。

第四是大形象。旅游吸引力是一种综合吸引力，除了旅游产品吸引力外，还包括目的地文化吸引力、环境吸引力、设施吸引力、自然条件吸引力等许多方面。因此，要跳出行业局限，整合目的地的各种资源，着力打造一个清晰而完整的旅游目的地整体形象。同时，要加强对形象宣传的统一管理与维护，既要通过有效管理使不同时期、不同场合、不同渠道的宣传都能为目的地形象服务，并保持口径上的统一与时间上的连续；又要通过有效协调来改进影响整体形象的不足方面，不断完善和提升目的地形象，增强目的地的整体吸引力和综合竞争力。

第五是大合作。虽然目前的目的地管理只能依托行政区划来进行，但现实中的旅游目的地往往是跨行政区域的。因此，目的地管理最终将会发展到跨区域管理的层面。加强与相关区域的合作与沟通，不断扩大目的地的整合范围，丰富目的地的内涵，强化目的地的整体吸引力，将是今后旅游目的地管理的发展方向。

# 第十一章

# 森林旅游效益评价

森林旅游效益是一种由森林提供的，融经济效益、生态效益和社会效益为一体的综合效益。森林旅游不仅可以为投资者带来可观的经济效益，也可以为当地政府和社区带来一定的社会效益和生态效益。而且森林旅游的间接效益巨大，尤其是在涵养水源、保持水土、净化大气、调节气候、改善生态环境、促进农业生产及保护生物多样性方面的生态功能尤为突出。对森林旅游进行效益评价，其目的是使全社会充分了解和认识森林旅游的巨大效益。

## 第一节　森林旅游经济效益评价方法

森林旅游经济效益评价是一个非常复杂的系统。当前国内外还没有一个统一的认可标准。本节从分析森林旅游经济效益评价的理论基础入手，介绍当前国内外的几种主要评价方法。

### 一、森林旅游经济效益评价的理论基础

森林旅游经济效益以福利经济学作为其理论基础。福利经济学家认为某项产品或劳务价值的最完整的表述是愿意支付值，指人们愿意为某项产品或劳务支付的数额。对于普通商品或劳务的经济评价，可以通过需求曲线求其愿意支付额获得。然而运用这一方法进行森林旅游经济效益评价存在一些难点：第一，森林旅游一般是无价格的，政府通常把它作为一种福利对待，这也就决定了森林旅游这种劳务无法像一般商品通过供需作用形成规范化的市场及均衡价格，对其评价也就无法运用其真实的市场需求与供给进行分析、评价；第二，森林旅游区是一种“公共商品”，它不同于一般的私人产品，对它的消费不具有排他性，也就是说，当一个旅游区不是非常拥挤时，则消费该商品的边际成本为零，即增加一个游客并不增加任何成本。在这种情况下，就不能通过旅游区的收益（如门票收入）

来衡量它的效益，否则将低估其实际效益，因为显然有很大一部分效益在评价中被忽略了。

森林旅游经济效益包括利用价值和非利用价值两大部分。森林旅游的利用价值是指森林资源可以为当代人提供的现实可利用的游憩价值，它有类似市场交换的“替代市场”和“影子价格”。由于森林及林中小河可以狩猎、野营、漫步、观赏、游泳、划船及钓鱼等，所以消费者愿意支付一定的费用如门票费、税收和旅行费用等获得这种服务。森林旅游的非利用价值是指目前人们尚无法利用，但可供自己未来或子孙后代利用的森林旅游价值。非利用价值又可进一步分为选择价值、遗产价值和存在价值三类。人们不仅愿意支付一定的费用以获得森林旅游商品，而且还愿意为自己未来支付一定的费用，以便把这种森林旅游商品的选择权留给自己，这种为自己未来选择权支付的费用即为森林旅游的选择价值；遗产价值是指人们愿意支付一定的货币，以便把森林旅游商品作为遗产留给子孙后代享用的价值，因为人们不希望森林旅游商品在后代能利用之前就完全损失掉；存在价值是指为后代保护森林野生生物的意愿支付，如人们愿意付一定的费用以保护生物的多样性。这种伦理上的存在价值反映了人们对森林野生生物的怜悯、关注和责任感，其经济价值不能用成本—效益分析，但这些价值的大小可以从社会对森林野生生物保护所捐献的资金来衡量。

旅游间接经济效益可认为是旅游者游览观光后精神上获得的益处，亦可认为是某一旅游区为全社会所作的服务。我国一般风景区在进行总体效益评价时，往往只强调直接的一面，对间接的一面只是一般性的文字描述，不具说服力，将这种无形效益以价值指标的形式表现出来，可为森林旅游利用提供科学依据，有利于研究旅游的合理规模及在整个林业经营系统中的布局，从而为这项建设的投资提供理论依据，同时，这种间接效益值可作为国家对公园的一种价值补偿指标，这对森林旅游的指导更具有现实意义。

## 二、森林旅游经济效益评价的主要方法

森林旅游经济效益评价开展得比较早的国家主要有美国、德国和日本等。目前对森林旅游效能的评价主要有两大体系，即分别从经营者的角度和从社会市场的角度来进行评价。

### （一）从经营者的角度进行评价

持森林旅游经济效益应从经营者的角度进行评价观点的人认为，森林旅游经

济效益形成过程中付出的劳动消耗应作为评价基础。

**1. 以木材生产的社会消耗指标作为评价标准**

该法以木材最大利用量（年平均生长量）实际价值或森林旅游导致木材蓄积量损失为依据。1956 年，阿特奎逊就美国国家森林和普通林的经营性质不同提出了一种评价方法（也称政策价值法），即：

$$\frac{\text{国家公园的木材生产价值}}{\text{国家公园的游客数} \times \text{天数}} \leqslant V \leqslant \frac{\text{普通林的生产价值}}{\text{普通林的游客} \times \text{天数}}$$

式中，$V$ 为游客到林中游览每天获得的旅游价值。这一评价方法将森林旅游经济效益利用与无直接关系的木材利用量联系在一起显然是不合理的。1978 年，苏联经济学家 O. H. 安楚科维奇认为森林旅游经济效益的经济评价取决于旅游强度指标即林地单位面积每天最大旅游人数，旅游经济效益值可用下式确定：

$$ЭO_{гпрф} = (Ц_{пд}^{ср} \times K_{оп} + ∂∂_{Mп}) \times K_{p}$$

式中，$ЭO_{гпрф}$为年旅游经济效益值；$Ц_{пд}^{ср}$为木材生产量（生长量）地区平均价值；$∂∂_{Mп}$为旅游林位置差形成的差额收入；$K_p$ 为评价对象的旅游系数；$K_{оп}$为森林旅游经济效益的最佳作用系数。

这一评价方法将游客与林地紧密结合起来，并考虑到林地内不同立地条件、不同景观特点的价值，但应用起来则烦琐复杂，特别对于天然风景林的木材生产价值无法确定，而对于严禁采伐的风景区 $K_{оп}$值（按不同树种轮伐期确定）难以计算，因而该法没能得到推广。

**2. 以公园管理费用消耗量作为评价指标**

20 世纪 70 年代初，苏联 H. B. Tykeb 和德国 H. R. Pabst 提出森林旅游应根据森林旅游给林业带来的附加消耗和损失费来确定，这种方法简单易行，但在这种方法中公园管理费用作为评价指标只能说明公园的费用开支，并不能说明游客获得的价值。

### （二）从社会市场角度进行评价

持森林旅游经济效益应从旅游市场的角度进行评价观点的学者认为，对于物质生产范围来说，使用劳动消耗进行评价是成立的，但对于不能通过物质交换表现的非物质生产范围的旅游经济效益来说则不行。这一体系主要有以下几种方法：

**1. 产品价值法**

苏联的 A. И. Tapacob 认为，森林旅游经济效益评价，应当根据游客数量和休息质量来评定。1976 年他提出了森林单位面积的年旅游经济效益评价模型：

$$Л = at \text{（卢布/公顷·年）}$$

式中，Л 为 1 公顷森林 1 年的旅游经济效益评价值；$a$ 为林中休息 1 小时的效益评价值；$t$ 为 1 公顷森林每年的旅游时间总量。

**2. 机会成本法**

该法只是比较一些可供选择的投资额，用来计算旅游机会价值。

**3. 市场价值法**

该法试图通过把筹建中的旅游区同由私人管理的规模类似的旅游区进行比较来推算旅游价值。

**4. 费用法**

成本开发费用法，该法只计算开发某块风景地的成本。

费用支出法，该法计算旅游者的旅游费用，但并不能表示出旅游价值。

自愿支付法，这其中应用最多的是调查法及旅行费用法。调查法用来向游客提出一系列问题以确定游客究竟愿为旅游区付多少钱，借以估计旅游价值，这一方法是建立在游客愿意付多少而不是实际付出多少的前提下，调查结果易受游客心理的影响，在很大程度上是不可信的。旅行费用法则是调查游客已付费用，以此来估计游客愿意付出的程度，该法以旅行费用作为影响游客变化的主导因子来评价旅游区的价值，它适用于客源广、游客旅行费用差别较大的风景区，该法自美国人 Clawson 在 20 世纪 60 年代初提出以来一直为很多国家采用，也是目前应用较广的一种方法。

## 第二节　森林旅游生态效益评价方法

森林旅游生态效益是间接或无形的，其价值不能在市场上得到直接的实现，我们可以参考森林旅游区所在地区有关物价等资料，通过等效益的物替换和货币置换法对森林旅游的生态效益进行计量评价。一般森林旅游的生态效益可以从以下几个方面来评价。

### 一、森林制氧的效益

森林植物通过吸收二氧化碳和水，产生单糖、释放出氧气。科学研究表明：

$1hm^2$ 森林每天可以释放氧气 0.75t，吸收二氧化碳 1t。根据这一数据，我们可以通过森林面积和工业用氧的价格来估算森林制氧的经济效益。

## 二、涵养水源和调洪补枯效益

森林及其地被物层、土壤层具有涵养水源和调洪补枯的功能。不同的森林植被其水源涵养效能不同，针阔混交林平均蓄水 $1684.2m^3/(hm^2\cdot年)$，阔叶林 $1773.7m^3/(hm^2\cdot年)$，针叶林 $1447.1m^3/(hm^2\cdot年)$，少林或无林地的蓄水能力较小，仅为 $150m^3/(hm^2\cdot年)$。可以根据以下公式计算出水源涵养的经济效益：

$$V_1 = (H_f - H_o) \cdot b$$

式中，$V_1$ 为森林的蓄水效益；$H_f$ 为有林地的蓄水能力；$H_o$ 为少林或无林地的蓄水能力；$b$ 为拦蓄 $1m^3$ 水的水库、堤坝修建成本费，为 0.6 元/$m^3$。

另一方面，森林在雨季所蓄的水分在干季通过河道径流流出，用于干季补枯，季风常绿阔叶林顶级群落的径流系数为 0.52，无林地为 0.79，径流系数之差达 0.27，可按以下公式计算出调洪补枯效益：

$$V_2 = R \cdot C \cdot 10 \cdot K$$

式中，$V_2$ 为森林调洪补枯效益；$R$ 为年平均降雨量；$C$ 为有林地和无林地的径流系数之差（0.27）；10 为水资源单位 mm 转化成 $t/hm^2$ 的系数；$K$ 为水资源的综合价格（按 0.3 元/$m^3$ 计）。

## 三、固土保肥效益

由于森林的存在，特别是活地被物和凋落物的存在，基本上消除了雨滴对表土的溅蚀和地表径流的侵蚀作用，因而使森林具有固土保肥效能。其中固土（即防止河沙流失）效益的计算公式为

$$V_{gl} = K \cdot G \cdot d$$

式中，$V_{gl}$为固土效益；$K$ 为挖取 1t 泥沙的费用，按 10 元计；$G$ 为坡地侵蚀的泥沙进入河道的比例；按 80% 计；$d$ 为单位面积无林地比有林地多流失的泥沙量。

由于土壤流失，土壤中的氮、磷、钾等养分也随之流失，可以参照我国各省测定的单位面积森林的保肥效益值来估算森林旅游区的保肥效益。

## 四、保健效益

森林里空气新鲜，细菌少，尘埃少，噪声小，空气负离子浓度高，植物放出的各种精气有益于人体健康。如象头山自然保护区内森林资源丰富，森林覆盖率高，沟谷密布，水资源丰富，为保护区提供了一个疗养保健的良好环境。利用医院病床价值指标计算法，森林旅游区的保健效益可以通过下面公式计算：

$$F = \frac{H \cdot P \cdot f}{A}$$

式中，$F$ 为卫生保健效益（元/$hm^2$）；$H$ 为每张病床每年的使用价值；$f$ 为发病率（%）；$P$ 为每年到保护区保健疗养的人次；$A$ 为保护区森林面积。

**【案例1】**

# 广东象头山国家级自然保护区效益分析

象头山自然保护区是一个具有多种功能的单位，其效益是综合的，不仅具有直接的经济效益，而且间接效益巨大，尤其是在涵养水源、保持水土、净化大气、调节气候、改善生态环境、促进农业生产及保护生物多样性方面的生态功能尤为突出。根据日本学者对森林生态效益评估方法及国内的研究结果表明，森林的生态价值一般为其经济价值的6～19倍。对象头山自然保护区进行效益评估，其目的是使全社会充分了解和认识象头山自然保护区巨大的效益。

## 一、生态效益

由于生态效益是间接或无形的，其价值不能在市场上得到直接的体现，我们参考广东省有关的研究资料，通过等效益的物质替换和货币置换法对象头山自然保护区的生态效益进行计量评价。

### （一）森林制氧和净化大气的功能

森林植物通过吸收二氧化碳和水，产生单糖、释放出氧气。科学研究表明：$1hm^2$ 森林每天可以释放氧气0.75t，吸收1t二氧化碳。象头山自然保护区森林面积8821.8$hm^2$（未含经济林及竹林），每天可释放氧气6616.4t，可吸收二氧化碳8821.8t。按每人每天需氧0.73kg计算，保护区每天可为9064千人供氧。若按工业用氧计算，人民币500元/t，则保护区每天生产氧气价值330.8万元，每年为120742.0万元。

森林植物的根、茎、叶、花能放出植物精气，可以杀菌、吸收毒气、降尘、净化大气，为人类生存空间提供清洁、舒适的环境。

**（二）涵养水源和调洪补枯效益**

按前文公式 $V_1=(H_f-H_0)\times b$ 计算，象头山自然保护区水源涵养效益为每年863.5万元。

按前文公式 $V_2=R\times C\times 10\times K$ 计算，象头山自然保护区每年调洪补枯效益为1656.7万元。

**（三）固土保肥效益**

按前文公式 $V_{gl}=K\times G\times d$ 计算，象头山自然保护区森林的固土效益为每年42.3万元。

由于土壤流失，土壤中的氮、磷、钾等养分也随之流失，参照广东省测定的单位面积森林的保肥效益1272元/（$hm^2$·年），象头山自然保护区森林的保肥效益为1122.1万元/年，固土保肥效益为每年1164.4万元。

**（四）森林凋落物的制肥效益**

森林枯枝落叶通过分解、矿化作用，将氮、磷、钾等养分归还土壤，供值物生长吸收利用，以达到改良土壤的目的。按广东省阔叶林地平均凋落物量6.72t/（$hm^2$·年），针叶林地2.25t/（$hm^2$·年），根据各类凋落物氮、磷、钾含量及常用化肥（氮肥为尿素，磷肥为磷酸钙，钾肥为氯化钾）氮、磷、钾的比例（分别为28/60、60/406、39/74.5），肥料价值（分别为1600、500、1250元/t），计算象头山自然保护区森林每年的制肥效益191.1万元。

**（五）保健效益**

森林里的空气新鲜，细菌少，尘埃少，噪声小，空气负离子浓度高，植物放出的各种精气有益于人体健康。

象头山自然保护区内森林资源丰富，森林覆盖率高，沟谷密布，水资源丰富，为保护区提供了一个疗养保健的良好环境。利用医院病床价值指标计算法，对保护区的保健效益进行评价。

利用前文公式 $F_1=\dfrac{H\times P\times f}{A}$，设定每张床每天收费20元，1年为7300元，发病率为0.2%；一期（2001—2005年），平均每年游客人数为5.5万人次，二期（2006—2010年），平均每年游客人数为9.3万人次，保护区森林面积为8821.8$hm^2$。

计算结果：一期（2001—2005年），每年每公顷森林的卫生保健效益为143元，全区为126.2万元；二期（2006—2010年），每年每公顷森林的卫生保健效益为241元，全区为212.6万元。

广东象头山自然保护区每年生态效益一期合计为123880.4万元（约12.39亿元），二期合计为123966.8万元（约12.4亿元）。

## 二、经济效益

### （一）林木生长增值效益分析

自然保护区的所有林木都在不断地生长增值，根据惠州市林业局提供的资料，象头山自然保护区每公顷活立木年生长量是3.45$m^3/hm^2$，活立木价格为80元/$m^3$。增值估算见表1。

**表1　象头山自然保护区林木增值估算表**

| 有林地面积（$hm^2$） | 活立木年生长量（$m^3/hm^2$） | 年生长总量（$m^3$） | 年总增值（万元） | 五年总增值（万元） | 十年总增值（万元） |
| --- | --- | --- | --- | --- | --- |
| 8928.1 | 3.45 | 30801.9 | 246.42 | 1232.1 | 2464.2 |

### （二）兰圃经济效益分析

兰圃经济效益分析如表2所示。

**表2　兰圃经济效益估算表**

| 栽培面积（$hm^2$） | 年产兰花（盆） | 每盆价格（元） | 年产值（万元） | 年纯利（万元） |
| --- | --- | --- | --- | --- |
| 3.3 | 120000 | 10 | 120 | 48 |

### （三）旅游效益分析

据国内国际旅游业发展和当地经济发展形势以及保护区资源优势、游客人次、客房利用率、年旅游天数等因素综合考虑，估算结果，广东象头山国家级自然保护区在规划期内的旅游总利润可达11103.3万元，可获纯利4781.6万元。

# 第三节 森林旅游社会效益评价方法

森林旅游是在一定的社会环境条件下组织实施的，对其利益相关者会带来明显社会影响。在投资决策阶段，森林旅游项目决策者应通过社会效益评价来分析森林旅游的社会影响，研究提出如何增强对当地社区的促进作用以及减少或避免不利社会影响的对策措施，使森林旅游与其所处的社会环境保持和谐，为森林旅游的成功实施创造理想的社会条件。

## 一、森林旅游社会效益评价的目的、特点和主要内容

### （一）社会效益评价的目的和特点

#### 1. 社会效益评价的含义和特点

社会效益评价是识别、监测和评价森林旅游的各种社会影响，促进利益相关者对森林旅游活动有效参与，优化森林旅游设施方案，规避森林旅游社会风险的重要工具和手段。社会效益评价主要应用社会学、人类学的一些理论和方法，通过系统地调查、收集与森林旅游相关的各种社会因素和社会数据，分析森林旅游实施过程中可能出现的各种社会问题，提出尽量增加正面影响以及减少或避免负面社会影响的建议和措施，以保证森林旅游顺利实施并使森林旅游效果持续发挥。高层次的森林旅游管理专业人员掌握森林旅游社会效益评价的相关知识、培养处理森林旅游中可能出现的各种社会问题的能力，是非常必要的。

作为森林旅游外部性评价方法体系的重要组成部分，社会效益评价与森林旅游经济效益评价相比，有较大差别。社会效益评价的主要特点有以下几方面：第一，目标的多元性。经济分析的目的是资源优化配置及对森林旅游的经济合理性分析，目标比较单一，而社会效益评价由于涉及的社会因素复杂，具有多元化的追求目标，没有共同度量的标准。第二，评价工作的周期较长。社会效益评价贯穿于森林旅游周期的各个环节和过程，而且要关注近期及远期与森林旅游运行有关的各种社会发展目标，持续时间相对较长。第三，定量分析困难。社会效益评价一般以定性分析为主，从而要求社会效益评价专业人员必须具有丰富的经验，对各种社会问题具有高度的敏感性，否则将难以胜任社会效益评价工作。第四，间接效益与间接影响多。由于社会系统的复杂性及相互关联性，有关社会问题的

波及效应比较明显，增加了社会效益评价的难度。

2. 社会效益评价的目的和任务

(1) 社会效益评价的主要目的。社会效益评价的主要目的是要增加正面影响以及消除或尽量减少因森林旅游的实施所产生的各种负面社会影响，使森林旅游的内容和实施方案符合森林旅游景区所在地区的社会发展规划、社会实际情况和目标人群的具体发展需要，为森林旅游景区的居民提供更广阔的发展机遇，并使森林旅游能为实现森林旅游景区的区域社会发展目标（如减轻或消除贫困、维护社会稳定等）做出贡献，促进经济与社会的协调发展。

(2) 社会效益评价的具体任务。森林旅游社会效益评价需要考察、分析与森林旅游的设计和实施方案有关的社会发展目标取向、潜在的社会负面影响和其他社会因素，如受益人的参与、贫富、性别等的平等问题，少数民族的发展问题，以及对弱势群体的关注问题等。社会效益评价要求采用公众参与的方式，收集有关森林旅游景区的社会经济数据、利益相关者的人口统计特征，以及在当地社会生活中对森林旅游具有潜在影响的传统文化、风俗习惯、宗教信仰、社会组织和社会网络等方面的信息，分析影响森林旅游实施效果的社会因素，以及森林旅游实施可能带来的社会风险和社会后果，并提出优化森林旅游设计方案和减少或避免负面社会影响、降低社会风险、提高森林旅游实施效果的具体措施和建议。具体任务可以概况如下：

第一，识别关键利益相关者，包括森林旅游影响群体和森林旅游目标群体中的关键利益相关者，制定适当的框架机制使他们能够有效地参与到森林旅游的方案选择、制定、实施、监测和评价等活动中去，尤其要为贫困和弱势群体的参与制定恰当的机制。

第二，确保目标受益人群能够理解并接受森林旅游所设定的目标及森林旅游实施所带来的社会变化，使森林旅游的内容和方案设计能够考虑到弱势群体、不同民族及其他社会差异问题。

第三，评价森林旅游的社会影响，在确认有负面影响的情况下，提出减轻由森林旅游活动产生的负面影响的行动方案，并使行动方案的实施措施和手段符合当地的社会风俗。

第四，加强目标群体在社区参与、冲突解决和服务提供等方面的能力。

### （二）社会效益评价的主要内容

1. 区域范围

为了有针对性地开展社会效益评价工作，需要通过森林旅游影响区域范围的分析，确定社会效益评价需要关注的空间区域范围。由于森林旅游之间的区别很大，无法给出判断社会效益评价空间范围的通用方法。如有些森林旅游只在单一地点进行，而有些森林旅游可能覆盖多个市县；有些森林旅游预期只会产生很小的社会影响，而有些森林旅游带来的变化将随时间推移越来越大或覆盖越来越多的区域。因此，必须根据森林旅游的具体情况研究其可能影响的区域范围。

森林旅游影响区域是指在该区域内居住的人群可能受到森林旅游的影响，或者这些人群可能对森林旅游的进展施加影响的区域。森林旅游影响区域包括森林旅游的直接影响区域和各种可能的间接或潜在影响区域。社会效益评价的范围应尽可能扩大至能够涵盖所有潜在的影响因素，同时又尽可能不超出必要的范围，以便针对森林旅游的影响区域开展社会效益评价工作。

**2. 人群范围**

在森林旅游范围区域内居住的人群受到森林旅游影响的方式和程度不可能完全相同，有些人可能没有受到任何影响，有些人虽然受到影响，但影响程度并不大，而有些人则可能因森林旅游受到较大的影响。同时，在所有受到影响的人群中，所受影响的性质又有不同，有些人可能因森林旅游受到不利影响，而有些人却因森林旅游而受益。社会效益评价应谨慎考虑森林旅游对社会和人口影响的分析评价范围，以便恰当评价森林旅游社会影响在年龄、性别、收入水平、民族等方面的差异。然而，在社会效益评价的工作实践中不可避免地会遇到的一个重要问题就是，确定哪种人群将会受到显著的影响。这种确定往往依赖于人为的判断。由于森林旅游的潜在影响种类繁多，或由于影响的效果可能多年以后才能显现出来，或由于不同的人群对影响程度的看法不一致，人为判断相当困难。因此，在森林旅游的社会效益评价中，应就社会影响的范围和程度征求各利益相关者的看法。

在森林旅游的社会效益评价中，收集和分析与社会发展相关的信息是一个相互作用和参与的过程。森林旅游景区相关人群的社会文化和人口统计特征、他们的生产活动和社会组织状况，以及森林旅游内容与他们的需要兼容的程度等，是影响森林旅游能否成功的至关重要因素。通常情况下森林旅游社会效益应侧重评价以下几个方面：

第一，进行详细的利益相关者分析，评价各种利益相关者受森林旅游影响的程度以及他们对森林旅游的影响力。

第二，当地社会组织结构分析，包括当地的正式和非正式社会组织类型、风俗习惯、不同群体之间的关系、社会动员机制、沟通协调机制、道德规范、价值观念和信仰体系等，分析其对森林旅游方案制定和实施的影响和作用，分析克服当地社会组织结构障碍的途径和建议。

第三，在调查分析的基础上，制定利益相关者参与森林旅游方案制定、实施和管理的框架与途径。

第四，制定详细的负面社会影响减缓计划及行动方案。

第五，根据森林旅游的具体目标、森林旅游景区的社会发展目标和森林旅游目标群体及森林旅游影响群体的社会经济条件等因素，确定社会效益评价的监测指标和监测方法，对这些指标的现状进行基线调查，为森林旅游实施阶段的社会问题监测评价提供依据。

## 二、森林旅游利益相关者分析和公众参与

### （一）利益相关者分析

#### 1. 利益相关者的确定

社会效益评价对关键利益相关者的重点关注，主要是指对在森林旅游的方案设计、投资决策及工程实施过程中具有重要影响的森林旅游利益相关者，包括与森林旅游有关的各类社会群体、公共和私有部门的正式和非正式机构，以及各类非政府组织予以重点关注。关键利益相关者可能会对森林旅游产生重大的影响，或者对森林旅游能否达到预定目标起着十分重要的作用。识别关键利益相关者可以从研究现有的森林旅游资料入手，发现与森林旅游活动关系最为密切的群体、机构或个人，从而确认哪些机构或个人与森林旅游息息相关。一般应通过各种社会调查，包括与相关事项的决策者、中央和地方政府代表、经验丰富的国内外社会学家以及当地的非政府组织等进行磋商，确定需要重点关注的关键利益相关者及其代表性人物或机构。

#### 2. 利益相关者的分析和评价

（1）利益相关者的利益构成调查。在对森林旅游的关键利益相关者进行界定之后，需要对他们从森林旅游实施中可能获得的利益以及可能对森林旅游产生的影响进行分析。重点研究以下问题：

- 利益相关者对森林旅游有什么期望；
- 森林旅游将为他们带来什么样的益处；
- 森林旅游是否会对他们产生不利影响；
- 利益相关者拥有什么资源以及他们是否愿意和能够动员这些资源来支持森林旅游的建设（其拥有的资源可以是各类物质资源，但更重要的是各类社会资

源，如在当地社会网络中的地位，对其他社会成员的影响力等）；

- 利益相关者有没有与森林旅游预期目标相冲突的利害关系，以及是否可能动员各类资源来阻碍森林旅游的建设。

（2）利益相关者的影响力评价。获得所需信息后，应从以下方面对利益相关者的影响力及其重要程度进行分析评价：

- 权利和地位的拥有程度；
- 组织结构的级别和层次；
- 对战略资源的控制力；
- 其他非正式的影响力；
- 与其他利益相关者的权利关系；
- 其影响力对森林旅游取得成功的重要程度。

（3）为关键利益相关者制定森林旅游参与沟通的方案。在利益相关者分析的基础上，通过制定利益相关者的参与方案，确保关键利益相关者能够积极参与到森林旅游中来，发表其对森林旅游的看法，将有价值的意见吸纳到森林旅游的方案设计和实施中去，以保障其合理利益不受侵害。

### （二）公众参与

公众参与是社会效益评价的一个重要手段和方法。参与式方法是通过一系列的方法或措施，促使事物的相关群体积极全面地介入事物过程（决策、实施、管理和利益分享等过程）的一种方式方法。通过对这些方法或措施的运用，使当地人（农村的和城市的）和外来者（专家、政府工作人员等）一起对当地的社会、经济、文化、资源状况进行分析评价，对所面临的问题和机遇进行研究，从而做出计划、制定行动方案并使方案付诸实施，并在实施中对计划和行动进行监测评价，最终使当地人从森林旅游的实施中得到收益，参与式方法在社会效益评价中的具体运用包括参与式评价和参与式行动两个方面。

1. 参与式评价

包括参与式贫困评价、参与式规划、参与式监测评价等，主要强调乡土知识对专家知识的补充和完善，侧重于应用参与式的工具来进行数据的收集、分析，以弥补社会效益评价专家对森林旅游所在地社会状况认知的不足。参与式评价包括收集关键利益相关者的信息，特别是那些受森林旅游消极影响的机构或个人的信息，从而根据充分的信息资料制定出能够为关键利益相关者所接受的森林旅游方案。这样能够最大程度地优化森林旅游的运营效果，并为森林旅游运营方案的制定和优化提供依据。

2. 参与式行动

强调利益相关者参与到森林旅游的具体活动中去，以便从森林旅游的实施和发展中受益。参与式行动更偏重于让森林旅游的利益相关者在决策和森林旅游实施中发挥作用；而参与式评价强调从专家评价森林旅游的角度来评价森林旅游的利益相关者的意见。当某个森林旅游的受益群体的积极参与对该森林旅游的成败能够起到关键作用时，参与式行动所能发挥的作用就更加明显。

由于森林旅游的不同利益相关者各自所关注的利益不同，来自各个群体的意见可能存在冲突，因此在应用参与式方法的过程中，有可能出现相互协调比较困难的情况。同时由于参与式方法强调尽可能充分地了解当地人的意见、态度和倾向性，因此有可能会使被调查者产生不易实现的、过高的期望值。这些问题都应在社会效益评价的实际工作中加以注意并设法予以解决。

## 三、森林旅游社会效益表现形式

### （一）为开展科学研究和科普教育提供良好的场所

森林旅游景区生物多样性丰富，植被典型，保护完好，是进行科学研究的良好场所，是进行科普宣传、科普教育的天然博物馆。

### （二）提供就业机会

森林旅游景区的建立与开发，为当地提供了大量的就业机会，能适当缓解当地政府的就业压力。

### （三）活跃当地经济，提高当地人民生活水平

森林旅游业是一个综合性的服务行业，需要满足旅游者的食、住、行、游、购、娱、保健强身等多方面的要求，因而可以促进各行业的发展，活跃当地市场。同时由于当地居民参与经济活动，也能提高他们的收入，改善当地居民的生活质量。

### （四）促进对外交流，扩大对外交往，加快信息的传播

森林旅游业的发展有利于引进技术，引进人才，增进外界对当地的了解，促进经济的发展。

### （五）加强生态道德教育，树立生态保护意识，丰富知识，陶冶情操，净化心灵

通过亲近、欣赏大自然，能激发旅游者热爱大自然的热情，提高其生态保护意识。同时，通过旅游活动可以开阔视野，丰富知识，解放思想，陶冶情操，增进亲情，加深友谊；能增进健康，愉悦心情，激发爱国爱家的热情。

### （六）提高森林旅游景区的知名度

通过旅游开发吸引投资商前来考察投资；通过旅游宣传吸引旅游者前来旅游，能促进森林旅游景区与外界的联系，提高森林旅游景区的知名度。

### （七）促进森林旅游景区的环境保护

开发旅游活动可以使森林旅游景区经营管理者及群众认识到：环境是旅游活动赖以存在的基础，环境受到破坏，旅游业也会受到影响，因而自觉地保护环境。此外，开发旅游活动创造的经济收入还能为保护环境提供资金来源。

## 【思考题】

1. 简述森林旅游经济效益的构成。
2. 当前国内外关于森林旅游经济效益评价有哪几种主要评价方法？
3. 森林旅游的生态效益可以从哪些方面来评价？
4. 简述森林旅游社会效益评价的目的、特点和主要内容。
5. 简述森林旅游社会效益的表现形式。

## 【案例2】

## 旅行费用法在森林旅游经济效益评价中的应用[①]

旅行费用法将旅行费用作为一种“影子价格”，一个森林旅游区的旅游经济

① 为作者等人早期的课题研究成果。

价值就是旅行费用，即“影子价格”增加后的全体游客消费者剩余之和。这一数值可用图1表示。该图说明，对于一个很小的费用增加量 $\Delta p_j$，当游林人次为 $N_j$ 的一组游客消费者剩余为图中阴影部分的面积，而全体消费者剩余为图中曲线下围成的面积：

$$V_T = \int_0^{P_m} Y(X)\,\mathrm{d}X$$

式中，$P_m$ 为追加费用最大值；$Y(X)$ 为费用与游林人次的函数关系式。

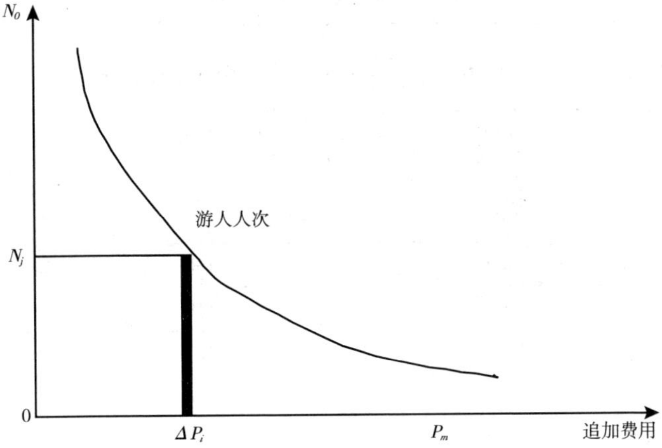


**图1　旅游人数与费用关系图**

## 一、抽样技术及统计

我们以1988年4—11月期间张家界国家森林旅游公园景区抽样调查为例，每两月抽样一次，每次约半个月，一共抽查4次。考虑到游客来张家界大都游黄石寨（见表1），故抽样地点选在到黄石寨必经之地——大岩屋风景点。4次共抽查8538人，与理论计算值7350相比，多抽样16.16%，因此，抽样估计是合理的。

理论上抽样人数可据下式确定：

$$n = \frac{4\Delta^2}{B^2}$$

式中，$n$ 为抽样人数；$\Delta$ 为母体均方差；$B$ 为允许误差值。

由于抽样前，母体均方值是不可知的，其值可以通过样本全距来估计。根据张家界以前游客来源分析，假定所要调查游客中月均总收入最高为700元/月，最低为0，又假定允许误差为5元，则：

$$\Delta = \frac{全距}{4} = \frac{700 - 0}{4} = 175$$

$$n_1 = \frac{4 \times 175^2}{5^2} = 4900\,(人)$$

**表1　公园内不同游道游客人数（1988年5月1日）**

| 项目＼人数＼旅游 | | 黄石寨 | 金鞭溪 | 腰子寨 | 沙刀沟 | 琵琶溪 |
|---|---|---|---|---|---|---|
| 游览时间(小时) | 7～9 | 1108 | 163 | 159 | 0 | 0 |
| | 9～11 | 1189 | 811 | 112 | 251 | 50 |
| | 11～13 | 531 | 188 | 112 | 18 | 40 |
| | 13～15 | 396 | 522 | 106 | 108 | 130 |
| | 15～17 | 192 | 583 | 119 | 100 | 80 |
| 各条游道总人数(人) | | 3416 | 2266 | 608 | 477 | 300 |
| 五条游道总人数(人) | | 7067 | | | | |
| 各游道所占比例(%) | | 48.34 | 32.06 | 8.60 | 6.75 | 4.25 |

为保证抽样的可靠性，还须加上50%的可靠率，则 $n_2 = 7350$（人）。本次抽样目的之一是要了解游客交通费用状况，假定费用最高值为200元（双程），最低为8元，允许误差为5元，则 $n_3 = 369$（人）。加上50%的可靠率为553人，为准确起见，调查数目应以最大为准，即理论抽样人数7350人。

Clawson分区方法是将某一距离半径的客源地合为一个出发区，但将太多的客源地合为一个出发区，统计上误差增大，况且按距离半径将社会经济状况不同甚至差别很大的客源地合为一个区反映不出各客源地的实际情况，掩盖了它们之间存在的差异。1969年Mansfield认为可将游林率不小于2的客源地划分为一个出发区，根据这一原则，结合客源地的具体地理位置，将张家界游客来源划分为22个区，其中大庸区包括大庸和吉首，衡阳区包括衡阳和郴州，桂林区包括桂林和柳州，郑州区包括郑州和洛阳，成都区包括成都和重庆（见表2），表2中交通费用（旅行费用）为双程计，旅游时间计往返时间。

表2　4次抽样加权总表

| 出发区 | | 人口[1]（万） | 月均收入（元/月） | 旅行费用（元） | 旅行时间（小时） | 停留天数（天） | 抽查总数（人） | 游林人次（万人次） | 游林率（%） | 所占比例（%） |
|---|---|---|---|---|---|---|---|---|---|---|
| 省（直辖市） | 地区 | | | | | | | | | |
| 湖南 | 长沙 | 100.1 | 141.27 | 38.40 | 38 | 3 | 1246 | 7.5507 | 75.43 | 14.59 |
| | 株洲 | 35.8 | 131.36 | 34.55 | 36 | 3 | 407 | 2.4664 | 68.89 | 4.77 |
| | 湘潭 | 40.1 | 136.67 | 28.66 | 32 | 3 | 543 | 3.2906 | 82.06 | 6.36 |
| | 常德 | 18.5 | 140.49 | 19.27 | 16 | 3 | 300 | 1.8180 | 98.27 | 3.52 |
| | 衡阳 | 58.5 | 119.95 | 54.42 | 45 | 3 | 276 | 1.6726 | 28.59 | 3.23 |
| | 怀化 | 10.7 | 119.07 | 18.76 | 12 | 2 | 172 | 1.0423 | 97.41 | 2.01 |
| | 大庸 | 10.7 | 100.58 | 8.00 | 8 | 2 | 178 | 1.0787 | 100.81 | 2.08 |
| 湖北 | 武汉 | 302.4 | 156.66 | 66.80 | 55 | 3 | 666 | 4.0359 | 13.35 | 7.80 |
| | 襄樊 | 27 | 150.26 | 35.38 | 30 | 3 | 312 | 1.8907 | 70.03 | 3.65 |
| | 荆门 | 19.3 | 128.27 | 23.80 | 16 | 3 | 310 | 1.8786 | 97.34 | 3.63 |
| | 沙市 | 23 | 125.99 | 19.77 | 16 | 3 | 261 | 1.5817 | 68.77 | 3.05 |
| | 宜昌 | 34.7 | 143.85 | 18.68 | 20 | 3 | 436 | 2.6421 | 76.14 | 5.10 |
| 广东 | 广州 | 265 | 279.20 | 75.92 | 80 | 4 | 606 | 3.6723 | 13.86 | 7.09 |
| 广西 | 桂林 | 87.1 | 140.11 | 56.80 | 48 | 3 | 497 | 3.0118 | 34.58 | 5.82 |
| 贵州 | 贵阳 | 91.59 | 111.86 | 41.14 | 40 | 3 | 579 | 3.5087 | 38.31 | 6.78 |
| 四川 | 成都 | 370.05 | 143.91 | 76.48 | 80 | 3 | 292 | 1.7695 | 4.78 | 3.42 |
| 河南 | 郑州 | 169.3 | 137.72 | 62.78 | 50 | 3 | 470 | 2.8482 | 16.82 | 5.50 |
| | 南阳 | 20.2 | 118.31 | 34.38 | 40 | 3 | 180 | 1.0908 | 54.00 | 2.11 |
| 江西 | 南昌 | 94.12 | 137.82 | 70.30 | 60 | 3 | 87 | 0.5272 | 5.60 | 1.02 |
| 浙江 | 杭州 | 102.59 | 163.25 | 75.47 | 80 | 3 | 86 | 0.5212 | 5.08 | 1.01 |
| 上海 | 上海 | 698.72 | 158.71 | 80.10 | 90 | 4 | 439 | 2.6603 | 3.81 | 5.14 |
| 北京 | 北京 | 522.27 | 187.32 | 81.36 | 100 | 4 | 195 | 1.1817 | 2.26 | 2.28 |

资料来源：朱铁臻．中国城市手册．北京：经济科学出版社，1987.

## 二、森林旅游经济效益价值计算

一个客源地游客的多少受着很多因素的制约，主要有出发区人口、游客收入水平、旅行费用、旅行时间以及风景吸引程度等。这些因素对游林率及旅游经济效益的影响如图2所示。

为更准确地描述游林率与上述因子间的关系，假定风景吸引力对以上22个出发区都相同，可建立游林率与上述4个因子间的回归模型：

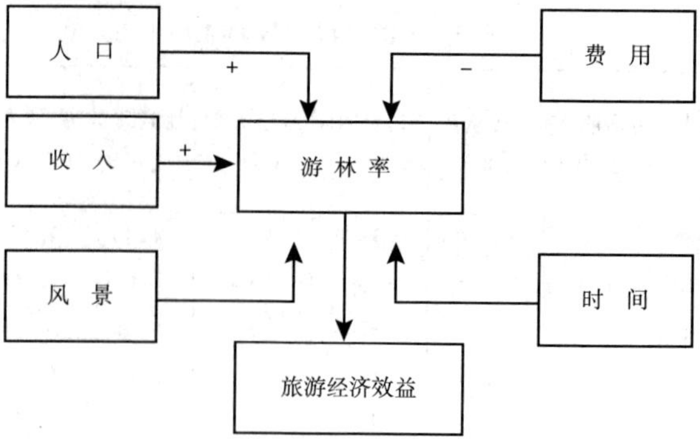


**图 2　旅游效益与控制因子关系图**

（+促进因素　-制约因素）

$$Y = 103.3424 + 0.01537950X_1 + 0.1313428X_2 - 1.583406X_3 - 0.06526398X_4$$

$$RR = 0.9686723$$

$$TF = 64.66087$$

$$F_{(1)} = 0.506568$$

$$F_{(2)} = 2.794552$$

$$F_{(3)} = 21.88718$$

$$F_{(4)} = 0.03266324$$

式中，$Y$ 为出发区游林率；$X_1$ 为出发区人口（万人）；$X_2$ 为出发区游客月均总收入（元/月）；$X_3$ 为出发区游客旅行费用（元）；$X_4$ 为出发区游客旅行时间（小时）；$RR$ 为复相关系数；$TF$ 为总的 $F$ 检验值；$F_{(1)} \sim F_{(4)}$ 为变量 $X_1 \sim X_4$ 的 $F$ 检验值。

查表：$F_{0.05}(4,17)=2.96$；$F_{0.01}(4,17)=4.67$；$F_{0.05}(1,17)=8.40$；$F_{0.01}(1,17)=4.45$；$F_{0.1}(1,17)=3.03$。

比较：$TF=64.66087>F_{0.01}$（4，17）$=4.67$ 可知该回归模型成立。

从回归模型来看，人口和收入两项因子的偏回归系数为正值，说明人口和收入对游林率的影响是正效应的，即随人口的增加、收入的提高，人们外出旅游的数量将增加，而费用和时间呈负效应，即交通费用的增加和旅行时间的延长将制约旅游动机，比较每项因子的 $F$ 值可以看出，旅行费用对游林率的影响达到极显著，收入的影响接近第一显著水平，而人口、时间的影响则极不显著，这与我国国情及张家界经济地理位置是一致的。当时人们生活水平普遍不是很高，这样外出旅游首先考虑的是旅费问题，张家界不靠近大的城市和经济中心，因此即使人口增加和收入提高，但由于路途遥远，这种增加的影响不会很大，相对来说，人们收入提高后，外出旅游的可能性会更大些。从旅行时间的 $F$ 值可以看出，旅行时间尽管是制约旅游动机的因素，但影响程度甚低。因此，旅行费用的变化可以反映出游客的心理状态，即当费用增加时，人们会考虑增加费用是否仍值得旅游，即费用的增加可以反映出游客对旅游的满意程度，因此，利用消费者剩余来估计这一旅游经历是合理的。

但仅以消费者剩余来估计旅游值是不够的，旅游是包括从出发地回到出发地的全过程，因此，旅行时间价值和休息时间价值是不可忽略的，这样某一风景地的旅游值就应是以上三部分之和。即：

$$V = V_p + V_t + V_m$$

式中，$V$ 为旅游经济效益价值；$V_P$ 为消费者剩余；$V_t$ 为旅行时间价值；$V_m$ 为休息时间价值。

为求得消费者剩余，假定各出发区人口、月均收入、旅行时间都保持相对不变，只考虑追加费用对游林人次的影响，这样可根据回归方程求出一定的追加费用对应的游林人次，为方便计算取追加费用额 $\Delta P = 5$ 元，当追加费用值达到某一数值时，游林人次为0，假设费用最大值 $P_m = 70$ 元，这样就可建立游林人次与追加费用之间的函数式如下（可靠性99%）：

$$Y = 46.4781 - 1.731254X + 0.01579026X^2$$
$$F = 267.9194$$
$$R = -0.9889875$$

式中，$Y$ 为游林人次（万人次/年）；$X$ 为追加费用（元）。

这样全体消费者剩余为

$$V_p = \int_0^{70} (46.4781 - 1.731254X + 0.01579026X^2)\,dX = 817.25\text{(万元／年)}$$

根据马克思关于工作时间的积累等于自由时间增加的论点，旅行时间和休息时间价值应是旅行时间和休息时间总量分别与游客工作时间价值之积，即：

$$V_t + V_m = \sum_{i=1}^{n} \left( \frac{W_i}{t_m} \times \frac{Q_i t_{ci}}{d_i} + \frac{tW_i}{t_m} Q_i \right)$$

式中，$n$ 为出发区数；$W_i$ 为第 $i$ 出发区游客收入；$t_{ci}$ 为第 $i$ 出发区游客旅行时间；

$Q_i$ 为第 $i$ 出发区游客人次；$d_i$ 为第 $i$ 出发区游客停留天数；$t_m$ 为月工作小时数；$t$ 为每天工作小时数。

这里 $t$ 按每天 8 小时计算，$t_m$ 按每月工作 25 天，每天工作 8 小时，即 $t_m=25\times8=200$ 小时，则根据上式可计算：

$$V_t + V_m = 569.58 + 307.47 = 877.05 \text{（万元/年）}$$

这样张家界国家森林公园 1988 年游憩价值为

$$V = V_P + V_t + V_m = 817.25 + 877.05 = 1694.30 \text{（万元/年）}$$

这一数值是该公园该年度财政总收入 910 万元的近 1.86 倍，折算成每 $hm^2$ 价值为 6051.07 元/（$hm^2$ · 年），如考虑公园不同景观特征的观赏价值则可求得：

黄石寨游道观赏价值：$V_1=1694.30\times48.34\%=819.02$（万元/年）；

金鞭溪游道观赏价值：$V_2=1694.30\times32.06\%=543.19$（万元/年）；

腰子寨游道观赏价值：$V_3=1694.30\times8.60\%=145.71$（万元/年）；

沙刀沟游道观赏价值：$V_4=1694.30\times6.75\%=114.37$（万元/年）；

琵琶溪游道观赏价值：$V_5=1694.30\times4.25\%=72.01$（万元/年）。

# 第十二章

# 森林旅游安全预防

森林旅游安全管理工作，关系到旅游者生命财产安全及森林旅游活动的顺利开展，关系到森林资源的保护和林业发展的全局，责任重大。本章介绍野外旅游活动中的一些常见危险情况的预防与救治方法。

## 第一节　野生动物与有毒植物危害及预防

在森林旅游中，旅游者是去各种自然生态环境（如森林、草地、湿地、江河、湖泊等）体验自然界的各种乐趣，这就不可避免地要遇到千奇百态的野生动物和野生植物。它们给旅游者提供多种乐趣的同时，也可能给旅游者造成危害。因此有必要对森林旅游涉及的野生动植物危害类型进行较系统的研究，并探讨预防和急救措施，使旅游管理部门和游客能有意识地预防，减轻危害的程度。

### 一、野生动物危害及预防

野生动物有可能给森林旅游者带来多种伤害。主要是因为旅游者走进大自然，侵入了野生动物天然的栖息环境，或对野生动物构成了直接伤害或潜在的威胁，责任主要在人类。但人类可通过多种途径预防野生动物的危害。

在森林、草地等陆地环境开展森林旅游活动时，首先要作好自我防护，对旅游区可能存在的野生动物危害作一全面的了解，起码心理上要有所准备。随身携带一些常见药品。主要是预防毒蛇咬伤，防山蚂蟥吸附人体，防蜈蚣、毒蝎、蜜蜂、胡蜂、土蜂、黄蜂、蚂蚁等的蜇刺，防蜱螨、虱钻入衣服内、床上等，防刺蛾类、毒蛾类的幼虫刺伤。在有血吸虫等传染病的疫区应特别注意衣、食、住、行，预防感染；在江河、湖泊、海洋、沙滩等环境开展森林旅游活动时，应防海蛇类毒蛇的咬伤，防鲨类、电鳐、乌贼、章鱼、水母类、海胆类等刺伤。不吃河豚等有毒的动物。吃海鲜特别应留意是否已高温消毒，避免吃生鱼片或半生不熟的海味。在垂钓时，应防止黄颡鱼、刺鳅、鳜鱼、乌鳢等的刺伤，同时应留心周围是否有蛇出没；在参观野生动物园时，应注意避免与猛兽、猛禽、猴类等有攻击性的动物近距离接触，喂食观赏动物应注意防寄生虫或传染病感染，不要去激怒野生动物；狩猎时游客应注意猎场内是否还遗留有兽夹、地窖、绳套等捕猎野生动物的工具，注意正确使用猎枪，防止伤人。狩猎野生动物应选好地点，追踪受伤的野生动物更应注意安全，慎防受伤的野生动物报复人类。

如果不幸遭遇蛇伤，第一，千万要镇静，不要惊慌，尽可能认清蛇或打死蛇带回以辨认何种蛇咬伤。若判断是毒蛇所伤，马上进行结扎。咬伤手指时要结扎指根；咬伤小腿时，在膝盖上方结扎；前臂咬伤时结扎肘关节上方；足背咬伤时结扎足踝上方等。可用橡皮管、布带、绳索、鞋带、长头发等在伤口上方（近心脏端）结扎。结扎不要过紧，以能摸到结扎下端的动脉跳动、能阻止静脉血回流为宜。结扎后每隔 10 ~ 20 分钟必须放松 2 ~ 3 分钟，以免阻止血液循环，造成局部组织坏死，此时还可用毛巾蘸着冷水敷在伤口上方，使微血管、淋巴管收缩，从而减慢对蛇毒的吸收。第二，结扎后根据当时的条件立即用清水、冷开水、盐水、双氧水或 0.2% 的高锰酸钾溶液等清洗伤口，如伤口内残留有毒牙，还应立即设法取出。第三，切开排毒。伤口冲洗干净完毕，就应马上用刀片在伤口及其附近扩创，但要避开血管，可划破两个毒牙痕之间的皮肤，或沿伤肢长轴方向在毒牙痕划开约 6mm 的切口，使毒液外流。并应注意伤口闭塞。伤口划破或切口均不宜太深，以深约 5mm 为宜。随即在伤口上用吸乳器吸出或立即进行挤压排毒，方法是从结扎处向下反复不断地挤压，使毒血从伤口挤出。若被毒力强的血循毒类型的五步蛇、蝰蛇咬伤，伤口流血不止，不可扩创，但可利用伤口把毒血挤出。排毒后的伤肢，应采取下垂位置，让毒血易于排出。如就近有冷却剂，或在伤口上盖上浸有生理盐水或高锰酸钾溶液的纱布，或用湿毛巾覆盖，尽量使局部降温，这样可使中毒的化学反应减慢，还能使血管因寒冷而收缩，从而在一定程度上阻止蛇毒在体内的扩散。第四，外敷和内服蛇药。在排毒的同时，应给病人内服蛇药片或注射解毒针剂。排毒后的伤口周围及肿胀部位外敷蛇药或草药，但切勿覆盖伤口，以免妨碍毒水外流。伤肢彻底排毒和服用蛇药 2 ~ 3 小时后并不等于治疗，它只不过是减轻中毒的一种有效措施。急救处理后，应把伤者及时护送到附近的医院治疗，对此切不可掉以轻心。

昆虫纲对游客有伤害的主要有异翅目的蝽类，蚤目的人虱，双翅目的蚊子和苍蝇类，鳞翅目的刺蛾类、毒蛾类、膜翅目的蜂类。当游客被昆虫类叮咬或蜇伤时，用冷水冷敷后，在伤口处涂抹氨水。如果被蜜蜂、马蜂等毒蜂蜇伤，先可用镊子等将刺拔出后再涂抹氨水、牛奶或蛇药片等。

环节动物门的蛭类对人类和家畜危害很大，蛭类吸血的伤口血液不止，易感染细菌，引起化脓溃烂等。一些种类在吸血过程中还可传播皮肤病病原体和血液寄生虫。在有山蛭的地区旅游时，需要穿好绑腿或用布带扎好裤腿及领口，最好是穿长筒鞋及布袜。如无以上条件时可用有关驱避剂或防蚊油等涂抹身体外露部分，也可起一定的防护作用。在山蛭有分布的地区居住时，必须铲除帐篷、厕所等四周的杂草及灌木等，把地面清扫干净，同时在四周的地面撒上沙子或木屑、煤渣、草灰等做成防护线，以防山蛭爬进，当因旅游而进入山蛭分布地区时，可手执竹竿，边走边打路边的杂草，注意手脚切勿接触草木等，或可随身携带些食盐、酒精之类的东西，如发现山蛭在皮肤上叮咬，则可将它们撒于虫体上即可自行脱落。

## 二、野生有毒植物危害及预防

### （一）野生有毒植物的毒害成分

据分析，有毒植物的毒害作用应可大致归纳为下述几类：植物碱，例如烟草含有众所周知的尼古丁，大花曼陀罗、红花曼陀罗等含有莨菪碱、阿托品及东莨菪碱，半边莲含山梗菜碱，石松含石松碱，野百合含猪屎豆碱等；配醣体，如夹竹桃含多种强心配醣体，毛地黄含洋地黄毒配醣体，龙葵、白英、马铃薯新芽等均含龙葵配醣体，苏铁的种子含苏铁配醣体等；氢氰酸，如枇杷种子、南天竹、亚麻等都含有氢氰酸；毒蛋白，如鸡母珠种子、蓖麻种子、巴豆种子等；酚类化合物，如漆树、台东漆、野漆树、腰果乃至芒果等均含此类有毒物质；苦味素及酮类化合物，如鱼藤、毛鱼藤、蕗藤含鱼藤酮，甜瓜含甜瓜苦毒素，楝树含苦味楝皮素等；皂配醣体，如桔梗根部含桔梗皂素；脂类化合物，如大戟类均含佛皮醇酯、大戟醇酯等，对皮肤及消化系统有毒害作用。

### （二）植物中毒的种类

目前全世界仍然有数千种有毒植物的化学成分和毒理作用尚待进一步研究，根据我国台湾学者的研究，植物中毒的类型可分为下述几类。

一是神经系统中毒。多数有毒植物的有毒物质对人的神经系统有一定作用，尤其能引起急性中毒的剧毒植物，其毒性作用的部位大多为神经系统。神经系统中毒的症状不仅能造成感觉功能、运动功能和思维功能的障碍或丧失，也常导致呼吸功能与心脏功能的障碍，并常因病情严重而造成死亡。

二是呼吸系统中毒。不少有毒植物会危害人畜或其他动物的呼吸系统，最常见的情况是抑制呼吸，例如吗啡等生物碱和藜芦碱等痉挛性毒物，都会导致严重的呼吸抑制而造成死亡。这种情况通常是由于脑部的呼吸中枢中毒而引起的，不过也有因其他因素而造成呼吸中毒者，例如某些植物的花粉或种子，会释放胺类等有毒物质，会引起支气管痉挛、哮喘、呼吸困难等症状，甚至死亡。

三是精神性中毒。某些有毒植物会产生氨基酸、植物碱、配醣体等多种化合物，人畜误食后，造成精神错乱、狂躁、兴奋、思维困难、视觉迷幻、听觉迷幻等症状。代表的祸首植物有曼陀罗、大麻等；另外，一些茜草科、夹竹桃科、旋花科、马钱科植物及毒蕈类的某些品种也都具有这种毒性。

四是皮肤、黏膜的刺激性中毒。某些具有刺激性的有毒植物可能会导致皮肤红肿、发炎、溃烂、呕吐、腹泻、黏膜刺激疼痛、血尿等。天南星科的多种植物都具有此类毒素。另外，十字花科、菊科、大戟科、瑞香科、金丝桃科、藜科、蓼科等家族的成员，也有不少种类会产生此等刺激性毒素。

五是致癌、致突变、致畸胎等中毒。黄樟毒素、茄碱及若干菊科有毒植物碱等能与动物细胞的DNA相互作用，使DNA的螺旋紊乱，造成细胞的痛变和突变。秋水仙碱、长春花碱、烟碱、茄碱等会使动物的生殖细胞产生永久性改变，造成遗传性的损害，这种损害虽不致影响受害个体本身，但却会影响下一代。

### （三）植物中毒治疗原则

植物中毒治疗的总原则：如果发现有误食或触摸有毒植物时，应尽快送往医院进行治疗。对于一般的植物中毒，应以阻止或减慢毒物的吸收为第一要务，并立即设法除去毒素。其治疗步骤为清洗催吐、洗胃、导泻、灌肠，服用沉淀剂、吸清剂和保护剂，输液排毒，加速排泄。对于因误食中毒，人体内各器官的功能发生严重的障碍时，必须尽速处理（如注射强心剂、人工呼吸等），方能复原。如大戟科大戟含生物碱、有机酸、大戟甙等对人体有刺激和毒害作用的成分。如果皮肤接触大戟茎叶中的汁液，就会引起皮炎；如果吃入口腔，则口、咽喉引起肿胀和充血，甚至糜烂；若食入肠胃，能引起腹痛、泄泻、脱水、虚脱，严重者会呼吸麻痹而导致死亡。若被大戟毒素感染采用如下方法救治：皮肤红肿可用肥皂水、醋酸，或盐水冲洗。误食大戟，早期可以1∶2000的高锰酸钾液洗胃。而出现反复吐泻应及时到医院治疗。民间应急方法有：用菖蒲汁200ml内服；芦根120g水煎服；桔梗30g水煎服。

# 第二节　森林旅游过程中自然灾害的防护

我国是自然灾害类型最多，频次最多的国家之一，拥有世界上几乎所有的灾害类型。从自然灾害空间分布来看，全国共有三大灾害带，即沿海灾害带，多台风、风暴潮、暴雨、洪涝、干旱、海水入侵、地震等自然灾害；沿江灾害带，多暴雨、干旱、水土流失、滑坡、泥石流等自然灾害；山前灾害带，多地质地貌灾害，如地震、泥石流、滑坡以及冰雹等。另外，还可以把全国分为八个自然灾害区，即华北地震旱涝重灾区、华东华南旱涝台风多灾区、西北风沙水土流失多灾区、西南地震山灾多发区、东北旱涝低温灾害区、西部地震高寒灾害区、内蒙古暴风雪多灾区、台湾多地震区。掌握一定的自然灾害防护技术无论对于森林旅游者，还是森林旅游工作者，都是非常必需的。

## 一、森林火灾中的防护

在森林火灾中对人身造成的伤害主要来自高温、浓烟和一氧化碳，容易造成热烤中暑、烧伤、窒息或中毒，尤其是一氧化碳具有潜伏性，会降低人的精神敏锐性，中毒后不容易被察觉。因此，一定要掌握一定的森林火灾常识和自救技能。

第一，在森林中遭遇火灾一定要密切观察风向的变化，因为这说明了大火的蔓延方向，这也决定了你逃生的方向是否正确。实践表明现场刮起 5 级以上的大风，火灾就会失控。如果突然感觉到无风的时候更不能麻痹大意，这时往往意味着风向将会发生变化或者逆转，一旦逃避不及，容易造成伤亡。

第二，如果在山顶上，千万不要往山谷里跑，山谷里很容易形成回头火；低洼地方二氧化碳集中，容易使人缺氧死亡。要尽量选择上风头或两侧逃生。

第三，如果被大火包围在半山腰时，要快速向山下跑，切忌往山上跑，通常火势向上蔓延的速度要比人跑的快得多，火头会跑到你的前面。

第四，如果在较开阔的平坦地，可以以河流、小溪、道路为依托，使用点火器点迎面火，使新火头向大火头方向逆风蔓延，阻挡火锋解围。

第五，如果你处在下风向，要当机立断，选择草较小、较少的地方，用衣服包住头，憋住一口气，迎火猛冲突围。人在 7.5s 内应当可以突围。千万不能与火赛跑，只能对着火冲。切忌顺风撤离。

第六，如果时间允许可以按规范点火自救。要统一指挥，选择在比较平坦的地方，一边点顺风火，一边打两侧的火，一边跟着火头方向前进，进入到点火自救产生的火烧迹地内卧倒避火、避烟。

第七，如果在点火解围来不及，就近有河流（河沟）、无植被或植被稀少的迎风平坦地段时，用水浸湿衣服蒙住头部，两手放在胸部，卧倒避烟（火）。卧倒避烟（火）时，为防止烟雾呛昏窒息，用湿毛巾或衣服捂住口鼻迅速躲避，并扒个土坑，紧贴湿土呼吸，可避免烟害。

## 二、游客在气象灾害中的防护

气象灾害是对旅游活动影响比较大的自然灾害，一般包括暴雨、洪水、山洪、泥石流、风灾、雷电灾害等种类。

### （一）平原森林旅游区水灾的自我防护

水灾是困扰人类的一大恶魔，严重的水灾通常发生在河流、沿海地带以及低洼地带。如果在这些地方开展森林旅游时，遇到暴雨或洪水，必须格外小心。遭洪水侵袭时，应按以下方法自救。

第一，洪水到来之前，要关掉电源总开关，以防电线浸水而漏电失火、伤人。时间允许的话，赶紧收拾贵重物品放在较高处，如桌子、柜子或架子上，以免水浸。

第二，要冷静地观察水势和地势，然后迅速向附近的楼房等高层建筑处转移。如洪水来势很猛，就近无高地及楼房可避，也可就近抓住有浮力的物品如木盆、木椅、木板等；有船则更好。必要时爬上高树也可暂避。然后等候救援人员营救。

第三，不要爬到土坯墙的屋顶，这些房屋水浸后很容易倒塌。平原洪水一般能较快得到救助，只要度过紧急时刻就易获救。

第四，如果水灾严重，水位不断上涨，就必须自制木筏逃生。身边任何入水可浮的东西，如床、圆木、木梁、箱子、木板、衣柜，都可制作木筏。如无绳子，可用被单绑扎木筏。婴幼儿还可放在大盆里涉水。在爬上木筏之前，一定要试试木筏能否漂浮。

第五，如果洪水没有漫过头顶，且周边树木比较密集，也可考虑用绳子逃生。具体办法就是找来一根比较结实且足够长的绳子（也可以用撕开的床单、被单等来替代），先把绳子的一端拴在屋内比较牢固的地方，然后牵着绳子走向最近的一棵树，把绳子在树上绕上若干圈之后再走向下一棵树，如此重复，从而逐渐转移到地势较高的地方。

第六，如果在开阔地带驾车遇上洪水时，应把车迎着洪水开过去，并闭紧窗户。如果让洪水冲到车的侧面，它会把车掀翻并卷走。如汽车处在峡谷或山地，要迅速驶向高地或弃车奔向高地。

### （二）山洪与泥石流的自我防护

前往山区沟谷旅游，一定要事先了解当地的近期天气实况和未来数日的天气预报及地质灾害气象预报。游客应尽量避免大雨天或连续阴雨天前往这些景区旅游。如恰逢恶劣天气，宁可蒙受经济损失、调整旅游线路，也不可贸然前往。如果在山区旅游，不幸遇上山洪和泥石流等时，必须随机应变，避难逃生。

第一，野外旅游时，要随时注意观察周边山体的状况。特别留意是否听到远处山谷传来打雷般声响，如听到要高度警惕。泥石流、滑坡、崩塌的发生一般有迹可循。坡度较陡，或坡体呈孤立山嘴，或为凹形陡坡、坡体上有明显的裂缝、坡体前部存在临空空间或有崩塌物，这说明曾经发生过滑坡或崩塌，今后还可能再次发生；河流突然断流或水势突然加大，并夹有较多柴草、树木，深谷或沟内传来类似火车的轰鸣或闷雷般的声音，沟谷深处突然变得昏暗，还有轻微震动感，这些迹象都能确认沟谷上游已发生泥石流。

第二，根据各种现象判断泥石流发生之后，应立即逃逸，选择最短最安全的路径向沟谷两侧山坡或高地跑，爬得越高越好，跑得越快越好，绝对不能往泥石流的下游走；不要停留在坡度大，土层厚的凹处；不要上树躲避，因泥石流可扫除沿途一切障碍；避开河（沟）道弯曲的凹岸或地方狭小高度又低的凸岸；不要躲在陡峻山体下，防止坡面泥石流或崩塌的发生；长时间降雨或暴雨渐小之后或雨刚停不能马上返回危险区，泥石流常滞后于降雨暴发；白天降雨较多后，晚上或夜间密切注意雨情，最好提前转移、撤离。游客切忌在危岩附近停留，不能在凹形陡坡危岩突出的地方避雨、休息和穿行，不能攀登危岩。

第三，沿山谷徒步时，一旦遭遇大雨，要迅速转移到附近安全的高地，离山谷越远越好，不要在谷底过多停留。

第四，要选择平整的高地作为营地，尽可能避开有滚石和大量堆积物的山坡下面，不要在山谷和河沟底部扎营。

### （三）雪崩的防护

通常雪崩从山顶上暴发，在它向山下移动时，以极快的速度和巨大的力量将它前面的一切东西卷走，直到广阔的平原上它的力量才消失。这种“白色死神”的重量可达数百万吨。雪崩的巨大破坏力的秘密还在于雪流能驱赶着它前面的气浪，而这种气浪的冲击比雪流本身的打击更加危险，它能推倒房屋，折断树木，使人窒息而死。遇上雪崩是很危险的，在雪地活动的人必须十分注意以下几点：

第一，注意雪崩的先兆，例如冰雪破裂声或低沉的轰鸣声，雪球下滚或仰望山上能见有云状的灰白尘埃。雪崩经过的道路，可依据峭壁、比较光滑的地带或极少有树的山坡的断层等地形特征辨认出来。

第二，大雪刚过，或连续下几场雪后切勿上山。此时，新下的雪或上层的积雪很不牢固，稍有扰动，甚至一声叫喊都足以触发雪崩。

第三，天气时冷时暖，天气转晴，或春天开始融雪时，积雪变得很不稳固，很容易发生雪崩。

第四，不要在陡坡上活动。因为雪崩通常是向下移动，在20°的斜坡上，即可发生雪崩。如必须穿越斜坡地带，切勿单独行动，也不要挤在一起行动，应一个接一个地走，后一个出发的人应与前一个保持一段可观察到的安全距离。

第五，如果遇到雪崩，要抛弃身上所有笨重物件，如背包、滑雪板、滑雪杖等，向旁边快速奔跑。不要直朝山下跑，因为冰雪以200km的时速向山下崩落，向下跑反而危险，可能会被冰雪埋住。

第六，如果被雪崩赶上，无法摆脱，切记闭口屏息，以免冰雪涌入咽喉和肺部引致窒息。要抓紧山坡旁任何稳固的东西，如矗立的岩石之类。即使有一阵子陷入其中，但冰雪终究会泻完，那时便可脱险了。如果被冲下山坡，要尽力爬上雪堆表面，同时以俯泳、仰泳或狗爬法逆流而上，逃向雪流的边缘。

#### （四）雷电灾害的预防

据有关部门估计，全球每年因雷击造成的人员伤亡超过1万人。科学研究发现，雷击主要发生在傍晚时分至次日凌晨，发生地点中山的南坡多于山的北坡；傍湖一面的山坡落雷多于背湖的另一面的山坡；在一定区域范围内高耸突出的房屋、烟囱、草垛等易遭受雷击；旷野中并不很高的房屋，如田野中供休息的草棚、瓜棚、凉亭等易遭受雷击；屋脊、平顶屋屋角、女儿墙、突出物等易遭受雷击；旷野中持有金属物品的人容易遭受雷击；大树、枯老的树木、输电线、高架天线容易遭受雷击。在户外开展森林旅游时，应遵守以下规则，预防雷电灾害：

第一，当在户外看见闪电几秒钟内就听见雷声时，说明正处于近雷暴的危险环境，此时应停止行走，两脚并拢并立即下蹲，不要与人拉在一起，最好使用塑料雨具、雨衣等。

第二，如果在雷电交加时，头、颈、手处有蚂蚁爬走感，头发竖起，说明将发生雷击，应赶紧趴在地上，这样可以减少遭雷击的危险，因为雷击落地时，会沿着地表逐渐向四周释放能量。同时，要及时拿去身上佩戴的金属饰品和发卡、项链等。

第三，如果在户外遭遇雷雨，要迅速到附近干燥的住房中去避雨，山区找不到房子，可以到山岩下或者山洞中避雨。

第四，如果在户外遭遇雷雨，来不及离开高大物体时，应马上找些干燥的绝缘物放在地上，并将双脚合拢坐在上面，切勿将脚放在绝缘物以外的地面上，因为水能导电。也不要用手撑地，要双手同时抱膝，胸口紧贴膝盖，尽量低下头，因为头部较之身体其他部位最易遭到雷击。

第五，不宜在大树下躲避雷雨，因为雨后，大树潮湿的枝干相当于一个引雷装置，如果用手扶大树，就仿佛用手去扶避雷针一样。如万不得已，则须与树干保持 5 米距离，下蹲并双腿靠拢。不宜在旷野中打伞，不宜进行高尔夫球、足球等运动；不宜在河边洗衣服、钓鱼、游泳、玩耍。

第六，人乘坐在车内一般不会遭遇雷电袭击，因为汽车是一个封闭的金属体，具有很好的防雷电功能。但是乘车遭遇打雷时千万不要将头手伸出车外。

第七，如果在户外看到高压线遭雷击断裂，此时应提高警惕，因为高压线断点附近存在跨步电压，身处附近的人此时千万不要跑动，而应双脚并拢，跳离现场。

第八，如果在酒店、宾馆内，不要触摸或过于靠近金属管道、电气线路，不宜使用花洒洗澡。尽量减少使用电子、电器设备，最好不要接听和拨打手机、座机，或使用电话上网，因为电话的电磁波也会引雷，应拔掉电源和电话线及电视线等可能将雷电引入的金属导线。

### （五）台风与飓风灾害预防

台风和飓风都是指风速达到 33m/s 以上的强热带气旋，只是因发生的地域不同而有不同的名称。发生在西北太平洋和我国南海的强热带气旋被称为“台风”；发生在大西洋、加勒比海和北太平洋东部的强热带气旋被称为“飓风”。在沿海森林旅游区开展旅游活动的游客应掌握以下基本知识：

第一，气象部门在台风或飓风到来前，一般会发出台风信号，要注意收听电台、电视以了解最新的热带气旋动态，不要轻举妄动。

第二，台风或飓风来临之前，首先会刮起强风。强风有可能吹倒建筑物、树木，易造成人员伤亡。因此，在台风来临时，千万不要在危旧住房、工棚、临时建筑、脚手架、电线杆、树木、广告牌、铁塔等容易造成伤亡的地点避风避雨。

第三，台风或飓风来临时，如果在酒店、宾馆内，要关紧门窗，以免被强风吹开。要检查并缚紧容易被风吹倒的物件，如窗户等。如遇玻璃松动或有裂缝，要在玻璃上贴上胶条，以免吹碎后，碎片四散。不要在玻璃门、玻璃窗附近逗留。

第四，台风或飓风携带的暴雨容易引发山体滑坡、泥石流等地质灾害，造成人员伤亡。因此，山地灾害易发地区和已发生高强度大暴雨地区，要提高警惕，及时撤离。

第五，台风或飓风会引发风暴潮，容易冲毁江塘堤防、涵闸、码头、护岸等设施，甚至可能直接冲走附近人员，造成人员伤亡。

第六，台风或飓风结束后，一定要等到气象部门解除台风信号，撤离的地区被宣布安全时，才可以继续开展森林旅游活动。在台风过后的出行中，如果遇到路障或者是被洪水淹没的道路，要切记绕道而行，要避免走不坚固的桥，不要开车进入洪水暴发区域，留在地面坚固的地方。那些静止的水域很有可能因为地下电缆或者是垂下来的电线而具有导电性。在不能确定自来水是否被污染之前，不要喝自来水或者用它做饭。

## 三、地震灾害的防护

### （一）地震

第一，地震开始时，如果正在屋内，不要惊慌地奔出室外，这样砸死的可能性极大。首先暂时躲在坚固的家具或桌子底，最好躲在体积小的房间。因为室内房屋倒塌以后，大块倒塌体与支撑物形成的三角空间，往往是人们得以幸存的安全地点，被称为避震空间或“安全岛”。例如，炕沿下、床下、桌下，坚固家具附近；内墙墙角；厨房、卫生间、储藏室等。

第二，地震时，木结构的房子容易倾斜而致使房门打不开，这时就会眼睁睁地把命丢掉。所以，不管出不出门，首先打开房门是明智之举。应远离窗户，因为窗玻璃可能震碎。切勿躲在地窖、隧道或地下通道内，因为地震产生的碎石瓦砾会填满或堵塞出口。除非它们十分坚固，否则地道等本身也会震塌陷。

第三，地震时也可以蹲下或坐下，蜷曲身体，降低重心；还可以抓住牢固物体，防止摔倒而致伤。发生大地震时保护头部是极其重要的。在紧急情况下可利用身边的棉坐垫、毛毯、枕头等物盖住头部，以免被砸伤。

第四，如果在室外，不要靠近楼房、树木、电线杆或其他任何可能倒塌的高大建筑物。尽可能远离高大建筑物，跑到空地上去。为免地震时失去平衡，应躺在地上。倘若附近没有空地，应该暂时在门口躲避。不要在道路上奔跑，这时所到之处都是飞泻而下的招牌、门窗等物品。地震时，大桥也会震塌坠落河中，此时停车于桥上或躲避于桥下均是十分危险的。因此，如在桥上遇到地震，就应迅速离开桥身。不要走过狭窄的道路、沟渠边缘、悬崖或河边，以免发生意外。不要靠近山体、悬崖，以免崩裂发生意外。

第五，在公共场所遇到地震时，里面的人会因惊恐而导致拥挤，这是由于惊恐的人们找不到逃生的出口的缘故。这时需要的是镇静，定下心来寻找出口，不要乱跑乱窜。如果地震时不幸被埋压，首先在精神上千万不能崩溃，要树立生存的勇气和信心，千方百计保持正常呼吸，等待救援；争取暴露双手和头部；保存体力。不要大声呼喊和勉强行动，当听到地面有人时，想尽一切办法发出呼救信号；防止灰尘呛闷窒息；如与外界联系不上，要分析并判断自己被埋压的位置，开辟通道，寻找脱险捷径。万一费时费力，难以脱险时应立即中止；寻找食物、水、药品，当面临被渴死的危险时可以饮尿求生；尽力扩大生存空间；寻找利器，保持空气流通。

第六，一次强震过后，不应安心下来，要准备应付余震的发生。

### （二）海啸

水下地震、水下火山爆发或水下塌陷和滑坡等大地活动发生时，海底地层发生断裂，部分地层出现猛然上升或者下沉，由此造成从海底到海面的整个水层发生剧烈震动，称为海啸。海啸是一种具有强大破坏力的海浪，高度可达 10 多米至几十米不等，形成“水墙”。另外，海啸波长很大，可以传播几千公里而能量损失很小。由于以上原因，如果海啸到达岸边，“水墙”就会冲上陆地，对人类生命和财产造成严重威胁。2004 年 12 月 26 日，东南亚地区发生的特大地震引发海啸，在印度尼西亚、孟加拉国、斯里兰卡、泰国、印度、马来西亚等国家造成重大人员伤亡。因此，到沿海地区旅游时，特别是地震高发区，一定要掌握海啸的逃生知识。

第一，地震海啸发生的最早信号是地面强烈震动，地震波与海啸的到达有一个时间差，正好有利于人们预防。因此，如果你感觉到较强的震动，不要靠近海边、江河的入海口。如果听到有关附近地震的报告，要做好防海啸的准备，注意电视和广播新闻。特别要警觉的是，海啸有时会在地震发生几个小时后到达离震源上千公里远的地方。

第二，海啸登陆时海水往往明显升高或降低，如果发现潮汐突然反常涨落，海平面显著下降或者有巨浪袭来，都应以最快速度撤离到内陆地势较高的地方。

第三，海啸前海水异常退去时往往会把鱼虾等许多海生动物留在浅滩，千万不可贪图便宜去捡拾或看热闹，应当迅速离开海岸，向内陆高处转移。

第四，海上船只听到海啸预警后应该避免返回港湾，海啸在海港中造成的落差和湍流非常危险。如果有足够时间，船主应该在海啸到来前把船开到开阔海面。如果没有时间开出海港，所有人都要撤离停泊在海港里的船只。

第五，发生海啸时，航行在海上的船只不可以回港或靠岸，应该马上驶向深海区，深海区相对于海岸更为安全。

# 第三节　野外生存自救方法

森林旅游区自然环境的复杂性，使野外旅游活动存在各种各样的潜在危险。

## 一、森林旅游必备物品

在野外，没有人能够预料发生什么事情。一个急救盒可以延长你的生命，因此应尽可能随身携带以下物品：指南针，用于识别方向；防水火柴，可用胶卷盒来密封；多用途小刀，用于切割食物、防身等；口哨，用于求救；塑料布，用于保持体温、防止热量过快散失，隔潮或作为篷布；针线包，挑刺、缝补、做鱼钩等；太阳镜，过滤紫外线，高原必须要带；头灯和电池，照明使用；水壶或饮水袋；行李绳，救生或下陡坡、走峭壁等用。

药品要根据自己的体质来携带，但是一些常见的药品必须带上。例如感冒药、消炎药、肠道镇定剂、红霉素眼膏、镇痛药、创可贴、纱布、高锰酸钾、抗组胺类药（用于各类过敏、蚊虫叮咬和毒虫蜇刺）等。

## 二、迷路时的自救

在深山行走，要坚持这么一条原则，即“走梁不走沟，走纵不走横”。如没有道路，可选择在纵向的山梁、山脊、山腰、河流小溪边缘，以及树高、林稀、空隙大、草丛低疏的地形上行进。最好不要选择深沟峡谷和草丛繁茂、藤竹交织的地方行走。如果不幸迷路了，要冷静下来寻找自救办法。

如果被困在山谷，最好努力爬上山顶或高处，周围高地比谷底安全，同时视野开阔，便于寻找方向。可以吹哨子或高声呼喊，吸引别人注意。国际求救信号呼救方法为：一分钟 6 次然后停顿 1min，不断重复做下去。用树枝、石块或衣服等物在空地上砌出 SOS 或其他求救字样，每字最少长 6cm。如在雪地，则在雪上踩出这些字。如果有火柴和木柴，点起一堆或几堆火，烧旺了加些湿枝或青草，使火堆升起大量浓烟。但一定要防止引起森林火灾。如果看见直升飞机到山上来援救而飞近时，要拿颜色最鲜艳又阔大的衣服当旗子，不断挥动。或在垂索救人的地点附近生一堆火，升起浓烟，让驾驶员知道风向，帮助他准确地掌握停悬的位置。如果长时间等不到救援，要躲进洞穴中或在凸出的岩石下暂时栖身。这些地方能遮挡风雨烈日。但要避开山崩或雪崩的险地，如满布碎石的斜坡。要把多余衣服或颜色鲜艳的布块铺在地上，以显示自己的位置。

## 三、野外方向的识别

野外确定方向主要依靠经验和工具。如果指南针、罗盘不慎丢失，只能借助其他技术来判定方向和位置。

可以借助太阳识别方向。太阳从东方出，西方落，这是最基本的辨识方向的方法。或者将手表的时针对准太阳，时针与 12 点的夹角平分线所指的方向就是南。另外，木棒成影法可以测量方向，在太阳足以成影的时候，在平地上竖一根 1m 以上的直棍，在木棍影子的顶端放一块石头（或作其他标记），木棍的影子会随着太阳的移动而移动。30 ~ 60min 后，再次在木棍的影子顶端放另一块石头。然后在两个石头之间画一条直线，在这条线的中间画一条与之垂直相交的直线。然后左脚踩在第一标记点上，右脚踩在第二标记点上。这时站立者的正面即是正北方，背面为正南方，右手是东方，左手为西面。

也可以借助星体识别方向。在北半球通常以北极星为目标，夜间北极星位于正北。夜晚利用北极星辨认方向的关键在于在茫茫星海中，准确地找到北极星。认识北极星的方法是：首先找寻勺状的北斗七星，以勺柄上的两颗星的间隔延长五倍，就能在此直线上找到北极星。一般特别地称呼此两颗勺柄上的星为要点星球。如看不到北斗七星时，就找寻相反方向的仙后星座，仙后星座由五颗星形成，它们看起来像英文字母的 M 或 W 倾向一方的形状。从仙后星座中的一颗星画直线，在几乎和北斗七星到北极星的同样距离处就可找到北极星。

还可以借助植物识别方向。在北半球，单个植物枝叶较茂盛的一面为阳面，即是南方，向北的阴地树干则可能生长苔藓。若切开树木，树木年轮较为疏稀的一侧为南面，年轮较紧密的一侧为北面。

## 四、野外缺水自救与水源的识别

在所有的生存物资中，水是最重要的。没有水就没有生命。因此，对于每一个野外生存者而言，开展缺水自救和积极寻找水源是当务之急。在炎热的天气里，有的人往往会脱掉衣服以图减少出汗，实际上这样是错误的观念。因为浸入衣服的汗液可以在衣服与皮肤之间形成一道防护层，它可以抑制汗腺的排出功能，从而达到减少水分损失的目的。要把所有的体力活动减少到最低程度，尽可能多休息。尽量少吃食物，因为人体只有在液体的帮助下才能够消化这些食物。同时，要积极寻找水源。一般生长三角叶杨、梧桐、柳树、盐香柏的地方一定能在它们下面挖出地下水来。生长着香蒲、沙柳、马莲、金针（也称黄花）、木芥的地方，水位比较高且水质较好；生长着灰菜、蓬蒿、沙里旺的地方，也有地下水，但水质不好，带有苦味或涩味。夏蚊虫聚集，且飞成圆柱形状的地方一定有水；有青蛙、大蚂蚁、蜗牛居住的地方也有水；另外，燕子飞过的路线和衔泥筑巢的地方，都是有水源和地下水位较高的地方；可以从野葛藤、葡萄藤、芦苔、仙人掌、猕猴桃藤、五味子藤、野芭蕉等植物体内取水。但千万不要饮用那些带有乳浊液的藤或灌、乔木的汁液，它们一般有毒。在没有地表水的地方，通常可以在以下地方找到地下水：一是悬崖脚下以及天然含水地层下面、干涸的河床下面和海滩水线上的洞穴里可以找到水；二是岩缝里通常蓄积有雨水；三是在干河床上，看上去曾经有水的地方挖掘，比如在河的拐弯处外侧，通常可以找到水。

## 五、误陷流沙、沼泽、泥潭的自救方法

如果陷入流沙后，一定要保持镇静，千万别乱动，因为一旦来回移动，将在流沙里越陷越深。要面朝天平躺在流沙上面，尽量把自己的身体重量平均分配。可以试着把流沙想象成游泳池，采取展翼鹰的姿势，分散身体的重量，避免沉没，然后用游泳的动作回到固体地面。移动身体时一定要小心谨慎。每做一个动作都要缓慢进行，让泥或沙有时间流到四肢下面。快速的移动会使泥或沙之间产生空隙，把身体吸进深处。

沼泽、泥潭一般在潮湿松软泥泞的荒野地带。外出时，应留意青色的泥炭藓沼泽。有时，水苔藓满布泥沼表面像地毯一样，这是最危险的陷阱。如果看见寸草不生的黑色平地，就更要小心。如果必须走过一片满布泥潭的地方，应沿着有树木生长的高地走，或踩在石南草丛上，因为树木和石南都长在硬地上。如不能确定走哪条路，可向前投下几块大石，试试地面是否坚硬；或用力跺脚，假如地面颤动，很可能是泥潭，应绕道而行。如果不幸被沼泽陷住，活命的方法与身陷流沙时的情形是一样的：不要挣扎，应采取平卧姿势，尽量扩大身体与泥潭的接触面积，慢慢游动到安全地带而脱险。

## 六、野外露营的安全事项

应尽量在坚硬、平坦的地上搭帐篷，不能将营地扎在河滩上或是溪流边，因为在这些地方，一旦下暴雨或上游水库放水、山洪暴发等，就有生命危险，尤其在雨季及山洪多发区。帐篷的入口要背风，帐篷要远离有滚石的山坡。一旦山上刮大风时，有可能将石头等物刮下，造成危险。注意帐篷门的朝向不要迎着风向。如果是一个需要居住两天以上的营地，在好天气情况下应该选择一处背阴的地方扎营，如在大树下面及山的北面，最好是朝照太阳，而不是夕照太阳。这样，如果在白天休息，帐篷里就不会太热太闷。为避免下雨时帐篷被淹，应在篷顶边线正下方挖一条排水沟。帐篷四角要用大石头压住。帐篷内应保持空气流通，在帐篷内做饭要防止着火。

## 【思考题】

1. 如果不幸遭遇蛇伤，如何快速救治？
2. 简述野生有毒植物的毒害成分。
3. 简述植物中毒的种类。
4. 野外方向如何识别？
5. 简述误陷流沙、沼泽、泥潭的自救方法。

## 【案例】

### 事故拉响警钟　理性出游休闲

2007 年“五一”黄金周，当亿万游客沉浸在节日的欢乐之中时，一些地方发生的几起安全事故，给游客出游敲响了安全警钟。全国假日办有关负责人特别提醒广大游客：理智出游，理性休闲。

#### 安全事故攸关生命

5 月 2 日下午 4 时左右，南京六合区金牛湖水上娱乐中心，一架正在水面滑行准备升空的水上小飞机，与一艘疾驶而来的游艇相撞，当即造成飞机驾驶员及

3名游客落水。经过岸边人员抢救，4人被救起，其中一名13岁女孩伤势严重。

5月2日下午3时左右，云南省迪庆藏族自治州德钦县梅里乡雨崩村至神瀑山路上，突发严重雪崩，坍塌的积雪顿时掩埋了正在山路上徒步探险的10余名游客。事故发生后，当地政府高度重视，迪庆州假日办启动了旅游景区安全事故应急救援处置预案，积极开展救援和事后处置工作。

5月1日，山东日照海滨。51名在此游玩的外地游客被潮水困在太公岛上，海水淹没了小岛，涨至普通人腰部高度。当地边防民警接到报警后及时赶到，经过20分钟营救，将所有游客安全运送到岸。

5月1日下午，武汉中山公园后区游乐设施“峡谷漂流”发生一起翻船导致游客受伤事件，两艘正在运动中的漂流筏发生撞击导致船内进水倾斜后翻船，船上6名游客中，2人重伤，4人轻伤。

4月30日，甘肃兰州近代物理研究所职工赵某与同伴，在距离拉萨200多公里的那曲境内的桑丹康桑雪山登山时，不慎掉进一条深达25米的冰缝中。5月1日，牧民们在没有任何专业救助装备情况下开始营救工作。下午3时50分左右，消息传到国家旅游局假日办。经过国家旅游局假日办与西藏自治区假日办的多方协调，由西藏自治区政府、那曲行署、部队以及登山协会、当地百姓组成的救援小组，经过3个多小时紧张营救，将遇险者成功救出。

### 出游重视自我防护

一件件事故的发生，事出意外却又让人不感意外。

西藏自治区旅游局副局长扎诺至今还记得2002年北京大学登山队攀登希夏邦马峰西峰顶峰的那次事故。当年8月7日，北京大学登山队15名队员在攀登希夏邦马峰西峰顶峰的过程中，遭遇雪崩，2人遇难，3人失踪。由于通信和交通条件的原因，登山队的两名队员于12日晚才赶到拉萨求援。事后调查得知：15名北大登山队队员参加此次攀登活动，其中拥有攀登3座山峰以上经验的队员4名，攀登2座山峰经验的队员1名，攀登1座山峰经验的队员3名，无攀登经验的队员居然占到7名。

“缺乏登山经验，冒险登山，是北大登山事故发生的原因，也是当年‘五一’期间甘肃登山者在桑丹康桑雪山发生事故的原因。”扎诺详细介绍了5月1日抢救甘肃登山者的过程。那曲地广人稀，缺乏专业抢险设备和人员，从拉萨到出事地点开车需要5个小时。扎诺认为，既没有相关专业机构组织，也没有配备专业协助人员，凭着勇气登山无疑是冒险。此次救援耗费了从全国假日办到西藏假日办、从政府到民间、从军队到地方，数不清的物力人力救回了登山者。他希望类似悲剧不要再发生，“不仅仅是对自己的生命负责，也是对社会负责。”

# 第十三章

# 森林环境旅游资源测定方法

## 第一节 大气质量测定方法

### 一、大气环境的监测

森林旅游区环境空气监测中的采样点、采样环境、采样高度及采样频率的要求，按《环境监测技术规范》（大气部分）执行。

#### （一）布点方法

大气监测的布点方法主要有几何图形布点法、同心圆布点法等（见图 13-1，图 13-2）。

1. 几何图形布点法

可用于调查面源，适用于污染源较为分散的情况。将调查区用既定大小的网格分开，每个格中心设一个监测点，网格的大小视污染源强度、地区功能等因素确定。污染排放量大而污染源密集的旅游区网格可以小些，污染排放量小的旅游区可用大网格表示。

2. 同心圆布点法

这种布点法适用于调查点源。在污染源较为集中的情况下，以污染源或污染源群为中心，沿放射线方向向外扩散，采样点布在同心圆上。采样时要注意主导风向，主轴与主导风向要一致，应该布点于下风向。

除此之外，还有功能布点法、扇形布点法等。

#### （二）监测点数的确定

以下为中国环境保护部推荐的监测点数（见表 13-1）：

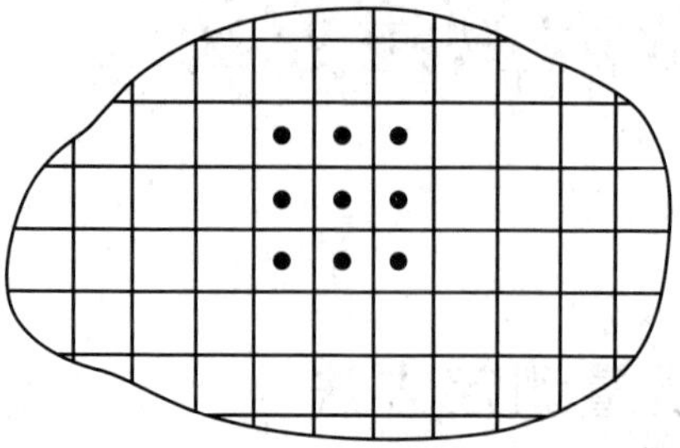

图 13－1　几何图形布点法

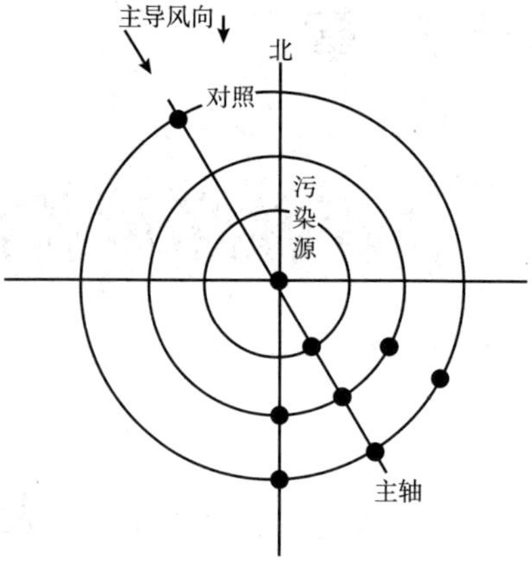


图 13－2　同心圆布点法

**表 13－1　我国大气环境监测采样点设置数目**

| 人口（万人） | 各污染物所需的平均监测点数 | | |
|---|---|---|---|
| | $SO_2$、$NO_x$、TSP | 自然降尘量 | 硫酸盐化速率 |
| <50 | 3 | ≥3 | ≥6 |
| 50～100 | 4 | 4～8 | 8～12 |
| 101～200 | 5 | 8～11 | 12～18 |
| 201～400 | 6 | 12～20 | 18～30 |
| >400 | 7 | 20～30 | 30～40 |

在实际应用中，还应根据以下因素进行校正：

- 在工业密集区附近的森林旅游区，测量飘尘和 $SO_2$ 的监测点要增加；
- 在燃烧大量重油和煤的森林旅游区，$SO_2$ 监测点数要增加；
- 在地形不规则的地区，监测点数往往要增加；
- 在交通运输极为繁忙的森林旅游区，测定 $NO_x$、$SO_2$ 的点数要增加，还需要增加 CO 浓度测定。

### （三）采样时间、采样频率

采样时间系指每次采样从开始到结束所经历的时间，也称采样时段。采样频率指在一定时间范围内的采样次数。我国对大气监测规定的采样时间和采样频率如表 13－2 所示。

**表 13－2　采样时间和采样频率**

| 监测项目 | 采样时间和采样频率 |
|---|---|
| 二氧化硫 | 隔日采样，每天连续采 24±0.5 小时，每月 14～16 天，每年 12 个月 |
| 氮氧化物 | 隔日采样，每天连续采 24±0.5 小时，每月 14～16 天，每年 12 个月 |
| 总悬浮微粒 | 隔双日采样，每天连续采 24±0.5 小时，每月 5～6 天，每年 12 个月 |
| 灰尘自然降尘量 | 每月 30±2 天，每年 12 个月 |
| 硫酸盐化速率 | 每月 30±2 天，每年 12 个月 |

## 二、空气微生物含量测定

空气中微生物的采集方法很多，按采样方式的不同，有撞击式采样、过滤式空气采样、离心式空气采样、气旋式采样、静电沉降采样和平板沉降采样等。本章介绍平板沉降法。它是早期测定空气中细菌数的唯一方法，由于此法简单经济，所以至今仍适用于有些场合的空气微生物监测。

在监测时，为防止工作人员对样品的污染，采样时应将人员活动减少至最低限度，同时，采样人员应身着工作服、工作帽、口罩，接触滤膜时要戴灭菌的医用橡胶手套操作。根据各取样点 1 日 3 次，每次 3 皿记录的各类菌落原始数据，计算出各取样点早、中、晚各 3 个培养皿中各类菌的菌落平均数。按 1991 年 12 月颁布的国家标准确定的公共场所每立方米空气中微生物总数的计算公式，计算出各取样点早、中、晚每立方米空气中的微生物数。计算公式为

$$菌数/m^3 = 50000N/(A \times T)$$

其中，$N$ 为培养皿中菌落平均数（个）；$A$ 为培养皿的面积（$cm^2$）；$T$ 为打开培养皿皿盖的时间（min）。

如若培养皿的直径为 9cm，打开皿盖的时间为 5min，则公式可简化为

$$菌数/m^3 = 157 \times N$$

## 三、空气负离子浓度测定

空气负离子的测定需要使用大气离子测量仪。当前一般采用国家林业局委托中南林业科技大学森林旅游研究中心研制的 DLY－3F 型森林大气负离子测量仪或者 FTP－2 型空气离子测量仪。DLY－3F 型森林大气负离子测量仪于 1999 年通过国家林业局的组织鉴定和国家标准物质研究中心认证，具有精度高、性能稳

定、重量轻、美观耐用、有驱潮功能，能在0～40℃温度范围内和98%以下的空气相对湿度下工作等优点，可在野外连续工作10～15天。该产品达到国内领先水平，填补了我国森林大气离子测量仪的空白。FTP－2型空气离子测量仪是对DLY－3F型森林大气离子测量仪的改进仪器，各项技术指标均达到国际先进水平。它首创了镀金收集板，电荷复合时间短，收集效率更高，工作更稳定，数据更可靠。仪器由高密封性免维护电池供电，可用220V交流电充电，无交流电电源时，可用汽车电瓶充电，便于野外使用操作。

观测时，要在各个观测区选取具有代表性的观测点多处进行观测。测定时在同一地点的四个方向分别观测，待稳定后取5个坡峰值，分析时取平均值进行分析。同时，要记录好该点的林分因子（树龄、郁闭度、胸径和树高等）以及经纬度、气温、天气状况、空气相对湿度等，以便对观测点的负离子进行综合评价。

## 第二节　植物精气成分及其相对含量测定方法

### 一、采样方法

选择具有广布性或珍稀性的树种，分别从林内空气、木材、叶片或者花采集气体样本。林中空气的采集可采用XAD－4树脂吸附剂，在距林缘100m处抽气16小时，进气量1.5L/min；木材样采集可根据检测目的，在样地中砍伐生长良好的树木，取材5kg，劈成长5cm、宽1～2cm、厚1～2mm的薄片，用XAD－4树脂吸附剂吸附8小时，进气量1.5L/min；叶片样采集可在林分中摘取叶片3kg，用XAD－4树脂吸附剂吸附8小时，进气量1.5L/min。采样时要求采样地受人为干扰较小，周围空气无污染；采样时间一般要求选在天气晴朗、稳定的日子；应选择生长状况良好的木材、叶片和花，应无虫、无伤痕、没腐烂。采集合格足量的样品后，严格按技术要求进行消毒、抽气。

### 二、成分分析方法

一般采用气相色谱和色谱/质谱联用分析的方法对样品进行分析。样品经色谱/质谱联机分析，得到各组分（峰）的质谱数据，将这些数据输入计算机中的INCOS数据系统，并通过NIH/EPA/MSDC系统谱库（美国国家标准局谱库NBB Library）进行检索，同时查阅文献，确定各化合物的成分。在上述分析鉴定的基础上，对色谱/质谱/计算机联用所鉴定的主要化合物，再用气相色谱标样加入法及保留时间对照作进一步鉴定。各化合物（峰）通过 SP－4270 微处理机进行定量分析，用面积归一法计算各化合物（峰）的百分含量。

# 第三节　水环境监测方法

由于旅游活动与地表水联系紧密，本节主要讨论森林旅游区的地表水监测问题。森林旅游区地表水环境的测定主要按照《水环境监测规范》（SL 219－1998）、《地表水环境质量标准》（GB 3838－2002）、景观娱乐用水水质标准（GB 12941－1991）和国际标准化组织 ISO 的技术标准、规程、规范等来进行。

## 一、监测项目

监测项目可分为必测与选测项目两类。

根据《水环境监测规范》（SL 219－1998）规定，河流（湖、库）等地表水监测项目应符合表 13－3 必测项目要求，同时也应根据不同功能水域污染物的特征，增加某些选测项目。另外，潮汐河流潮流界内、入海河口及港湾水域应增测总氮、无机磷和氯化物。

**表 13－3　地表水监测项目**

| | 必测项目 | 选测项目 |
|---|---|---|
| 河流 | 水温、pH、悬浮物、总硬度、电导率、溶解氧、高锰酸盐指数、五日生化需氧量、氨氮、硝酸盐氮、亚硝酸盐氮、挥发酚、氰化物、氟化物、硫酸盐、氯化物、六价铬、总汞、总砷、镉、铅、铜、大肠菌群 | 硫化物、矿化度、非离子氨、凯氏氮、总磷、化学需氧量、溶解性铁、总锰、总锌、硒、石油类、阴离子表面活性剂、有机氯农药、苯并（α）芘、丙烯醛、苯类、总有机碳等 |
| 饮用水源地 | 水温、pH、悬浮物、总硬度、电导率、溶解氧、高锰酸盐指数、五日生化需氧量、氨氮、硝酸盐氮、亚硝酸盐氮、挥发酚、氰化物、氟化物、硫酸盐、氯化物、六价铬、总汞、总砷、镉、铅、铜、大肠菌群、细菌总数 | 铁、锰、铜、锌、硒、银、浑浊度、化学需氧量、阴离子表面活性剂、六六六、滴滴涕、苯并（α）芘、总α放射性、总β放射性等 |
| 湖泊水库 | 水温、pH、悬浮物、总硬度、透明度、总磷、总氮、溶解氧、高锰酸盐指数、五日生化需氧量、氨氮、硝酸盐氮、亚硝酸盐氮、挥发酚、氰化物、氟化物、六价铬、总汞、总砷、镉、铅、铜、叶绿素 a | 钾、钠、锌、硫酸盐、氯化物、电导率、溶解性总固体、侵蚀性二氧化碳、游离二氧化碳、总碱度、碳酸盐、重碳酸盐、大肠菌群等 |

## 二、采样点布设

河流采样垂线上采样点布设应符合表13－4的规定，特殊情况可按河流水深和待测物分布均匀程度确定。湖泊（水库）采样垂线上采样点的布设要求与河流相同，但出现温度分层现象时，应分别在表温层、斜温层和亚温层布设采样点。水体封冻时，采样点应布设在冰下水深0.5m处；水深小于0.5m时，在1/2水深处采样。监测采样点，应选择具有代表性的位置。不得使用瞬时一次监测值作为水质判断依据。对有迹象表明水质可能恶化的水体及游泳季节内天然浴场水体均应适当增加采样频率。

**表13－4　采样点布设要求**

| 水深(m) | 采样点数 | 位　　置 |
|---|---|---|
| <5 | 1 | 水面下0.5m |
| 5~10 | 2 | 水面下0.5m,河底上0.5m |
| >10 | 3 | 水面下0.5m,1/2水深,河底以上0.5m |

注：不足1m时，取1/2水深；如沿垂线水质分布均匀，可减少中层采样点；潮汐河流应设置分层采样点。

水质采样应在自然水流状态下进行，不应扰动水流与底部沉积物，以保证样品代表性。采样时，采样器口部应面对水流方向。用船只采样时，船首应逆向水流，采样在船舷前部逆流进行，以避免船体污染水样。除细菌、油等测定用水样外，容器在装入水样前，应先用该采样点水样冲洗三次。装入水样后，应按要求加入相应的保存剂后摇匀，并及时填写水样标签。测定溶解氧与五日生化需氧量的水样采集时应避免曝气，水样应充满容器，避免接触空气。水样容器内盖应盖紧，并采用防震措施，有条件者可用冷藏箱运送；运输时应避免阳光直射、冰冻和剧烈震动。

## 三、分析方法

不同的监测项目有不同的分析方法。按照地表水环境质量标准（GB 3838－2002）的要求，地表水环境质量标准基本项目分析方法如表13－5所示。

**表 13－5 地表水环境质量标准基本项目分析方法**

| 序号 | 项 目 | 分 析 方 法 | 最低检出线（mg/L） | 方法来源 |
|---|---|---|---|---|
| 1 | 水 温 | 温度计法 | | GB 13195－1991 |
| 2 | pH 值 | 玻璃电极法 | | GB 6920－1986 |
| 3 | 溶解氧 | 碘量法 | 0.2 | GB 7489－1987 |
| | | 电化学探头法 | | HJ 506－2009 |
| 4 | 高锰酸盐指数 | | 0.5 | GB 11892－1989 |
| 5 | 化学需氧量 | | 10 | GB 11914－1989 |
| 6 | 五日生化需氧量 | | 2 | GB 7488－1987 |
| 7 | 氨 氮 | 纳氏试剂比色法 | 0.05 | GB 7479－1987 |
| | | 水杨酸分光光度法 | 0.01 | GB 7481－1987 |
| 8 | 总 磷 | 钼酸氨分光光度法 | 0.01 | GB 11893－1989 |
| 9 | 总 氮 | 碱性过硫酸钾消解紫外分光光度法 | 0.05 | GB 11894－1989 |
| 10 | 铜 | 2,9－二甲基－1,10－菲啰啉分光光度法 | 0.06 | GB 7473－1987 |
| | | 二乙基二硫代氨基甲酸钠分光光度法 | 0.010 | GB 7474－1987 |
| | | 原子吸收分光光度法（螯合萃取法） | 0.001 | GB 7475－1987 |
| 11 | 锌 | 原子吸收分光光度法 | 0.05 | GB 7475－1987 |
| 12 | 氟化物 | 氟试剂分光光度法 | 0.05 | GB 7483－1987 |
| | | 离子选择电极法 | 0.05 | GB 7484－1987 |
| | | 离子色谱法 | 0.02 | HJ/T 84－2001 |
| 13 | 硒 | 2,3－二氨基萘荧光法 | 0.00025 | GB 11902－1989 |
| | | 石墨炉原子吸收分光光度法 | 0.003 | GB/T 15505－1995 |
| 14 | 砷 | 二乙基二硫代氨基甲酸银分光光度法 | 0.007 | GB 7485－1987 |
| | | 冷原子荧光法 | 0.00006 | * |
| 15 | 汞 | 冷原子吸收分光光度法 | 0.00005 | GB 7486－1987 |
| | | 冷原子荧光法 | 0.00005 | * |
| 16 | 镉 | 原子吸收分光光度法（螯合萃取法） | 0.001 | GB 7475－1987 |
| 17 | 铬（六价） | 二苯碳酰二肼分光光度法 | 0.004 | GB 7467－1987 |
| 18 | 铅 | 原子吸收分光光度法（螯合萃取法） | 0.01 | GB 7475－1987 |
| 19 | 氰化物 | 异烟酸－吡唑啉酮比色法 | 0.004 | GB 7487－1987 |
| | | 吡啶－巴比妥酸比色法 | 0.002 | |
| 20 | 挥发酚 | 蒸馏后 4－氨基安替比林分光光度法 | 0.002 | GB 7490－1987 |
| 21 | 石油类 | 红外分光光度法 | 0.01 | GB/T 16488－1996 |
| 22 | 阴离子表面活性剂 | 亚甲蓝分光光度法 | 0.05 | GB 7494－1987 |
| 23 | 硫化物 | 亚甲基蓝分光光度法 | 0.005 | GB/T 16489－1996 |
| | | 直接显色分光光度法 | 0.004 | GB/T 17133－1997 |
| 24 | 总大肠菌群 | 多管发酵法、滤膜法 | | * |

注：*处参见《水和废水监测分析方法（第三版）》（中国环境科学出版社，1989 年出版）。

# 第四节　环境放射性水平与声环境测定方法

## 一、环境放射性水平的测定

在森林旅游区环境放射性监测中，主要测定的放射性核素包括：α放射性核素，即$^{239}Pu$、$^{226}Ra$、$^{222}Rn$、$^{210}Po$、$^{222}Th$、$^{234}U$、$^{235}U$等；β放射性核素，即$^{3}H$、$^{90}Sr$、$^{89}Sr$、$^{134}Cs$、$^{137}Cs$、$^{131}I$和$^{60}Co$等。这些核素在环境中出现的可能性较大，其毒性也较大。具体测量内容有放射源强度、半衰期、射线种类及能量以及旅游区环境和人体中放射性物质含量、放射性强度、空间照射量或电离辐射剂量等。监测范围一般包括空气、水体、土壤、生物、固体废物等森林旅游区的外部环境。根据情况，还可能要对森林旅游区居民做内照射和外照射的剂量监测。

最常用的环境放射性检测器有电离型检测器、闪烁型检测器和半导体检测器等多种类型。其基本原理是基于射线与物质间相互作用所产生的各种效应，包括电离、发光、热效应、化学效应和能产生次级粒子的核反应等。

## 二、声环境的测定

声环境的测定按《环境监测技术规范》进行操作。监测仪器一般有声级计、声频频谱仪、记录仪等，其性能要符合国家标准GB/T 3785的要求。以网格形式布点为主，旅游线路或特殊地段人为设点。测点数量按被测区面积大小决定，各公园或景区内设测点4~20个不等。测点选在受影响者的居住或工作建筑物外1米。传声器应选在高于地面1.2m以上的噪声影响敏感处。声级计可以手持或固定在三脚架上。如果仪器放在车内，则要求传声器伸出车外一定距离，尽量避免车体反射的影响，与地面距离仍保持1.2m左右。如固定在车顶上要加以注明，手持声级计应使人体与传声器距离0.5m以上。测量应在无雨、无雪、风速<5m/s的天气条件下进行。监测时传声器加风罩，以避免风噪声干扰，同时也可保持传声器清洁。风速为5.5m/s时应停止测量。测量时间分为白天（6:00~22:00）和夜间（22:00~6:00）两部分。随地区和季节不同，上述时间可稍作更改。每个测点每次连续监测10min，监测过程中声级涨落大于10dB时，做20min的监测。每一个测量点连续读取100个数据（当噪声涨落较大时应取200个数据）代表该点的噪声分布。测量的同时要判断和记录周围声学环境，如主要噪声来源等。

# 第五节　森林小气候观测方法

小气候观测要有十分明确的观测目的。森林旅游区小气候观测必须服务于旅游生产经营与旅游科学研究活动。小气候观测的项目、精度和要求都应根据观测目的决定，不要脱离观测目的而要求得过多、过高。

## 一、观测地段

小气候观测地段、测点位置必须具有代表性和比较性。森林小气候观测，必须在符合“森林”概念的中心地段设立观测点，而不能设在林缘；反之，如果观测森林旅游区的边行效应，就必须在林地边缘以及不同林深（距林缘的距离）处设立观测点。小气候观测结果，通常要与附近大气候观测资料相比较。为此，应在观测地段之外的空旷地段或观测场附近设立与之相适应的观测对照点；观测高度、观测时间要尽可能同大气候观测点的高度与时间一致，以便对比分析和推广应用观测结果。

小气候观测记录必须真实、准确、清楚，不得涂改。必须记录在事先设计好的表格内，不能记录在没有一定格式的纸张上。如有错误，只能用线条划掉错的，将改正值写在其上方。观测资料的整理、分析，应紧接着观测工作及时进行，如果有错漏，需及时采取一定的补救措施。否则，资料积多或天长日久后再整理，往往观测时的具体情况难以回忆，遇到问题大多数无法补救。

## 二、观测时间

一般天气情况下，每隔 3 小时观测 1 次，具体时间是北京时间 02、05、08、11、14、17、20、23h。对于典型天气情况，则每隔 1 小时观测 1 次，其中必须包括 02、08、14、20h。观测时间由前 1 日的 20h 至下一日的 20h 为止。当观测到 23h，如发现云量超过 8，前后 1 小时之间的降温幅度不到 0.4℃时，再持续观测一次，若仍旧如此，即取消典型天气观测，改为一般天气观测。也可每 2 小时观测一次，时间取双数钟点。

观测结束后，计算各测点各要素三日平均值，绘制典型天气的各要素日变化曲线图、梯度变化曲线图。以地段为单位进行资料汇总整理分析，绘制各种图表，写出简要文字报告。

## 三、年舒适旅游期的计算

我们认为利用舒适度可以对森林小气候的旅游价值作出合理评价。舒适度是指大多数人对周围空气感觉舒适的程度。它是根据人体皮肤的温度、出汗量、热感和人体热量调节系统所承受的负担，用空气温度、相对湿度和风速大小确定人对周围环境感觉舒适的程度。通过对心理感觉和生活的测试，大多数人对周围环境的感觉可分为 11 类：极冷、非常冷、很冷、冷、稍冷、凉、舒适、暖、热、闷热、极热。极热是人类健康的极限，极热时人在室外裸地活动可能中暑；气温高、相对湿度大，人感觉闷热；感觉凉时，需穿件衣服维持热量平衡；稍冷时需穿 3 件衣服维持人体自身新陈代谢；气温降至 1.6℃以下时，人体感觉冷；-10℃以下为很冷。一年中感觉凉、舒适、暖的天数之和为舒适期，是一年中旅游的最佳季节，称为年舒适旅游期。

舒适度可通过计算有效温度来确定。用 $ET$ 表示有效温度，Biiltner 确认：$ET \leq 24℃$感觉舒适，$ET$ 低于 24℃的时间越长，感觉越舒适；$ET > 24℃$感觉闷热；$ET > 30℃$极不舒适，无法忍受。

可将每年（至少 3 年以上的平均数）舒适旅游期大于或等于 190 天的森林旅游区划为一类森林小气候区；大于 170 天小于 190 天的森林旅游区划为二类森林小气候区；大于 150 天小于 170 天的森林旅游区划为三类森林小气候区；小于 150 天的森林旅游区划为四类森林小气候区。

## 【思考题】

1. 何谓环境监测？森林旅游区应该监测哪些环境要素？为什么？
2. 如何监测与评价森林旅游区的大气质量、地表水质量及声环境质量？
3. 简述空气负离子的测定方法？
4. 简述植物精气及其相对含量的样品采样与分析方法？
5. 请设计一处森林公园或自然保护区的小气候观测方案。

# 参考文献


[1] 吴楚材，黄绳纪．桃源洞国家森林公园的空气负离子含量及评价 [J]．中南林学院学报，1995 (1).

[2] 吴楚材，黄艺，刘云国，邓金阳，何平．张家界国家森林公园环境质量评价 [J]．中国园林，1994 (3).

[3] 吴楚材，孙灿明，耿庆汇．森林旅游资源资产评估 [J]．中南林学院学报，2003 (6).

[4] 吴楚材，吴章文．森林旅游及其在我国的发展前景 [J]．中南林学院学报，1998 (3).

[5] 吴楚材，吴章文．生态旅游产生背景及开发方向研究 [J]．中南林学院学报，2001 (2).

[6] 吴楚材，张朝枝．科学地探索生态旅游资源的开发与利用——吴楚材教授访谈录 [J]．社会科学家，2000 (4).

[7] 吴楚材，郑群明，钟林生．森林游憩区空气负离子水平的研究 [J]．林业科学，2001 (5).

[8] 吴楚材，郑群明．植物精气研究 [J]．中国城市林业，2005 (4).

[9] 吴楚材，钟林生，刘晓明．马尾松纯林林分因子对空气负离子浓度影响的研究[J]．中南林学院学报，1998 (1).

[10] 吴楚材．论生态旅游资源的开发与建设 [J]．社会科学家，2000 (4).

[11] 吴楚材．论中国野营区的开发建设 [J]．旅游学刊，1997 (5).

[12] 吴楚材．森林旅游资源的分级 [J]．中南林学院学报，2003 (2).

[13] 吴秋菊．Internet 时代我国旅行社电子商务发展策略研究 [D]．中南林业科技大学，2006.

[14] 吴章文，曹铁如，胡卫华．广东象头山国家自然保护区的物种多样性及其保护 [J]．林业科学，2003 (5).

[15] 吴章文，陈就和，吴宏道，张应扬，罗艳菊．象头山自然保护区的气候特征 [J]．气象，2002 (4).

[16] 吴章文，胡零云．生态旅游者的心理需求和行为特征研究——以武夷山国家级自然保护区为例 [J]．中南林学院学报，2004 (6).

[17] 吴章文，刘民坤．旅游活动的社会影响 [J]．中南林学院学报，2004 (3).

[18] 吴章文，罗艳菊．鼎湖山风景区森林游憩价值评价研究 [J]．林业经济，2002 (9)．

[19] 吴章文，孟明浩．生态旅游资源开发与利用研究的探索——吴章文教授访谈录 [J]．桂林旅游高等专科学校学报，2002 (1)．

[20] 吴章文，吴楚材，石强．槲树精气的研究 [J]．中南林学院学报，1999 (4)．

[21] 吴章文，吴楚材．湖南旅游资源及其开发利用研究 [J]．中南林学院学报，2003 (3)．

[22] 吴章文，吴宏道，朱德冲，胡卫华．广东象头山自然保护区分区及土地利用规划 [J]．国土与自然资源研究，2001 (4)．

[23] 吴章文，张应扬，钟象景，胡卫华．广东象头山自然保护区的综合价值分析 [J]．林业资源管理，2001 (5)．

[24] 吴章文．城市与城市森林 [J]．中国城市林业，2006 (5)．

[25] 吴章文．森林旅游区生态环境研究 [J]．林业科学研究，2005 (6)．

[26] 吴章文．森林旅游资源特征和分类 [J]．中南林学院学报，2003 (2)．

[27] 吴章文．森林游憩区保健旅游资源的深度开发 [J]．北京林业大学学报，2003 (2)．

[28] 吴章文．亚热带森林旅游区夏季舒适温度的持续时间 [J]．浙江林学院学报，2003 (4)．

[29] 吴章文．因材施教　培养务实创新的复合型人才 [J]．中国林业教育，2005 (5)．

[30] 吴章文．森林旅游区环境资源评价研究 [M]．北京：中国环境科学出版社，2003 (11)．

[31] П．П．雷辛，Г．А．波良柯娃．吴章文译．森林旅游利用对植被的影响 [J]．湖南林业科技（增刊），1993．

[32] 蔡碧凡，顾晓艳．森林游憩对生态环境的影响及其对策 [J]．西部林业科学，2005 (1)．

[33] 蔡碧凡，吴章文．森林游憩的生态冲击及对策探讨 [J]．内蒙古林业科技，2004 (4)．

[34] 陈贵松．森林旅游负外部性的经济学分析 [J]．林业经济问题，2004 (5)．

[35] 陈国仕．蜱类与疾病概论 [M]．北京：人民卫生出版社，1983．

[36] 陈科东．从森林旅游规划谈审美主体的心理特征 [J]．广西林业，2005 (5)．

[37] 陈秋华．试析我国森林旅游产业发展对策 [J]．生态经济，2002 (4)．

[38] 陈鑫峰，沈国舫．森林游憩的几个重要概念辨析 [J]．世界林业研究，2000 (1)．

[39] 陈鑫峰，王剑波．生态旅游与森林公园中开展生态旅游实践的探讨 [J]．世界林业研究，2001 (4)．

[40] 陈鑫峰，王雁．森林游憩业发展回顾 [J]．世界林业研究，1999 (6)．

[41] 陈鑫峰．美国国家公园体系及其资源标准和评审程序 [J]．世界林业研究，2002 (5)．

[42] 陈玉玲．基于模糊数学的森林旅游风景资源评价 [J]．甘肃科技纵横，2004 (6)．

[43] 戴斌，杜江．旅行社管理 [M]．北京：高等教育出版社，2005．

[44] 但新球，吴南飞．森林旅游中非生态旅游行为及行为守则研究［J］．中南林业调查规划，2002（1）．

[45] 邓金阳，陈德东，李世东．森林生态旅游的生态影响——兼论建立定位站的必要性［J］．农村生态环境，1996（1）．

[46] 邓金阳，陈德东．中国森林生态旅游资源的开发与保护［J］．资源开发与市场，1995（5）．

[47] 邓金阳，柯显东．论森林旅游的生态影响及对策［J］．湖南林业科技，1995（2）．

[48] 邓金阳，沈守云，尹少华．城郊自然旅游开发探讨［J］．资源开发与市场，1997（6）．

[49] 邓金阳，吴云华，全龙．张家界国家森林公园游憩冲击的调查评估［J］．中南林学院学报，2000（1）．

[50] 董智勇．中国森林旅游学［M］．北京：石油工业出版社，2002．

[51] 冯学刚，包浩生．旅游活动对风景区地被植物—土壤环境影响的初步研究［J］．自然资源学报，1999（1）．

[52] 冯玉国．水环境质量评价的灰色局势决策法［J］．环境科学学报，1994（4）．

[53] 冯正志等．南四湖水体污染与防治．金相灿编．中国湖泊水库环境调查研究［M］．北京：中国环境科学出版社，1990．

[54] 耿庆汇．区域旅游业网络化发展的理论与案例研究［D］．中南林学院，2002．

[55] 龚海鹏．我国主题公园的发展策略研究［D］．中南林业科技大学，2006．

[56] 韩微．对森林旅游与森林生态旅游的再认识［J］．森林工程，2005（6）．

[57] 和振武．河南省的蛭类［J］．河南师范大学报，1990（2）．

[58] 贺春艳．休闲垂钓旅游区开发研究——以株洲神农生态园为例［D］．中南林学院，2004．

[59] 胡卫华．株洲市工业旅游开发研究［J］．中南林学院学报，2002（3）．

[60] 黄芸茵，吴章文．临安周边旅游景区空气负离子浓度研究［J］．企业技术开发，2006（1）．

[61] 江西大学主编．中国农业螨类［M］．上海：上海科学技术出版社，1984．

[62] 金瑞林．环境与资源保护法学［M］．北京：北京大学出版社，1999．

[63] 柯显东．企业经营战略在凤凰湖旅游开发中的应用［J］．广西水利水电，1998（3）．

[64] 孔刚等．野外旅游生态影响和经营管理学［M］．哈尔滨：东北林业大学出版社，1992．

[65] 旷雄杰．旅游者选择生态旅游产品影响分析——以国际入境旅游者为例［J］．社会科学家，2005（3）．

[66] 兰思仁，黄丽萍．森林旅游产品开发适宜性评价［J］．中国城市林业，2006（4）．

[67] 兰思仁．国家森林公园理论与实践［M］．北京：中国林业出版社，2004．

[68] 兰文辉. 灰色聚类法在大气环境评价中的应用及与其他方法的比较 [J]. 干旱环境监测, 1995 (3).
[69] 黎海波. 台湾的森林旅游 [J]. 广西林业, 2006 (1).
[70] 李萍. 杭州市旅游气候资源及开发利用研究 [D]. 中南林学院, 2005.
[71] 李升, 罗惠芬. 市场营销学 [M]. 广州: 中山大学出版社, 1991.
[72] 李世东, 闵庆文, 陈应发, 龙三群. 生态状况判断的理论基础及在中国的应用 [J]. 生态环境, 2006 (4).
[73] 李世东. 中国森林公园现状评价和发展预测 [J]. 资源科学, 1994 (6).
[74] 李向明. 近年来我国森林旅游研究综述 [J]. 江西林业科技, 2001 (3).
[75] 李向明. 旅游资源资产评估及其指标体系的构建 [J]. 资源科学, 2006 (3).
[76] 李亚非. 旅游经济学 [M]. 北京: 中国林业出版社, 2001.
[77] 刘汉洪等. 南岳衡山的“旅游公害”及其防治对策 [J]. 旅游学刊, 1991 (1).
[78] 刘荣坤等. 沈阳陨石山森林公园 $SO_2$ 污染现状与植物反应的研究 [J]. 生态学杂志, 1998 (2).
[79] 刘儒渊. 游憩对八通关地区植群冲击之研究 [J]. 台大实验林研究报告, 1993(1).
[80] 刘儒渊. 塔塔加地区步道土壤冲蚀及其监测之研究 [J]. 台大实验林研究报告, 1995 (3).
[81] 刘儒渊. 户外游憩对天然植群之冲击 [J]. 中华林学季刊, 1996 (2).
[82] 刘儒渊, 黄英涂. 游乐活动对溪头森林游乐区环境冲击之研究 [J]. 台大实验林研究报告, 1989 (2).
[83] 刘儒渊. 游憩活动对溪头大学池土壤及植群之冲击与其管理策略之研究 [J]. (台湾) 行政院农业委员会85年度试验研究计划报告书. 1996 (7).
[84] 刘振礼, 王兵. 新编中国旅游地理 [M]. 天津: 南开大学出版社, 1995.
[85] 刘振礼. 旅游环境的概念及其他——试论旅游与环境的辩证关系 [J]. 旅游学刊, 1989 (4).
[86] 吕一林. 市场 [M]. 北京: 人民出版社, 1994.
[87] 罗明春, 罗军, 钟永德, 王国勋. 不同类型森林公园游客的特征比较 [J]. 中南林学院学报, 2005 (6).
[88] 罗明春. 生态旅游概念内涵辨析 [J]. 中南林学院学报, 2003 (6).
[89] 罗艳菊, 黄宇. 森林游憩开发中的盈利模式研究 [J]. 森林工程, 2004 (6).
[90] 罗艳菊, 吴章文. 鼎湖山自然保护区旅游者生态足迹分析 [J]. 浙江林学院学报, 2005 (3).
[91] 罗艳菊. 旅游活动对森林生态系统结构和功能的负面影响 [J]. 江西林业科技, 2002 (4).
[92] 马继刚, 杨春和. 浅谈森林旅游的开发 [J]. 昆明大学学报, 2005 (2).
[93] 马建章. 森林旅游学 [M]. 哈尔滨: 东北林业大学出版社, 1998.

[94] 梅长林，周家良．实用统计方法 [M]．北京：科学出版社，2002.

[95] 孟明浩．城郊旅游开发研究 [D]．中南林学院，2002.

[96] 苗雅杰．我国发展森林旅游产业的意义及对策 [J]．现代情报，2004 (4).

[97] 潘春芳，吴秋菊．论旅行社的人本管理 [J]．广州市经济管理干部学院学报，2005(4).

[98] 潘春芳．生态旅游理论在旅行社经营中的运用 [D]．中南林业科技大学，2006.

[99] 庞连顺．南京及其近郊的蛭类 [J]．动物学杂志，1959 (2).

[100] 彭蝶飞．区域旅游商品研究 [D]．中南林学院，2002.

[101] 钱益春．区域旅游发展规划模式的初步研究 [D]．中南林学院，2002.

[102] 秦学．中国旅游业的区域差异分析 [J]．桂林旅游高等专科学校学报，2005 (1).

[103] 沈嘉瑞．蛭类的生态和习见的种类 [J]．生物学通报，1957 (2).

[104] 沈治乾．区域旅游形象建立的研究 [D]．中南林学院，2005.

[105] 石强，贺庆棠，吴章文．张家界国家森林公园大气污染物浓度变化及其评价 [J]．北京林业大学学报，2002 (4).

[106] 石强，雷相东，谢红政．旅游干扰对张家界国家森林公园土壤的影响研究 [J]．四川林业科技，2002 (3).

[107] 石强，李崇贵．森林旅游区空气负离子评价标准的研究 [J]．深圳职业技术学院学报，2002 (1).

[108] 石强，廖科，钟林生．旅游活动对植被的影响研究综述 [J]．浙江林学院学报，2006 (2).

[109] 石强，吴楚材，吴章文．张家界国家森林公园动物种类和数量的变化 [J]．中南林学院学报，2006 (3).

[110] 石强，吴章文，贺庆棠．旅游开发利用对张家界国家森林公园大气质量影响的综合评价 [J]．北京林业大学学报，2002 (4).

[111] 石强，吴章文，贺庆棠．旅游开发利用对张家界国家森林公园大气质量影响的综合评价 [J]．北京林业大学学报，2002 (4).

[112] 石强，郑群明，钟林生．旅游开发利用对水体质量影响的综合评价——以张家界国家森林公园为例 [J]．湖南师范大学自然科学学报，2002 (4).

[113] 石强，钟林生，吴楚材．森林环境中空气负离子浓度分级标准 [J]．中国环境科学，2002 (4).

[114] 史捍民．区域开发活动环境影响评价技术指南 [M]．化学工业出版社，1999.

[115] 宋大祥，贾文銮，李云山．药物毒杀水田蚂蟥的初步试验 [J]．动物学杂志，1965，7 (5).

[116] 宋大祥，贾文銮．日本医蛭的生态及防治 [J]．生物学通报，1966 (3).

[117] 宋大祥，张钧，谭恩光等．我国数种吸血蚂蟥的研究 [J]．动物学报，1977 (1).

[118] 粟维斌．资源县生态旅游县建设研究 [D]．中南林学院，2001.

[119] 谭恩光，钱月桃，张一方等．海南岛山蛭生态分布的调查研究 [J]．生态学报，

1989 (4).
[120] 汪清蓉，吴章文. 湖南省旅游资源的分类、调查与评价 [J]. 佛山科学技术学院学报（自然科学版），2001 (3).
[121] 王素萍. 环境质量变化对旅游业发展变化的影响分析 [J]. 环境保护，1999 (1).
[122] 王相华. 游乐活动对天然植被之影响及其经营计划体系 [D]. 台湾大学，1988
[123] 王晓珍，罗家豪. 生态旅游的概念及实现 [J]. 长春大学学报，2005 (6).
[124] 王兴国，陈鑫峰. 漫谈森林旅游 [J]. 中国林业，2001 (8).
[125] 王兴国，陈鑫峰. 森林公园和森林旅游业发展概览 [J]. 绿化与生活，2001 (1).
[126] 王兴国. 我国的森林公园建设与生态旅游 [J]. 环境教育，2000 (3).
[127] 王兴国. 我国森林公园建设与生态旅游管理 [J]. 森林与人类，2002 (11).
[128] 王雁，陈鑫峰. 心理物理学方法在国外森林景观评价中的应用 [J]. 林业科学，1999 (5).
[129] 文红，戴美琪. 论中国森林旅游的历史文化特征 [J]. 求索，2004 (12).
[130] 文红. 在森林文化的导引下管理森林旅游生态环境 [J]. 江西农业大学学报（社会科学版），2005 (2).
[131] 文首文. 森林浴场应用推广中的问题探讨 [J]. 深圳职业技术学院学报，2004 (2).
[132] 文首文. 社会损失概念在旅游区社会承载力计算中的应用 [J]. 深圳职业技术学院学报，2003 (2).
[133] 吴必虎，党宁. 中国滑雪旅游市场需求研究 [J]. 地域研究与开发，2004 (6).
[134] 吴必虎，董莉娜，唐子颖. 公共游憩空间分类与属性研究 [J]. 中国园林，2003 (5).
[135] 吴必虎，高向平，邓冰. 国内外环境解说研究综述 [J]. 地理科学进展，2003 (3).
[136] 吴必虎，金华，张丽. 旅游解说系统研究——以北京为例 [J]. 人文地理，1999 (2).
[137] 吴必虎，金华荏，张丽. 旅游解说系统的规划和管理 [J]. 旅游学刊，1999 (1).
[138] 吴必虎，余青. 西部旅游发展应高度重视生态环境、社会文化和经济影响问题 [J]. 桂林旅游高等专科学校学报，2003 (1).
[139] 吴必虎，徐斌，邱扶东. 中国国内旅游客源市场系统研究 [M]. 上海：华东师范大学出版社，1999.
[140] 吴必虎. 区域旅游规划原理 [M]. 北京：中国旅游出版社，2001.
[141] 武国强，黄大庄，冯学全，李东义，张彦焯. 国内外关于森林旅游对自然保护区环境影响的研究进展 [J]. 河北林果研究，2005 (3).
[142] 谢为安. 微观经济理论与计量方法 [M]. 上海：同济大学出版社，1996.
[143] 忻介六，徐荫祺编. 蜱螨学进展 [M]. 上海：上海科学技术出版社，1966.

[144] 忻介六. 蜱螨学纲要 [M]. 北京: 高等教育出版社, 1984.
[145] 忻介六. 应用蜱螨学 [M]. 上海: 复旦大学出版社, 1988.
[146] 徐海根, 包浩生. 自然保护区生态安全设计的方法 [J]. 应用生态学报, 2004(7).
[147] 徐红罡, 张朝枝. 中外旅游教育比较分析与启示 [J]. 旅游学刊, 2004 (S1).
[148] 杨潼. 中国动物志·环节动物门蛭纲 [M]. 北京: 科学出版社, 1996.
[149] 杨叶昆, 李云霞. 旅行社经营管理 [M]. 重庆: 重庆大学出版社, 2001.
[150] 杨宇. 乡村旅游发展对农村小城镇的影响研究 [D]. 中南林学院, 2005.
[151] 叶文虎, 栾胜基. 环境质量评价学 [M]. 北京: 高等教育出版社, 1994.
[152] 余美珠. 试论森林旅游的可持续发展 [J]. 林业勘察设计, 2006 (1).
[153] 袁新华. 面向泛珠三角区域合作的湖南旅游发展战略分析 [J]. 旅游学刊, 2005 (1).
[154] 袁新华. 生态旅游者环境态度与行为差异及其绿色营销管理研究 [D]. 中南林学院, 2005.
[155] 曾兰君. 旅游购物市场开发研究 [D]. 中南林学院, 2005.
[156] 翟英. 信息化管理——森林旅游的必然选择 [J]. 林业科技, 2005 (4).
[157] 张朝枝, 保继刚. 国外遗产旅游与遗产管理研究——综述与启示 [J]. 旅游科学, 2004 (4).
[158] 张朝枝, 向风行. 旅行社对旅游者行为影响的初步研究 [J]. 旅游学刊, 2002 (3).
[159] 张朝枝. 生态旅游的绿色营销特点及策略 [J]. 社会科学家, 2000 (6).
[160] 张朝枝. 生态旅游绿色营销的产品策略分析 [J]. 桂林旅游高等专科学校学报, 2000 (4).
[161] 张福庆, 龚建文. 生态省投资建设探论 [J]. 求索, 2004 (11).
[162] 张福庆, 胡海胜. 生态省投资建设的理论研究 [J]. 经济师, 2005 (11).
[163] 张福庆. 生态旅游投资重点领域选择研究 [J]. 江西社会科学, 2006 (3).
[164] 张文敏, 李晓莉. 会展业与旅游业的对接现状及发展对策 [J]. 中国会展, 2004 (6).
[165] 张文敏, 袁品. 旅行社企业品牌价值透支行为分析与对策研究 [J]. 商业经济文荟, 2005 (6).
[166] 张文敏. 旅行社奖励旅游产品的开发与促销策略探讨 [J]. 华南理工大学学报 (社会科学版), 2005 (4).
[167] 张文敏. 旅游纪念品研究——以湖南省为例 [D]. 中南林学院, 2001.
[168] 张祖荣. 森林旅游对旅游区生态环境的影响及对策 [J]. 四川林勘设计, 2002 (1).
[169] 赵树利. 简议森林旅游与生态文化 [J]. 华夏文化, 2004 (4).
[170] 赵慰先. 人体寄生虫学 [M]. 北京: 人民卫生出版社, 1983.

[171] 郑群明，贺小荣，陈耿. 农村居民闲暇生活特征研究——以湖南省为例 [J]. 人文地理，2004 (1).

[172] 郑群明，吴海珍. 对旅游规划管理的几点思考 [J]. 社会科学家，2003 (3).

[173] 郑群明，钟林生. 参与式乡村旅游开发模式探讨 [J]. 旅游学刊，2004 (4).

[174] 郑群明，钟林生. 农村居民旅游认知特征分析——以湖南省四县市为例 [J]. 地理研究，2005 (4).

[175] 中国消防服务网. 遭遇森林火灾的自救技巧 [EB/OL]. http://www.firecn.net/public，2005-3-13/2006-05-12.

[176] 钟家雨. 长沙市商务旅游发展研究 [D]. 中南林学院，2005.

[177] 钟林生，李玉平. 我国森林旅游业的发展与前景 [J]. 中南林业调查规划，1998 (2).

[178] 钟林生，牛亚菲，刘家明，陈田. 内蒙古草原旅游资源及其开发研究 [J]. 干旱区资源与环境，2005 (2).

[179] 钟林生，吴楚材，肖笃宁. 森林旅游资源评价中的空气负离子研究 [J]. 生态学杂志，1998 (6).

[180] 钟林生，肖笃宁. 生态旅游及其规划与管理研究综述 [J]. 生态学报，2000 (5).

[181] 周易勇，杨潼. 医蛭液活性物质的成分与功能 [J]. 天然产物研究与开发，1991 (4).

[182] 卓锦霞. 张家界国家森林公园环境营销研究 [D]. 中南林业科技大学，2005.

[183] 卓锦霞. 张家界国家森林公园环境营销战略分析 [J]. 湖南经济管理干部学院学报，2005 (6).

[184] Australia Department of Tourism. 1994. National Ecotourism Strategy: 15

[185] Bayfield N. G. 1971. A simple method for detecting variations in walker pressure laterally across trails. Journal of Applied Ecology, (8): 533-536

[186] Blackwood L. G. 1995. Environmental Monitoring and Assessment: 35: 55-75

[187] Box G. P., Cox D R. J. 1964. Royal Statistical Society Series B, B-21, 211-243

[188] Bratton S. P., Hickler M. G., Graves J. H. 1978. Visitor impact on backcountry campsites in the Great Smokey Mountains. Environmental Management, 2 (5): 431-442

[189] Buist L. J., Hoots T. A. 1982. Recreation opportunity approach to resource planning. Journal of Forestry, 80: 84-86

[190] Burdon R. F., Randerson P. F. 1972. Quantitative studies of the effects of human trampling on vegetation as an aid to the management of semi-natural areas. Journal of Applied Ecology, (9): 439-457

[191] Clark R., Stankey G. 1979. The recreation opportunity spectrum: a framework for Planning, management and research. US Department of Agriculture Forest Service, General Technical Report PNW-98

[192] Cole D. N. et al. 1990, Ecological impacts of wilderness recreation and their management. In: Hendee J. C. et al. (ed.) . Wildness-management. North America Press; Golden, Colorado, USA: 425 - 466

[193] Cole D. N., Fichtler R. K. 1983. Campsite impact in three western wilderness area. Environmental Management, (7): 275 - 286

[194] Cole D. N. 1979. Estimating the impact of hikers on vegetation: An application of analytical research methods. In: Proceeding Recreational Impact on Wildlands. USDA Forest Service, Pacific Northwest Region, Seatle, Washington: 71 - 78

[195] Cole D. N. 1983. Monitoring the condition of wilderness campsite. USDA Forest Service Research Paper INT - 302

[196] Cole D. N. 1986. Ecological changes on campsites in the Eagle Cap Wilderness. 1979 - 1984. USDA Forest Service Research Paper, INT - 368, Ogden. Utah: 1 - 5

[197] Cole D. N. 1987. Research on soil and vegetation in wildness: a state-of-knowledge review. In: Lucas, R. C. (compiler) Proceedings-national wildness research conference: issues, state-of-knowledge, future directions. 1985, July. 23 - 26, For Collins, Co. Gen. Tech. Rep. INT - 200 Ogden UT: USDA, Forest Service Intermountain Research Station (1987): 135 - 177

[198] Cole D. N. 1981. Vegetation changes associated with recreational use and fire suppression in the Eagle Cap Wildness. Biological Conservation, 20: 247 - 270

[199] Cole D. N. 1985. Recreation trampling effects on six habitat types in Western Montana. USDA Forest Service, Intermountain Research Station, Research Paper INT - 350, Ogden, Utah

[200] Cole D. N., Trull S. J. 1992. Qantifying vegetation response to recreational disturbance in the north Cascades, Washington. Northwest-Science, 66 (4): 229 - 236

[201] Dale D., Weaver T. 1974. Tampling effects on vegetation of the trail corridors of North Rocky Mountain Forest. Journal of Applied Ecology, 11: 767 - 772

[202] Daubenmire R. F. 1974. Plant and environment. John wiley, Sons. NY.

[203] del Moral R. 1979. Predicting human impact on high elevation ecosystems. In: Proceedings-Recreational Impact on Wildlands, 292 - 302

[204] Dotzenko A. D., Papamichos N. T., Rominme D. S. 1967. Effects of recreational use on soil and moisture conditions in Rocky Mountain National Park. Journal of Soil and Water Conservation, (22): 196 - 197

[205] Driver B. L., Brown P. T., Stankey G. H., Gregoire T. G. 1987. The ROS planning system: evolution, basic concepts, and research. Leisure Science, 9 (3): 201 - 202

[206] Ellison A. N. et al. 1996. Anthropogenic disturbance of Caribbean mangrove ecosystems: past impacts, present trends, and future predictions. Special issue: Long-term response

of Caribbean ecosystems to disturbance. Biotropica, 28 (4A): 549 - 565

[207] Frissell S. S. Jr. , duncan D. P. 1965. Campsite Preference and deterioraton in the Quebeco-Superior canoe country. Journal of forestry, (63): 256 - 260

[208] Frissell S. S. Jr. 1978. Judging recreation impact on wilderness campsite. Journal of Forestry. (76): 481 - 483

[209] Gaddy L. , Kohlsaat T. L. 1987. Recreational impact on the natural vegetation, avifauna, and herpetofauna of four south Carolina barrier islands. Natural Area Journal, 7 (2): 55 - 64

[210] Holmes D. O. , Dobson H. E. 1976. Ecological carrying capacity research: Yosemite National Park. Part I. the effect of human and trampling and urine on subalpine vegetation-A survey of past and present backcountry use and the ecological carrying capacity of wilderness. US Department of Commerce, National Technical Information service, Springfield, Virginia

[211] Hunter C. Green H. 1995. Tourism and the environment: A sustainable relationship? 10 - 51 Routledge, London, UK

[212] Ito s. 1984. Transition of forest vegetation caused by human activity on the montane zone in central Japan. The comparison of higher plant species distribution between the primary forest and the secondary forest . Bulletin of the Nagoya University forests, 7: 99 - 148

[213] Keller V. 1996. Anatidae 2000: an international conference on the conservation, habitat management and wise use of ducks, geese and swans, Strasbourg, France, Dec. 5 - 9, 1994. In: Gibier-Faune-Sayvage, 13 (3): 1039 - 1047, Wetlands International Publication No. 40

[214] Krueger A. P. 1985. The biological effects of air ions. Int J Biometeorol, 29: 205

[215] Kuss F. R. , Hall C. N. 1991. Ground flora trampling studies five years after closurer. Environment, 15 (5): 715 - 727

[216] Kuss F. R. , Graefe A. R. , Loomis L. 1986. Plant and soil response to wilderness recreation: A synthesis of previous research. In: Lucus R. C. (ed. ) Proceedings-National wilderness research conference: current research. International Research Station, Ugden, Ut: 129 - 147

[217] Kuss F. R. , Graefe A. R. 1985. Effects of recreation trampling on natural area vegetation Journal of Leisure Research 17 (3): 165 - 183

[218] Kuss F. R. , Graefe A. R. , Vaske J. J. 1990. Visitor impact management-A review of research. National Parks and Conservation Association, Washington, D. C.

[219] L. S. 米歇尔, R. V. 史密斯. 旅游区理学: 综述与展望. 地理译报, 1985 (2).

[220] Landals M. , scotter G. W. 1973. Visitor impact on meadows near Lake O Hara, Yoho National Park. Unpublished report on file at: Canadian Wildlife Service, Edmonton, Alberta

[221] LaPage W. F. 1967. Some observations on campground trampling and ground cover response. USDA For. Serv. Res. Pap. NE – 68. Northeast Forest Experiment Station, Upper Darby, Pa.

[222] Lea J. 1988. Tourism and Development in the Third World. ROUTLEDGE

[223] Lee K. J. , Ahn J. S. 1986. Research effect on soil and vegetation in the Kumo mountain, Jour. Korean For. Soc. , 74: 37 – 64

[224] Lemons J. 1979. Coefficient of community and carrying of a subalpine meadow. In: Proceedings of the second conference on scientific research in national park. USDI National Park Service, San Francisco, California: 33 – 60

[225] Leonard R. E. , Whitney A. M. 1977. Trail transect: A method for documenting trail change. USDA Forest Service Research Paper: NE – 389

[226] Lesco G. , Robson 1975. Impact study and management recommendations for primitive campgrounds in the Sunshine-Egypt Lake Area, Banff National Park. Northern For. Res. Center Infor. Report. NOR – X – 132, Edmonton, Alberta

[227] Liddle M. J. , Grieg-Smith P. 1975. A Survey of tracks and paths in a sand dune ecosystem, I. soils, , Ⅱ. vegetation. Journal of Applied Ecology, (8): 251 – 255

[228] Liddle M. J. 1975a. A selective review of the ecological effects of human trampling on natural ecosystems. Biological Conservation, 7: 17 – 36

[229] Liddle M. J. 1975b. A theoretical relationship between primary productivity of vegetation and its ability to tolerate trampling. Biological Conservation, 8: 252 – 255

[230] Littel A. D. 1974. Betredings-experiment in Een Diuncallei. Effecten op mesofauna en vegetatie. Instituut voor Milieuvraagstukken aan de Vrije Universiteit. Serie B: Biologische Aspecten No. 5 (English abstract)

[231] Lutz, H. J. 1945. Soil condition of picnic grounds in public forest parks. Journal of Forestry , 43: 121 – 127

[232] Manning R. E. 1979. Impacts of recreation on riparian soils and vegetation. Water resources Bulletin, (15): 30 – 43

[233] Marion J. L. 1984. Ecological changes resulting from recreational use: a study of backcountry campsites in the Boundary Waters Canoe Area wilderness. Ph. D. dissertation, University of Minnesota, St. Paul, MN

[234] Marshell T. J. , Holmes J. W. 1979. Soil physics. Cambridge University Press. London

[235] Mathieson A. , Wall G. 1982. Tourism: economic, physycal and social impacts. Longman Inc. , New York

[236] Odum E. P. 1971. Fundamental of ecology. Philadelphia: W. B. Saun-ders Company

[237] Olokesusi F. 1990. Assessment of the Yankari game reserve, Nigeria: problems and prospects. Tourism Management, 11 (2): 153 – 163

[238] Olsauskas A. 1997. Influnce of recreational activities on the population of Gypsophila paniculata on the Lithuanian sea coast. Ecologija, 1: 69 - 75

[239] Olsausksa A. 1996. Infulunce of recreation on the plant associations in the Giruliai forest. Ekologija, 4: 63 - 72

[240] Park M. K. , Lee K. J. , Park I. H. 1987. Analysis of user's impact on vegetation structure changes and user's psychology in Odongdo Island in Hallyo-Haesang National Park. Jour. Korean For. Soc. , 76 (4): 397 - 409

[241] Pearce D. 1989. Tourist development. 2nd edn. , Harlow: Longman Scientific , Technical

[242] Price M. F. 1983. Management planning in the Sunshine Area of Ca-nada Banff National Parks. Parks, (7): 6 - 10

[243] Rao S. T. , Visalli J. R . J. 1981. Air Pollution control Association, 31 (8): 851

[244] Research reports 1994 - 1995. International Center for Ecological Research, Griffith University, Australia

[245] Ripley T. H. 1962. Recreation impact on Southern Appalachian camp grounds and picnic sites. USDA For. Serv. South-eastern Forest Experimental Station, Station Paper, (153)

[246] Rogova V. 1976. Influence of trampling on vegetation of forest meadow and whortle berry-moss pine forest cenoses. Soviet Journal of Ecology, (7): 357 - 359

[247] Sarsmith C. W. 1961. A report on the status, changes, and comparative ecology of selected backcountry meadows in Yosemite National Park. Unpublished paper on file at : Research Library. Yosemite National Park, CA: 58

[248] Schreiner E. S. , Moorhead B. B. 1976. Human impact studies in Olympic National Park Backcountry. Proceedings-Symposium on terres-trial and aquatic ecological studies of the Northwest. East Washington College, Cheney, WA: 59 - 66

[249] Settergren C. D. , Cole D. M. 1970, Research effects on soil and vegetation in the Missouri Ozarks. Jour. of For. , 69: 231 - 233

[250] Simonds J. O. 1983. Landscape Architecture. New York: McGraw-Hill Book Company Press

[251] Singer S. W. 1971. Vegetation response to single and repeated walking stresses in an alpine ecosystem. M. S. thesis, Rutger University, New Brunswick, New Jersey

[252] 中华人民共和国水利部. SL 219 - 1998 水环境监测规范, 1998 - 9 - 1.

[253] Smith L. J. S. . 吴必虎译. 游憩地理学: 理论与方法. 北京: 高等教育出版社, 1992.

[254] speight M. C. 1973. Outdoor recreation and its ecological effects: A bibliography and reviews. Discussion Papers on Conservation 4, London, University College

[255] Spencer C. 1979. The impact of man upon animal social behavior: the example of altered social structure among macaque species . Bio. Hiom. Aff. , (44): 7 - 14

[256] Spink J. 1994. Leisure and the environment. Butterworth-Heinemann Ltd. , Oxford, UK

[257] Stohlgren T. J. 1986. Variation of vegetation and soil characteristics National within wilderness campsites. In: Lucus R. C. (ed.) Proceedings-Nation wildness research conference: current research: 152 - 157

[258] Suess M J. 1988. Environmental Technology Letters, 9 (6): 461

[259] Sun D., Liddle M. J. 1993a. A survey of trampling effects on vegetation and soil in eight tropical and subtropical sites. Environmental Management, 17 (4): 497 - 510

[260] Sun D., Liddle M. J. 1993b. Plant Morphological characteristics and Resistance to simulated trampling. Environmental Management. 17 (4): 497 - 510

[261] Sun D. 1990. Effects of plant age on tolerance of two grasses to simulated trampling. Australian Journal of Ecology, (16): 183 - 188

[262] Sun M. H., Lee D. K. 1987. Effects of soil compaction upon the vegetation environment around the trails in Pukhanasam National Park. Jour. of Korea For. Soc., 76 (2): 127 - 137

[263] Thornburgh, D. A. 1986. Responses of vegetation to wilderness management systems. In: Lucas, R. C. (ed.) Proceedings-National wilderness research conference: current research: 108 - 113

[264] U. S. Department of Agriculture 1977. Procedure for computing sheet and rill erosion on project area. USDA Soil Conservation Service. Technical Release No. 51

[265] Wall G., Wright C. 1977. The environmental impact of outdoor recreation. Department of Geography Publ. Series, 11, University of Waterloo, Waterloo, Ontário, Canada

[266] Wall G. 1997. Rethinking impacts of tourism. In: Oppermann M. Pacific Rim Tourism. CAB International

[267] Walter J. A. 1982. Social limits to tourism. Leisure Studies, 1 (2): 295 - 304, Washington D. C.

[268] Weaver T., Dale D. 1978. Trampling effects of hikers, motorcycles, and horses in meadows and forests. Journal of Apply Ecology, 15: 451 - 457

[269] whittaker P. L. 1978. Comparison of surface impact by hiking and horseback riding in the Great Smoky Mountain National Park. USDI National Park Service. Uplands Field Research Laboratory. Report No. 24, gatlinburg, Tennessee

[270] Willard B., Marr J. 1970. Comparison of surface impact by hiking and horseback riding in the Great Smoky Mountain National Park. USDI National Park Service. Uplands Field Research Laboratory. Report No. 24, Gatlinburg, Tennessee.

[271] William H. S.. 汪嘉熙译. 大气污染与森林. 气象出版社, 1986.

[272] Wright S. 1989. A review of the impacts of recreation on vegetation In: Brown B. J. H. (ed.) Leisure and the environment-Proceedings of the Leisure Studies Association annual conference, April, 1987. bournemouth, UK. Conference Papers and Reports No. 31,

Leisure Studies Association

[273] Young R. A. 1978. Camping intensity effects on vegetative ground cover in Illinois campgrounds. Journal of Soil , Water Conservation, 33: 36 - 39

[274] Young R. A. , Gilmore A. R. 1976. Effcts of carious camping intensities on soil properties in Illinois campgrounds. American Journal of the Soil Science Sicietu, 40: 908 - 911

[275] Gold S. M. 1986. User characteristics and response to vegetation in neighbourhood parks. Arboricultural Journal 10 (4): 275 - 287

[276] Goldsmith f. B. 1974. Ecological effects of visitors of countryside. In: Warren , Goldsmith (ed. ) Conservation in Practice, London: Wiley: 217 - 232

[277] Hammitt W. E. , Cole D. N. 1987. Wildland recreation-ecology and management. John Wily and Sons, Inc. N. Y.

[278] Hartley E. A. 1976. Man's effects on the stability of alpine and subalpine vegetation in glacier National Park, Montana. Ph. D. dissertation, Duke University, Durham North Carolina

[279] GB 3095 - 1996 环境空气质量标准.

[280] GB 3838 - 1988 地面水环境质量标准.

[281] GB 3838 - 2002 地表水环境质量标准.

[282] GB/T 15957 - 1995 大气环境腐蚀性分类.

[283] GB/T 18204. 1 - 2000 公共场所空气微生物检验方法细菌总数测定.

[284] GB/T 24004 - 2004 环境管理体系原则、体系和支持技术通用指南.

[285] HJ/T 164 - 2004 地下水环境监测技术规范;

[286] HJ/T 166 - 2004 土壤环境监测技术规范;

[287] HJ/T 2. 2 - 1993 环境影响评价技术导则 大气环境.

[288] HJ/T 2. 3 - 1993 环境影响评价技术导则 地面水环境.